Johanna Schechner / Heidemarie Zürner

Krisen bewältigen

Viktor E. Frankls zehn Thesen in der Praxis

Johanna Schechner / Heidemarie Zürner

Krisen bewältigen

Viktor E. Frankls zehn Thesen in der Praxis

braumüller

Bibliografische Information der Deutschen Nationalbibliothek
Die Deutsche Nationalbibliothek verzeichnet diese Publikation in der Deutschen Nationalbibliografie; detaillierte bibliografische Daten sind im Internet über http://dnb.d-nb.de abrufbar.

Printed in Austria

6. Auflage 2025

Servitengasse 5, A-1090 Wien

www.braumueller.at
office@braumueller.at

Covermontage aus „Das Grüne Leuchten" (2010, Acryl auf Leinen) und „Spring in the Air" (2011, Computergrafik), © by Michael Leon Saathen, Wien
Autorinnen-Fotos auf S. 344: © by Ulrike Steiner
Idee und Zeichnungen: Elisabeth Schechner, BA
Grafikidee zu den Zeichnungen auf den Seiten 252, 257 und 261–263: Mag. Alexandra Gur
Druck: FINIDR, s.r.o., Lípová 1965, 737 01 Český Těšín
ISBN 978-3-99100-110-2

Widmung

In Dankbarkeit unseren Eltern, Elisabeth und Mag. Adolf Wögerbauer, gewidmet – und unseren Enkelkindern, denen wir eine gute Zukunft in dieser Welt wünschen.

Inhalt

Vorwort Dr. habil. Elisabeth Lukas

Die wissenschaftliche Disziplin „Psychotherapie“ hat eine kurze Vergangenheit. Sie ist – im Vergleich zu wesentlich älteren Wissenschaftslehren – etwa 120 Jahre alt. Wie es derzeit aussieht, kann es leicht sein, dass die Psychotherapie aber auch nur eine kurze Zukunft hat. Denn die derzeit rasant fortschreitende Hirnforschung wird es alsbald ermöglichen, viele Irritationen der Gefühls- und Gedankenwelt des Menschen über gezielte Beeinflussungen des Zentralnervensystems zu eliminieren.

Was sich jedoch niemals eliminieren lassen wird, sind jene schicksalhaften Faktoren, mit denen jeder Mensch sein Leben lang konfrontiert wird, seien sie angenehm oder unangenehm, Chancen eröffnend oder Chancen vernichtend. Immer wieder muss Anpassung an neue Situationen geleistet werden, immer wieder gilt es, Herausforderungen anzunehmen und zu bestehen. Eliminieren lassen wird sich niemals die schillernde Freiheit des Menschen, die ihm seine Verantwortlichkeit aufbürdet, sowie die ihn ständig umlauernde Tragik von Leid, Schuld und Tod, die ihn mitunter zutiefst erschüttert. Eine Richtung der Psychotherapie, die auch in dieser Hinsicht noch konstruktiven Beistand leisten kann, wird Zukunft haben, ja sie wird in Zukunft vielleicht dringender benötigt werden denn je. Eine solche ist Viktor E. Frankls Logotherapie.

Da ich das Privileg gehabt habe, die Logotherapie bei Frankl persönlich lernen zu dürfen, empfand ich es als meine Verpflichtung, seine genialen Ideen an die nächste Generation weiterzugeben. Seit 27 Jahren erfülle ich nun diese Aufgabe mit Freude; Hunderte Schülerinnen und Schüler habe ich inzwischen ausgebildet. Zwei sind darunter, auf die ich unsagbar stolz bin: die Autorinnen des vorliegenden Buches. Sie haben die Logotherapie Frankls in deren ungemein beeindruckenden anthropologisch-philosophischen Perspektive verstanden wie nur wenige Kenner des Genres und haben sie über die praktische Anwendung in der Seelenheilkunde hinaus fruchtbar gemacht für den schulischen Alltag, der oft außerordentlich rau ist, ja in den bedauerlicherweise Gewalt, Langeweile und Frust eingezogen sind. Mit der von den Autorinnen eigenständig entwickelten und doch ganz im Frankl'schen Werk verwurzelten „Logopädagogik“ haben die beiden eine echte Alternative zu den herkömmlichen Hilfsangeboten geschaffen. Über das Ankurbeln der gegenseitigen Wertschätzung, über die bedingungslose Würdigung der Person und über die kontinuierliche Suche nach Sinn werden im gemeinsamen Miteinander Veränderungen zum Guten möglich, an die man fast nicht mehr glauben möchte. Die LeserInnen mögen sich bei der Durcharbeitung dieses Buches selbst davon überzeugen.

Dr. habil. Elisabeth Lukas
An meinem 68. Geburtstag

WAS IST DER MENSCH?

„Wollte man den Menschen definieren, dann müsste man ihn bestimmen als jenes Wesen, das sich je auch schon frei macht von dem, wodurch es bestimmt ist.“ (Frankl, 2005a, Seite 163)

Viktor Frankl las in einer populärwissenschaftlichen Zeitschrift über schwer kriminelle Jugendliche, die man fragte: „Warum tut ihr das? Warum macht ihr das?“ Die Antwort war: **„Warum nicht?“** (Frankl, DVD, 1995)

Mit ähnlicher Fragestellung gab es 1991 eine ARD-Fernsehsendung, die alarmierend von der zunehmenden Aggressivität an deutschen Schulen berichtete. Eine Diskussionsrunde mit namhaften Fachleuten aus Pädagogik, Politik und Soziologie debattierte über die aktuelle Schulsituation. Ein Journalist stellte im Vorfeld der Diskussion an einschlägig bekannte jugendliche Gewalttäter die Frage: „Sagt einmal, warum tretet ihr einem am Boden liegenden Menschen mit genagelten Schuhen ins Gesicht? Warum kifft und sauft ihr euch nieder? Warum tut ihr das?“ Die lapidare Antwort der Jugendlichen war: „Warum nicht?“ Auf diese Frage, die der Journalist der Diskussionsrunde stellte, gab es nur betroffenes Schweigen und keine einzige Antwort. (Nach Lukas, 2003b, Seite 211)

Als Logotherapeutin und als Pädagogin mit logotherapeutischer Ausbildung sind wir aufgrund unserer Tätigkeiten immer wieder mit der Not konfrontiert, die aus diesem ohnmächtigen Schweigen resultiert.

Im Menschenbild Viktor E. Frankls, Begründer der Logotherapie, finden wir Antworten auf die Frage „Was ist der Mensch?“. Er bündelte alte Menschheitsweisheiten zu einer psychotherapeutischen Schule, die als Ergänzung zum bisherigen Bildungs- und Wissensstand jedes Lesers und jeder Leserin beitragen kann.

Es ist uns wichtig, aus dieser „Sinn-Lehre“ auf die existenzielle und gleichzeitig bedrohende Frage „Warum nicht?“ Antworten zu geben, um heilende und hilfreiche Impulse für den Alltag aufzuzeigen.

Anhand von praxisnahen, anonymisierten Fallbeispielen veranschaulichen wir die Grundlagen des Menschenbildes. Jede Ähnlichkeit mit anderen Lebensgeschichten ist daher zufällig.

Während die Logotherapie ÄrztInnen, PsychologInnen und TherapeutInnen in Ausbildung und Ausübung vorbehalten ist, soll Logopädagogik im Viktor Frankl Zentrum Wien jedem Interessierten zugänglich sein. Die präventive Kraft dieser Lehre kann als Ergänzung zu jeder bisherigen Ausbildung, im je eigenen Berufsfeld und in der Familie genützt werden.

Im vorliegenden Buch beschreiben wir in zehn Kapiteln den Menschen als Gestalter seiner Person und der Welt in verschiedenen Lebenssituationen. Vielfach sind heute gesellschaftlichen Halt gebende Strukturen und Traditionen verloren gegangen und deshalb ist die Ausrichtung auf Sinn und Werte von hoher Aktualität.

Ausgehend von Frankls „Zehn Thesen über die Person", in denen er die Geistbegabung des Menschen philosophisch darlegt, werden „Zehn logopädagogische Thesen" zur Umsetzung in die pädagogische Praxis sowie im Lebensalltag vorgestellt. Sie machen die Gestaltungsfähigkeit jeder einzelnen Person in ihrem je einzigartigen Umfeld bewusst, erheben aber keinen Anspruch auf Vollständigkeit. Eine Gegenüberstellung von Frankls „Zehn Thesen über die Person" und den von uns formulierten „logopädagogischen Thesen" finden Sie auf den Seiten 27–37.

Wie der Mensch als geistbegabtes Wesen auch in einer Zeit der Wirtschaftskrise und der Gesellschaftskrise sein Leben meistern kann, soll im Detail aufgezeigt werden.

„Warum nicht?" wurde zu unserer Schlüsselfrage.

Warum sollen Kinder und Jugendliche bzw. Menschen generell, die von ihrem Potenzial her, von den finanziellen Ressourcen, von ihrer Kraft, von ihren Möglichkeiten in der Lage sind, destruktiv zu reagieren – warum sollen sie freiwillig darauf verzichten?

Haben wir ad hoc Antworten?

Warum nicht? Diese Frage, die eine bedrohliche Haltung der Jugendlichen zur Folge hat und schwerwiegende destruktive Konsequenzen für die Gesellschaft nach sich zieht, ließ uns nicht mehr los.

Aus Betroffenheit und Sorge um eine gesunde Entwicklung junger Menschen, im Besonderen unserer eigenen Kinder und Enkelkinder, suchten wir nach konkreten Antworten, nach dem „**Darum nicht!**“.

Dieser Antwort können wir nur gerecht werden, wenn der Mensch in seiner Geistbegabung, Einmaligkeit, Einzigartigkeit und Unersetzbarkeit erfasst wird. Darum stellen wir gleich zu Beginn die Frage: **Was ist der Mensch?**

Viktor E. Frankl stellt diese Frage vor den Hintergrund des deterministischen, unfreien Menschenbildes seiner Zeit. Der Mensch wurde noch Anfang des 20. Jahrhunderts als ein Wesen ähnlich dem Säugetier beschrieben, mit Trieben und Instinkten programmiert und abhängig von körperlichen und psychischen Gegebenheiten. Die Frage an die Jugendlichen „Warum tut ihr solche Sachen?“, ließe sich aus dieser Sicht so beantworten, dass zum Beispiel Aggressionen als notwendige Triebabfuhr entladen und abreagiert werden müssen.

Daher ist die Frage naheliegend:

Worin besteht der Unterschied zwischen Mensch und Tier?

Es gibt höhere Tiere, die dem Menschen sehr nahekommen. – Kann man den Menschen als „*nackten Affen*“ sehen? (Frankl, 1998, Seite 35) Tiere sind genprogrammiert und abhängig. Sie sind von ihrem Instinkt geleitet und dadurch ist ihr Leben in sich stimmig und gut.

Soll man grundsätzlich zwischen Mensch und Tier unterscheiden oder sind die Unterschiede graduell? Ist der Mensch graduell intelligenter als der Elefant? Auch Elefanten und Schimpansen haben Intelligenz, sind sozial und gefühlvoll. Ist der Mensch ein etwas höher entwickeltes Säugetier?

In diesem Kontext fragt Frankl, ob es etwas gibt, das nur dem Menschen eigen ist, nur ihm zukommt. Etwas, das spezifisch human ist, das es bei Pflanzen und Tieren nicht gibt. Etwas, das Menschsein ausmacht, und zwar generell, unabhängig ob ungeborenes Baby oder alter Mensch.

Und wenn es etwas gibt, was ist es? Frankl benennt das unterscheidende, spezifisch menschliche Kriterium „Geist" und er übersetzt es mit dem griechischen Wort **NOUS**. Er spricht von der geistigen, noetischen Dimension als der dritten Dimension, neben dem Körper als erster und der Psyche als zweiter Dimension. Diese bahnbrechende Ergänzung des Menschenbildes um die geistige Dimension ist DIE Grundlage unseres Buches und wird im ersten Kapitel entfaltet. Sie führt zu einer weiteren Fragestellung Frankls:

Was lässt den Menschen gesund bleiben? Was lässt ihn gesund werden und zwar trotz erlittener Traumata, trotz leidvoller Erfahrungen und herausfordernder Lebensumstände, trotz Schicksalsschlägen und Katastrophen?

Mitauslöser dieser für seine Zeit neuartigen Fragestellung war seine Erfahrung, die er als junger Arzt in Steinhof, der „Irrenanstalt" von Wien, gemacht hatte. Er hatte bei Patientinnen die lebensgeschichtlichen Variablen untersucht, ihre Vorgeschichte, ihre Entwicklungsgeschichte. Er hatte viel gefunden, was als Ursache der Symptome dienen könnte: traumatische Erfahrungen, erschütternde Erlebnisse, schwere Kindheit, Entbehrungen, Missbrauch, Gewalt usw.

Damals hatte er sich gefragt, ob sogenannte „gesunde Menschen" von solchen Traumata verschont geblieben sind. So wandte sich Frankl an seine ArztkollegInnen, Krankenschwestern, StudentInnen, FreundInnen usw., alle „Gesunden", die mitten im Leben und in der Arbeit standen, und er befragte diese nicht depressiven, gesunden Menschen mit denselben Anamnesebögen wie seine depressiven Patienten im Pavillon II in Steinhof.

Und was entdeckte er? Unter den Lebensbedingungen der „Gesunden" gab es genauso tragische Vorkommnisse, Menschen mit leidvollen Kindheitserfahrungen, lebensgeschichtlichen Traumata, Verletzungen und Schwerem im Leben.

Was also ist es, dass manche Menschen traumatische Erfahrungen machen und nicht krank werden? Was lässt sie trotz allem gesund bleiben? Der Sinn, griechisch **LOGOS,** ist der entscheidende Faktor. Die Sinnerfüllung im Leben, die jeder Mensch aus tiefster Seele ersehnt, fungiert wie ein Schutzdach in schwierigen Lebensphasen.

Frankl folgerte daraus: Die Vorgeschichten und die Erfahrungen eines Menschen sind nicht die entscheidenden Kriterien für sein ganzes Leben. Entscheidend ist die Selbstgestaltungsfähigkeit, die den Menschen kraft seiner geistigen Dimension auszeichnet.

Was ist spezifisch human?

Die Geistbegabung des Menschen, die geistige, noetische Dimension, seine Fähigkeit, zu körperlichen und psychischen Gegebenheiten Stellung nehmen zu können.

Was lässt den Menschen trotz aller äußeren Umstände und innerer Zustände stabil bleiben oder wieder stabil werden?

Der Sinn des Lebens und das Wissen, dass Leben unter allen Umständen Sinn behält und als persönlicher Sinnauftrag darauf wartet, verwirklicht zu werden.

„Warum nicht?" ist vor dem sinnzentrierten Menschenbild der Logotherapie eine Aufforderung an jede Person, in Freiheit und Verantwortlichkeit sich selbst und das Leben unter allen Bedingungen zu gestalten.

Die kopernikanische Wende

Ein HTL-Professor hat nach der Weiterbildung zum Logopädagogen die Erfahrung, Gestalter durch seine geistige Fähigkeit zu sein, wie folgt formuliert: „Ich bin vom frustrierten Dompteur zu einem kreativen Jongleur geworden."

Die „kopernikanische Wendung", wie Frankl sie nannte, (Frankl, 2005a, Seite 107) zielt darauf ab, dass der Mensch „vorfindliche Gegebenheiten" (Frankl) gestalten und dadurch seine Situation wenden kann. Die Betonung liegt auf der radikalen Umdrehung der bisher üblichen Sichtweise.

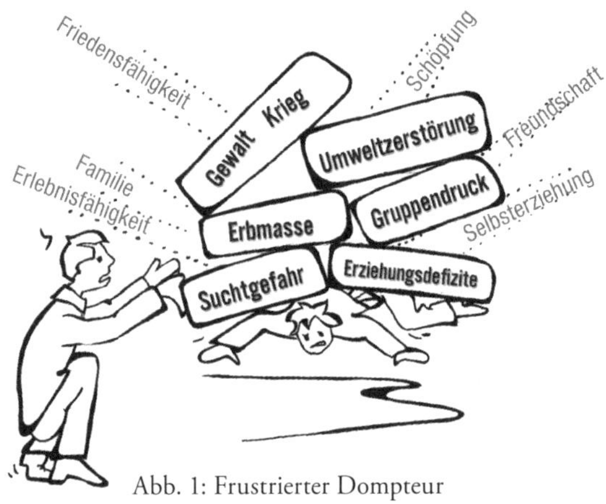

Abb. 1: Frustrierter Dompteur

Finden wir uns nicht oft in der Situation, wie sie hier dargestellt ist? SchülerInnen, LehrerInnen, Eltern, PatientInnen, MitarbeiterInnen … stöhnen unter hohen Belastungen wie Gewalt, Situation am Arbeitsmarkt durch die Wirtschaftkrise, Mobbing am Arbeitsplatz, Bedrohung durch Suchtgefahr, scheinbar schlechte Erbmasse, Umweltzerstörung, Gruppendruck und Erziehungsdefiziten. Dies und vieles mehr lastet auf den Menschen und drückt sie zu Boden. Eltern, ErzieherInnen, BeraterInnen, ÄrztInnen stehen diesen Problemen hilflos gegenüber, können sie nicht „heben" und wissen keine Lösungen.

Wie kommen sie aus dieser verzweifelten Haltung zum kreativen Jongleur, wie es der HTL-Professor formulierte? Schauen wir genau hin, ob wir nicht diesen Problemfeldern positive Seiten trotz Trends und Zeitgeists abringen können. „Alles Humane in der Welt ist dem Trend abgerungen." (Spaemann, 1993, Seite 342)

- Steht nicht hinter der Suchtgefahr, über die wir täglich via Medien informiert werden, die Sehnsucht nach Erlebniswerten, die kultiviert werden sollen?
- Wenden wir den Begriff Erbmasse, auf den wir uns oft negativ berufen, so entdecken wir dahinter den Wert der Familie und den Aufruf, unseren persönlichen Beitrag zu ihrem Gelingen zu leisten.
- Was steckt hinter Gewalt und Krieg? Allein die Klage darüber zeugt von der Friedensliebe, zu deren Verwirklichung jeder einzelne Mensch aufgerufen ist.

- Die Tatsache der Umweltzerstörung und ihre Auswirkungen belasten die Menschheit. Dahinter steht die Sorge um die Schöpfung, die uns zu verantwortlichem Umgang auffordert.
- Das Thema Gruppendruck mit all seinen Leidkonsequenzen kopernikanisch gewendet, öffnet den Blick auf unsere persönliche Gestaltungsmöglichkeit für Freundschaft und Loyalität.
- Generationen stöhnen unter den Erziehungsdefiziten der Jugend. Wie gut ist es, zu wissen, dass der Mensch über ein Selbstgestaltungspotenzial verfügt, das bis zum letzten Atemzug hoffnungsvolle kopernikanische Wendungen zulässt.

Frankl zitiert dazu den Dichter Friedrich Hölderlin: „Wo aber Gefahr ist, wächst das Rettende auch." (Hölderlin, Patmos. Dem Landgrafen von Homburg [1803])

Die kopernikanische Wende lässt uns, ohne die Realität zu vernachlässigen, zum kreativen Jongleur werden. Wir wenden den Blick auf Werte, die auch da sind, fokussieren damit das Heile und drehen die Medaille der Realität um.

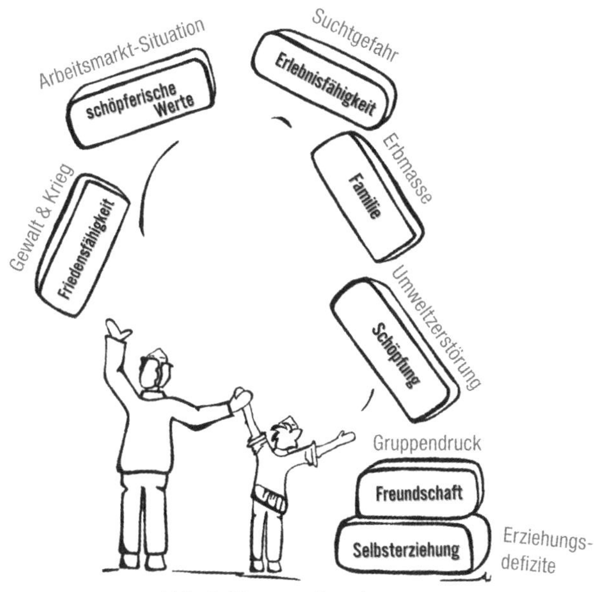

Abb. 2: Kreativer Jongleur

Was im ersten Bild nur als Schatten vorhanden ist, wird im zweiten Bild durch einen bewussten geistigen Akt in den Mittelpunkt des Interesses gestellt. Durch diese bewusste geistige Stellungnahme kann Hoffnung, Vertrauen und Zuversicht in unserem Leben und im Leben der uns anvertrauten Menschen wachsen.

Die Schatten im zweiten Bild, die auch Realität sind, die wahr sind und bleiben, werden zu Herausforderungen und mahnen, mit den vorhandenen wertvollen Möglichkeiten sinnorientiert umzugehen. Wir verwandeln uns vom Opfer der Situation zum Gestalter, zum kreativen Jongleur.

Wenn wir die Grafiken genau betrachten, dann erkennen wir, dass die Probleme, die Bedingungen dieselben geblieben sind. Durch das Wissen um die geistige Stellungnahme hat sich unser Blickwinkel radikal verändert, unsere Schwerpunktsetzung, unsere Betrachtungsweise ist kopernikanisch gewendet. Der Mensch ist frei, mutig zu agieren.

Vom destruktiv fragenden „Warum nicht?“ findet der Mensch zum gestaltenden „Darum nicht!“, das ihn persönlich zu verantwortungsvollem Handeln auffordert.

Die revolutionären Erkenntnisse Frankls entstanden vor dem Zweiten Weltkrieg zunächst vorwiegend am Schreibtisch, um während vier Aufenthalten in verschiedenen Konzentrationslagern eindrucksvoll ihre Bestätigung zu finden.

Antworten Viktor E. Frankls auf seine biografischen Lebensfragen

Welche persönlichen Antworten gibt Frankl auf die Herausforderungen seines Lebens?

Viktor E. Frankl wurde am 26. März 1905 in Wien geboren und durchlebte mit seiner Familie die Wirrnisse und Entbehrungen des Ersten Weltkrieges. Schon als Vierjähriger stellte er sich in Anbetracht eines Todesfalles die Sinnfrage: **Wozu lebt man, wenn man sterben muss?** Seine Kinderfrau nannte ihn den kleinen Denker. Er selbst bezeichnete sich in späteren Jahren als einen „konsequenten Zu-Ende-Denker" (Frankl, 1995, Seite 12) und beschreibt den „Tod als Motor" zu sinnvoller Lebensgestaltung.

Als dreizehnjähriger Gymnasiast suchte Frankl Antwort auf folgende Frage: **Hat das Leben einen Sinn?** „Ich kann mich noch gut an meinen Naturgeschichtsprofessor erinnern, der in seiner Mittelschulklasse auf und ab ging und dozierte: ‚Das Leben ist letzten Endes nichts anderes als ein Verbrennungsprozess – ein Oxidationsvorgang.' Woraufhin ich aufsprang und ihm leidenschaftlich die Frage ins Gesicht schleuderte: ‚Ja, was für einen Sinn hat denn dann das ganze Leben?'" (Frankl, 1997c, Seite 51)

Frankl hielt seinen ersten Vortrag über den Sinn des Lebens an der Volkshochschule in Wien. Er erkannte einen „existenziellen Zusammenhang zwischen Weltanschauung und Lebensgestaltung". Damals entwickelte er zwei Grundthesen:

„Dass wir nach dem Sinn des Lebens eigentlich nicht fragen dürften, da wir selbst es sind, die da befragt werden: Wir sind es, die zu antworten haben auf die Fragen, die uns das Leben stellt. Und diese Lebensfragen können wir nur beantworten, indem wir unser Dasein selbst verantworten." (Frankl, 2002, Seite 36) Die Frage darf nicht lauten: Warum sind meine Lebensbedingungen so schwierig, ungerecht und bedrohlich? Sondern: Wozu fordert mich diese Lebenssituation heraus? Wie will und soll ich darauf antworten, wie agieren?

Der andere Grundgedanke besagt, „dass der letzte Sinn über unser Fassungsvermögen hinausgeht, hinausgehen muss, mit einem Wort, dass es sich um einen Über-Sinn handelt, wie ich ihn nannte, *aber nicht etwa im Sinne von etwas Übersinnlichem*" (Frankl, 1995, Seite 36f.). Das Leben behält durch diese Betrachtungsweise unter allen Umständen Sinn, auch wenn es unser Fassungsvermögen immer wieder übersteigen wird: So, wie eine Biene z. B. nicht wissen und erfassen kann, wie es einem Fisch im Wasser geht, wie eine Katze nicht wissen kann, warum sie in einem Zimmer eingeschlossen werden muss, wenn ein Hund zu Besuch kommt, der die Katze totbeißen könnte, so kann der Mensch den Über-Sinn nicht erfassen.

In der Zeit der Wirtschaftkrise nach dem Ersten Weltkrieg, als viele junge Menschen arbeitslos waren, stand Frankl als junger

Medizinstudent vor der Lebensfrage: **Wozu fordert mich die seelische Not der Jugend heraus, die verzweifelt nach Perspektiven sucht?** Seine Antwort war die Gründung von Jugendberatungsstellen in Wien, in denen Jugendliche in seelischer Not unentgeltlich beraten wurden. Arbeitslosen Jugendlichen übertrug er ehrenamtliche, also unbezahlte Tätigkeiten, sodass ihr Sinnlosigkeitsgefühl und damit auch die Zahl der Selbstmorde zurückging. Er stellte bei diesen Jugendlichen das Phänomen einer inneren Leere fest, das er als „existenzielles Vakuum" beschrieb. Suizidgefährdeten jungen Menschen begegnete Frankl mit seiner Sinnlehre, indem er ihnen den persönlichen Appell- und Aufforderungscharakter ihres Lebens bewusst machte.

Dieselbe Erfahrung machen wir mit unserer heutigen Jugend bei Diskussionen und Vorträgen. „Das Leben stellt die Fragen" ist ein Hebel, der heraushilft aus lebensverhindernder Demotivation, hinein in lebensfördernde Motivation – trotz schwieriger Lebensfragen.

Was hält den Menschen gesund?

Auch diese Antwort formulierte Frankl 1932–1936 aufgrund seiner Erfahrungen als junger Arzt im psychiatrischen Krankenhaus Steinhof. Es ist

- die persönliche Haltung und Einstellung dem Leben gegenüber und
- das immerwährende Sinnangebot,

das dem Menschen Mut zum Leben und zur aktiven Gestaltung seiner persönlichen Herausforderungen macht.

Wofür will ich leben?

Das ist die nächste Lebensfrage, die Frankl noch vor dem Zweiten Weltkrieg, 1937, in seinem Buchmanuskript „Ärztliche Seelsorge" beantwortete. Das Leben gewährte ihm nur kurz die Erfüllung seiner privaten Wünsche: eine eigene Praxis zu führen und ein gemeinsames Leben mit seiner Ehefrau Tilly Grosser. Als Jude musste er seine Privatpraxis schließen und für seine Ehe waren ihm nur neun Monate bis zur Deportation ins Konzentrationslager Theresienstadt gewährt. So stellte das Leben V. Frankl vor schwierige Lebensfragen und er kämpfte um sinnvolle Antworten.

Er erhielt 1939 ein Ausreisevisum in die USA, entschied sich aber nach schwerem persönlichem Ringen, für seine alten Eltern als Arzt Deportationsschutz zu gewährleisten und in Wien zu bleiben.

Wozu das Leid aushalten?

Kurz vor der Befreiung aus dem vierten Konzentrationslager versuchte Frankl, auf 36 kg abgemagert, an Fleckfieber schwer erkrankt, einen Herz-Kreislauf-Kollaps zu verhindern. Angesichts 5 % Überlebenschance nützte er seinen letzten Freiraum und rekonstruierte sein in Auschwitz verbranntes Manuskript „Ärztliche Seelsorge" auf heute noch erhaltenen Papierfetzen.

Er kam nach Wien zurück und erfuhr, dass seine ganze Familie, außer seiner Schwester Stella, in verschiedenen Konzentrationslagern umgekommen war. Und das Leben fragte weiter:

Trotzdem – Ja zum Leben sagen?

Trotz dieser tragischen Lebensumstände diktierte Frankl in neun Tagen seinen Bestseller: „Trotzdem ja zum Leben sagen" und konnte die Welt damit von der geistigen Dimension des Menschen und der Trotzmacht des Geistes überzeugen. Frankl entschied sich dafür, nicht „den Strick" zu wählen, sondern, sich der neuen Lebenschance würdig zu erweisen.

Unter extremen Lebensbedingungen erprobte er sein Gedankengebäude der Logotherapie und bestätigte seine theoretischen Thesen eindrucksvoll:

- dass das Leben unter allen Lebensbedingungen Sinn behält, auch wenn dieser Sinn im Augenblick nicht oder überhaupt nie zu erfassen ist,
- dass der Mensch zu seinem Schicksal Stellung beziehen kann, indem er entscheidet, wie er damit umgeht,

- dass der Mensch die innere Freiheit behält, auch wenn die äußeren Bedingungen diese Freiheit nicht mehr vermuten lassen.

„Und ich bat diese armen Teufel, die mir hier in der stockfinsteren Baracke aufmerksam zuhörten, den Dingen und dem Ernst unserer Lage ins Gesicht zu sehen und trotzdem nicht zu verzagen, sondern im Bewusstsein, dass auch die Aussichtslosigkeit unseres Kampfes seinem Sinn und seiner Würde nichts anhaben könne, den Mut zu bewahren.“ (Frankl, 2000a, Seite 133)

Die Ausrichtung auf den Sinn als lebensrettendes Element im Konzentrationslager ist in diesem Originaltext festgehalten:

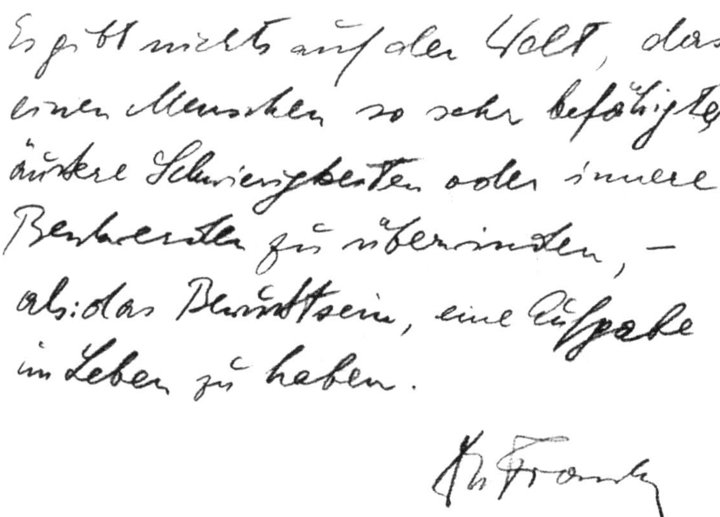

Abb. 3: Handschriftliches Zitat von Viktor E. Frankl

„Es gibt nichts auf der Welt, das einen Menschen so sehr befähigte, äußere Schwierigkeiten oder innere Beschwerden zu überwinden, als: das Bewusstsein, eine Aufgabe im Leben zu haben.“

Was soll noch von mir gelebt werden?

Im Leben wartete noch jemand bzw. etwas auf Frankl: seine zweite Ehefrau, Eleonore Schwindt, und die gemeinsame Tochter, Gabriele. Er unternahm Vortragsreisen in die ganze Welt, lehrte an 209 Universitäten auf allen fünf Kontinenten. Er erhielt 29 Ehrendoktorate und seine 30 Bücher wurden in 34 Sprachen übersetzt.

Frankl hatte durch äußere Umstände schwerste Lebensfragen zu bewältigen. Aber so wie jeder Mensch musste er sich auch seinen inneren Zuständen stellen. Er hatte Höhenangst und entschied sich, entsprechend seiner Lehre, eine sinnvolle Antwort auf diese psychische Schwäche zu geben:

Muss ich mir von mir selbst alles gefallen lassen?

„Aber wie oft sag ich nicht meinen Patienten, wenn sie mit ihren Angstneurosen zu mir kommen: ‚Sagen Sie einmal, muss man sich denn wirklich alles von sich gefallen lassen? Kann man nicht stärker sein als die Angst?' Hat nicht Nestroy in ‚Judith und Holofernes' den Letzteren schon die Frage stellen lassen: *‚Jetzt bin ich neugierig, wer ist stärker? Ich oder ich?'* Und genau in dem Sinne habe ich mich seinerzeit gefragt: Ich bin neugierig, wer ist stärker? Ich oder der Schweinehund in mir? Es gibt ja eine Möglichkeit, diesem Schweinehund zu trotzen. Es gibt das, was ich einmal bezeichnet habe als die Trotzmacht des Geistes, nämlich gegenüber den Schwächen und Ängsten der Seele. Und das muss und kann mobilisiert werden." (Frankl, DVD, 1987)

Trotz seiner psychischen Schwäche der Höhenangst unternahm er bis ins hohe Alter spannende Klettertouren und erwarb noch mit 67 Jahren ein „Soloflightcertificate" in Amerika.

Gegen Ende seines Lebens wurde der fast erblindete, 87 Jahre alte Mann von einer Journalistin gefragt: **„Was würden sie als den Sinn ihres Lebens bezeichnen?"** Und er antwortete: „Ich habe den Sinn meines Lebens darin gesehen, anderen zu helfen, in ihrem Leben einen Sinn zu sehen." (Frankl, DVD, 1991)

Am 2. September 1997 starb Viktor E. Frankl in Wien nach einer Bypass-Operation. Seine letzten Worte auf dem Weg in den OP-Saal wurden von einem der anwesenden Ärzte in einem Brief an Frau Dr. Eleonore Frankl folgendermaßen festgehalten: „Die Situation entbehrt jeder Tragik!“

Beeindruckend war und ist Frankls unerschütterlicher Glaube an *den unbedingten Sinn des Lebens.* Durch sein Trotzdem-Ja-zum-Leben-Sagen bestätigte er eindrucksvoll die von ihm beschriebene geistige Dimension des Menschen, die es ihm ermöglicht, sein Leben unter allen Umständen zu gestalten.

AUF EINEN BLICK: ZEHN LOGOPÄDAGOGISCHE THESEN UND FRANKLS ZEHN THESEN ÜBER DIE PERSON

Nun kennt jeder Mensch Zeiten im Leben, in denen das „Gestalter-sein“ fast unmöglich erscheint. Diese scheinbaren Ohnmachtgefühle wollen wir den zehn philosophischen Thesen über die Person in Bild und Wort voranstellen, um einen Überblick über die zehn Kapitel dieses Buches zu geben.

Zur ersten logopädagogischen These

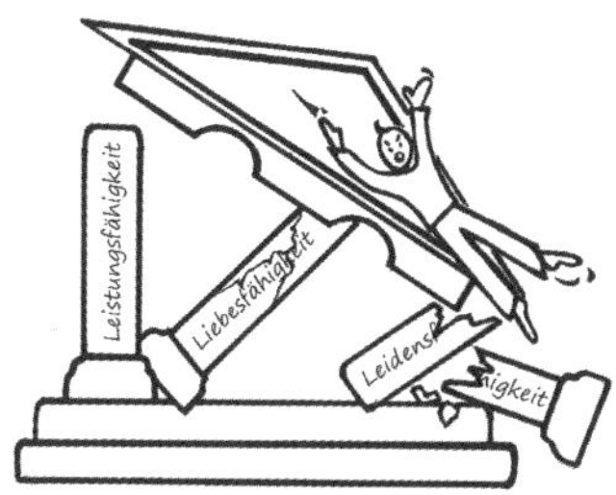

Kennen Sie auch das Gefühl, „neben den Schuhen zu stehen“, „aus dem Häuschen“, aus dem Gleichgewicht zu sein?

Das könnte sich etwa so anhören:

- „Diese Situation kann ich nicht mehr aushalten. Früher war alles gut, jetzt ist alles schlecht.“
- „Was die von mir verlangen, kann ich nicht mehr bringen. Ich dreh durch.“
- „Jetzt geht es mit mir bergab, mir kann niemand mehr helfen, ich bin verloren.“

Logopädagogik stärkt alle drei logopädagogischen Säulen gleichermaßen, um Balance für das Individuum zu ermöglichen.

Frankls erste These über die Person: „Die Person, ein Individuum.“ (Frankl 1997a, Seite 108)

Frankl beschreibt das Individuum als eine Ganzheit von Körper, Psyche und Geist, mit der Möglichkeit zur sinnvollen Lebensgestaltung.

Mehr darüber ab Seite 38.

Zur zweiten logopädagogischen These

Kennen Sie auch das Gefühl, ausschließlich von eigenen Wünschen und Vorstellungen abhängig zu sein und sich damit in eine gefährliche Erwartungshaltung zu bringen?

Das könnte sich etwa so anhören:

- „Ich mache alles, um Erfolg, Reichtum Sicherheit und Glück zu haben. Selbstverständlich erwarte ich mir dafür Lob, Anerkennung, Dankbarkeit und Sicherheit.“
- „Wenn ich nicht bekomme, was ich erwarte, bin ich enttäuscht und klage über das ungerechte Schicksal.“

Logopädagogik schafft Raum, indem Menschen durch individuellen Sinn ihre einzigartige Kontur finden können.

Frankls zweite These über die Person: „Die Person ist nicht nur in-dividuum, sondern auch in-summabile." (Frankl, 1997a, Seite 108)

Mit insummabile meint Frankl: Der Mensch in seiner Ganzheit muss sich nicht abhängig machen von eigenen und fremden Erwartungen, sondern er kann seinem personalen Sinnanruf folgen.

Mehr darüber ab Seite 73.

Zur dritten logopädagogischen These

Haben Sie auch schon die Erfahrung gemacht, nicht in Ihrer möglichen vollen Gestalt wahrgenommen zu werden, nicht ernst genommen zu werden? Wie fühlt sich das an, nur als „Raupe" gesehen zu werden?

Das könnte sich etwa so anhören: „

- Ich fühle mich übergangen, nicht wahrgenommen, in meinem Wert nicht erkannt."
- „Alle unterschätzen mich, niemand traut mir etwas zu, das kränkt und verletzt mich."

Logopädagogik sieht in jedem Menschen den unzerstörbaren, heilen Personenkern und aktiviert dadurch das manchmal verborgene positive Potenzial.

Frankls dritte These über die Person: „Jede einzelne Person ist ein absolutes Novum.“ (Frankl, 1997a, Seite 109)

Frankl verwendet den Ausdruck „absolutes Novum“, da jeder Mensch einmalig in seinem Dasein und einzigartig in seinem Sosein ist. Jede Person ist ein Original: unersetzbar und unaustauschbar und hat deshalb unverlierbare Würde.

Mehr darüber ab Seite 107.

Zur vierten logopädagogischen These

Kennen Sie das Gefühl, einmal unbeweglich, starr und ein andermal oberflächlich, abgehoben zu reagieren bzw. durch diese Wankelmütigkeit verunsichert zu sein?

Das könnte sich etwa so anhören:

- „Das sind meine Prinzipien, die ich geerbt habe und denen bleib ich treu, komme was wolle.“
- „Nix ist fix. Man muss mit der Zeit gehen, alles ist offen, jeder soll tun was und wie er will.“

Logopädagogik trägt der „Erdwurzel“ im Menschen Rechnung, gibt Orientierung, zeigt Grenzen auf und hilft auch „Flügel“ zu entfalten.

Frankls vierte These über die Person: „Die Person ist geistig“ (Frankl 1997a, Seite 109)

Frankl beschreibt den Menschen als geistbegabtes Wesen, welches mithilfe des „Sinn-Organs“ Gewissen sein Leben in persönlicher Verantwortung gestalten kann.

Mehr darüber ab Seite 129.

Zur fünften logopädagogischen These

Kennen Sie das auch, wenn Sie aus Angst oder Bequemlichkeit keine Entscheidungen treffen und sich ärgern, wenn andere für Sie entscheiden?

Das könnte sich etwa so anhören:

- „Ich kann nichts dafür, die anderen sind schuld.“
- „Gott sei Dank habe ich es nicht entschieden, also trifft mich keine Schuld.“
- „Diesen Unsinn hast du für mich entschieden. Ich bin zornig, weil ich die Sache jetzt auslöffeln muss.“

Logopädagogik mutet altersadäquat Freiheit zu und konfrontiert mit der daraus resultierenden Verantwortlichkeit.

Frankls fünfte These über die Person: „Die Person ist existentiell“ (Frankl 1997a, Seite 113)

Mit dem Wort „existentiell“ beschreibt Frankl die Entscheidungsmächtigkeit des Menschen innerhalb seines Freiraumes und die damit verbundene (Übernahme der) Verantwortung.

Mehr darüber ab Seite 155.

Zur sechsten logopädagogischen These

Kennen Sie auch den Zorn, der hochkommt, wenn Sie angegriffen werden, und das befreiende Gefühl, einen Sündenbock gefunden zu haben?

Das könnte sich etwa so anhören:

- „Wenn mich der Hund beißt, würge ich die Katze, ich muss mich ja abreagieren?“
- „Wenn zwei streiten, greife ich natürlich nicht ein – das geht mich doch nichts an.“
- „Wenn der Frust zu groß ist, muss ich zum Alkohol greifen, damit es mir wieder besser geht.“

Logopädagogik zeigt in Aggressionssituationen hoffnungsvermehrende Möglichkeiten der „Energietransformation" auf.

Frankls sechste These über die Person: „Die Person ist „ich-haft", nicht „es-haft." (Frankl 1997a, Seite 114)

Damit meint Frankl, dass der „es-hafte" Mensch sich triebhaft abreagiert, während der „ich-hafte" Mensch bewusst zu seinen Aggressionen Stellung nimmt und sinnorientiert handelt.

Mehr darüber ab Seite 195.

Zur siebenten logopädagogischen These

Kennen Sie das Gefühl sich ungeliebt zu fühlen, sich selbst abzuwerten und dadurch depressiv, ohne Perspektiven und Visionen zu sein?

Das könnte sich etwa so anhören:

- „Niemand liebt mich, ich bin allen Menschen egal."
- „Dafür bin ich viel zu ungeschickt, zu dumm, das schaffe ich nie."
- „Auf mich kommt es sowieso nicht an, ob ich da bin oder nicht ist für niemanden wichtig."

Logopädagogik unterstreicht den Aufgabencharakter des Lebens und leitet an, sich souverän liebend den Lebensfragen zu stellen.

Frankls siebente These über die Person: „Die Person stiftet die leiblich-seelisch-geistige Einheit und Ganzheit.“(Frankl 1997a, Seite 115)

Frankl versteht darunter, dass die Person nicht nur Einheit und Ganzheit ist, sondern auch innerhalb dieser Ganzheit zu körperlichen und psychischen Zuständen sowie zu sozialen Umständen Stellung nehmen kann.

Mehr darüber ab Seite 219.

Zur achten logopädagogischen These

Kennen Sie auch das Gefühl, wenn Sie nur noch um sich selbst und um Ihre eigene Befindlichkeit kreisen und dabei den Blick für Ihr Umfeld verlieren?

Das könnte sich etwa so anhören:

- „Hauptsache mir geht es gut, die anderen sollen für sich selbst sorgen.“
- „Ich bemühe mich und gebe alles und niemand kümmert sich um mich.“
- „Solange ich ungestört mein Leben einrichten kann, wie ich es will, interessieren mich weder Regenwälder noch ökologische Fußabdrücke.“

Logopädagogik öffnet den Blick hinaus in die Welt, damit persönliche Aufgaben wahrgenommen werden können.

Frankls achte These über die Person: „Die Person ist dynamisch.“ (Frankl 1997a, Seite 116)

Frankl betont, dass es dem Menschen nicht guttut, statisch auf sich selbst fixiert zu sein, sondern dass er gelingend lebt, wenn er dynamisch und weltoffen seine, ihm vom Leben gestellten Aufgaben erfüllt.

Mehr darüber ab Seite 247.

Zur neunten logopädagogischen These

Kennen Sie auch das Gefühl, an Ihrem Schicksal zu tragen ohne Aussicht auf Veränderung – in Anbetracht von Leid und Tod?

Das könnte sich etwa so anhören:

- „Dieses Leid habe ich wirklich nicht verdient, warum trifft es immer nur mich?“
- „Immer sterben die liebsten Menschen. Ich will ohne meinen Partner, mein Kind, meine Freundin … nicht mehr weiterleben. Mein Leben ist (jetzt) sinnlos geworden.“

Logopädagogik schärft die Wahrnehmung für den persönlichen Freiraum in allen Lebenslagen, zeigt Wahlmöglichkeiten auf und leitet zu sinnvoller Entscheidung an.

Frankls neunte These über die Person: „Das Tier ist schon deshalb keine Person, weil es sich nicht über sich selbst stellen, sich gegenüber zu stellen imstande ist.“ (Frankl 1997a, Seite 116).

Im Unterschied zum Tier kann der Mensch laut Frankl auch noch in Anbetracht von Leid und Tod – die zu jedem Leben gehören – sinnvolle Haltungen für sich und sein Umfeld abringen.

Mehr darüber ab Seite 277.

Zur zehnten logopädagogischen These

Kennen Sie auch das Gefühl, mit Pinsel und Farbe Ihr Leben selbst kreieren zu wollen, anstatt auf den Sinn des Augenblicks zu hören?

Das könnte sich etwa so anhören:

- „Ich habe Lust auf diese Party, die Kinder sollen ruhig alleine bleiben.“
- „Ich habe Schuld auf mich geladen, damit muss ich halt leben, da kann mir niemand mehr helfen.“

Logopädagogik weiß um das Personsein des Menschen, ermöglicht Rückbindung an den Logos und konfrontiert mit Visionen und Werten.

Frankls zehnte These über die Person: „Die Person begreift sich selbst nicht anders denn von der Transzendenz her." (Frankl 1997a, Seite 117).

Nur der Mensch ist nach Frankl fähig über sein Gewissen mit dem Übersinn, mit der Transzendenz in Verbindung zu treten. Es steht ihm frei sich für oder gegen einen alles übergreifenden Sinnzusammenhang zu entscheiden.

Mehr darüber ab Seite 313.

DER MENSCH ALS MITGESTALTER SEINER BALANCE

Frankls erste These über die Person lautet: „Die Person, ein Individuum." (Frankl, 1997a, Seite 108)

„Individuum" bedeutet das Unteilbare: Der Mensch wird als eine unteilbare Einheit verstanden, die nicht weiter unterteilt oder aufgespaltet werden kann. Und doch sieht Frankl den Menschen als dreidimensionales Wesen und definiert menschliches Personsein in drei Dimensionen: Körper, Seele (Psyche) und Geist.

Der Person als „Leib-Seele-Geist-Einheit" (Frankl) entsprechen im Lebensvollzug die Leistungs-, Liebes- und Leidensfähigkeit. Werden diese Fähigkeiten in der Erziehung und im ganzen Leben nicht gleichwertig geschult und beachtet, gerät der Mensch aus der Balance. Die notwendige Stimmigkeit, in der sich der Mensch als Individuum entfalten kann, wird verhindert.

In diesem Kapitel wird auf die Mitgestaltung des Individuums auf seine Balance eingegangen.

Sigmund Freud verwendete den Seelenbegriff für seine Entdeckung der Psyche und verlor den damals nach theologischem Verständnis unsterblichen Anteil im Menschen. Frankl brachte diesen „verloren gegangenen" Aspekt in sein Lehrgebäude als geistige Dimension in seinem dreidimensionalen Menschenbild wieder zum Ausdruck. Erst die Dreidimensionalität macht den ganzen Menschen aus und ist in allen heilenden und erzieherischen Prozessen zu berücksichtigen.

Selbst der Gesetzgeber trägt inzwischen dieser Sicht auf den Mensch im 65. Bundesverfassungsgesetz vom 9. Juni 2005, BGBl.I Nr. 31/2005, 1. Nach Art. 14 Abs. 5 Abs. 5 a Rechnung, aus dem wir folgende Zeilen zitieren: „[…] Im partnerschaftlichen Zusammenwirken von Schülern, Eltern und Lehrern ist Kindern und Jugendlichen die bestmögliche **geistige**, **seelische** und **körperliche** Entwicklung zu ermöglichen, damit sie zu gesunden, selbstbewussten, glücklichen, leistungsorientierten, pflichttreuen, musischen und kreativen Menschen werden, die befähigt sind, an den sozialen, religiösen und moralischen Werten orientiert Verantwortung für sich selbst, Mitmenschen, Umwelt und nachfolgende Generationen zu übernehmen. […]"

Die Forderung des Gesetzgebers, der dreidimensionalen Seinsweise des zu erziehenden Menschen zu entsprechen, hat Viktor E. Frankl in seinem Menschenbild bereits vor 80 Jahren niedergeschrieben.

Die drei Dimensionen des Menschen

Die erste, körperliche Dimension teilen wir mit Pflanzen und Tieren. Gemeint sind alle mess- und wägbaren körperlichen Phänomene, wie

- das organische Zellgeschehen,
- die biologisch-physiologischen Körperfunktionen und
- die chemisch-pysikalischen Prozesse.

Die zweite, psychische Dimension meint die Emotionen und Kognitionen.

Emotionen sind echt und wahr, werden vom Menschen empfunden und sind durch ihn nicht wähl- oder entscheidbar. Gemeint sind:

- Stimmungslagen und Grundstimmungen durch charakterbedingte Anlagen wie Introvertiertheit, Extravertiertheit,
- (Trieb-)Gefühle: Verliebtheit, Euphorie, Aggression, Nervosität, Gereiztheit,
- Begierden: Alkohol, Schokolade, Handy, Computerspiele, Anerkennung, Lob, Erfolg,
- Instinkte: biologisch bedingte Handlungsmuster,
- Affekte: spontane emotionale Reaktionen.

Der zweiten, der psychischen, Dimension ordnet Frankl auch die Kognition zu. Sie ist einerseits von Geburt an als Teil der Vererbung festgelegt, andererseits als Einfluss der Welt und dem Milieu. Sie ist nicht bewusst wählbar, aber trainierbar. Zur Kognition zählen:

- die intellektuellen Begabungen: Auffassungsgabe, logisches Denken, Sprachbegabung, musikalische Begabung,

- alle übernommenen und erworbenen Verhaltensmuster: durch Vorbild, durch Erfahrung (Versuch – Irrtum),
- die sozialen Prägungen und Konditionierungen: milieu- und kulturbedingte Vorgaben, die unreflektiert übernommen werden.

Die erste, körperliche Dimension teilt der Mensch mit allen Lebewesen. Die zweite, psychische Dimension teilt er – bis zu einem gewissen Grad – mit dem Tier. Ungewöhnlich für uns ist, dass der Intellekt, den wir im herkömmlichen Sprachgebrauch mit „Geist" bezeichnen, der zweiten Dimension zugeordnet ist. Die Kognition hat jedoch mit dem Gehirn und seiner biologischen Funktion zu tun. Damit ist sie körperlich und nicht „geistig".

Die dritte, geistige, spezifisch humane Dimension ist nicht messbar, nicht sichtbar, nicht greifbar, nicht lokalisierbar. Sie ist der Ausweis menschlichen Seins, ein spezifisch menschliches Phänomen. Sie ist keine körperliche Bewegung oder eine Denkbewegung in räumlich-zeitlichem Sinn, sondern eine metaphysische „Bewegung" im Sein, die den Menschen auszeichnet. Sie ist reine Dynamis und

- befähigt den Menschen, zu seinem Körper und seinen psychischen Befindlichkeiten Stellung zu nehmen.
- ermöglicht eigenständige Willensentscheidungen, eine freie Wahl zu treffen.
- drückt sich im Humor aus. Wir können über uns lachen und gewinnen damit Selbstdistanz.
- wirkt sich in sachlichem und künstlerischem Interesse durch schöpferisches Gestalten und Kreativität in Kunst, Kultur und Wissenschaft aus.
- lässt den Menschen aus der Meta-Ebene über sich und sein Dasein nachdenken.
- drückt sich in seiner intuitiven Sehnsucht nach Spiritualität aus.
- wird im ethischen Empfinden, das sich in unserem Gewissen meldet, wahrgenommen.
- zeigt sich im Erkennen von Werten, im Werteverständnis und in der Wertesensibilität.
- korrespondiert mit dem Sinn und ermöglicht Sinnausrichtung.

- findet ihren Ausdruck in der humanen Liebe, die auf einen Menschen, eine Idee oder ein Werk gerichtet sein kann.

Die geistige Dimension, die nicht mit Intelligenz oder Verstand verwechselt werden darf, zeichnet jeden Menschen aus, unabhängig von Alter, Herkunft, Intelligenzquotienten und Bildung. In ihr gründen zwei existenzielle Fähigkeiten, die Selbstdistanzierung und die Selbsttranszendenz, die den Menschen zur Mitgestaltung seiner Balance befähigen.

Die Fähigkeit zur Selbstdistanzierung

Der Mensch als geistbegabtes Wesen kann bei Bedarf seinen körperlichen und psychischen Bedingungen gegenübertreten, aus der Distanz auf sie schauen und dazu Stellung nehmen, ja ihnen entgegentreten.

Dieses geistige Phänomen ist Voraussetzung für jeden heilenden und erzieherischen Einsatz. Nur aus der Distanz zu sich selbst, aus der Meta-Ebene, ist der Mensch in der Lage, seine Lebensherausforderungen bewusst zu beantworten. Die Selbstdistanz ermöglicht ihm, sich selbst und seine Situation aus einem anderen, neuen Blickwinkel zu betrachten. Damit wird er vom Opfer seiner Zu- und Umstände zum Gestalter seines Lebens.

Verblüffung auf der Unfallchirurgie

Eine 75-jährige Skifahrerin stürzt am Silvestertag schwer und wird mit dem Hubschrauber ins Spital eingeliefert. Die Familie erfährt erst am 1. Jänner in den Sieben-Uhr-Nachrichten vom Sturz der Großmutter. Voll Sorge und Angst öffnen sie wenig später die Tür zum Krankenzimmer. Sie finden die Patientin, eingegipst und mit Gewichten gelagert, mit lustigen Augen und fröhlich erzählend vor: „Stellt euch vor, ich bin das erste Mal in meinem Leben mit einem Hubschrauber geflogen. Es war unvergesslich schön. Nie werde ich den Anblick meiner geliebten Berge vergessen."

Die verunfallte Skifahrerin reißt mit ihrer Begeisterung nicht nur ihre betroffenen Familienmitglieder komplett aus deren sorgenvollen Gedanken, sondern sorgt mit dieser ungewöhnlichen Einstellung auch für Verblüffung im Chirurgen- und Pflegeteam.

Kraft ihrer geistigen Dimension konnte die Patientin zu ihren belastenden Bedingungen Stellung nehmen und mit Humor die Situation für sich selbst und ihr Umfeld entlasten.

In diesem Beispiel wird das geistige Abrücken von den körperlichen und psychischen Gegebenheiten als spezifisch humane Fähigkeit sichtbar. Es zeigt einprägsam die Mächtigkeit der Person.

Die Fähigkeit zur Selbsttranszendenz

Sie ist nach Frankl jene Fähigkeit des Menschen, welche sein Menschsein, seine Humanität begründet. Sie besagt, „dass Menschsein immer über sich selbst hinaus auf etwas verweist, das nicht wieder es selbst ist – auf etwas oder auf jemanden: auf einen Sinn, den da ein Mensch erfüllt, oder auf mitmenschliches Sein, dem er da begegnet. [...] Mit anderen Worten: Ganz Mensch ist der Mensch eigentlich nur dort, wo er ganz aufgeht in einer Sache, ganz hingegeben ist an eine andere Person.“ (Frankl, 2005a, Seite 213)

Die Metapher vom Flugzeug

„Viktor E. Frankl verwies auf das Flugzeug, das sich genauso wie andere Fahrzeuge auf den Straßen bewegen kann. Was unterscheidet es von Autos, Bussen, Kranwägen oder Sattelschleppern? Gewiss, seine Bauart divergiert ein wenig, aber schließlich besitzt es genauso einen Rumpf mit Fenstern, Sitzen, Rädern und Motoren.

Analog divergiert die menschliche Bauart von der tierischen und ist doch nach denselben biologischen Prinzipien konstruiert. Nein, was Flugzeuge von Nichtflugzeugen unterscheidet, ist nicht ihre äußere Form, sondern ihre Potenz, sich ‚in die Lüfte zu erheben‘. So ist auch der Mensch ein Wesen, das sich über seine ‚psychophysisch-organismische Faktizität‘, das heißt: über sich selbst, über seine jeweilige Verfassung, über seine Herkunft, über seine Geschichte etc., erheben kann. Er muss es nicht, und zum Glück braucht er es nicht ständig, aber er *kann* es: Er kann stärker sein als die stärkste Prägung oder der stärkste Instinkt in ihm selbst, er kann verändern, wo er scheinbar festgelegt ist. Die ‚Lüfte' über ihm sind jenes winzige Stückchen Freiheit, in die er sich aus seiner Erdenschwerkraft emporschwingen kann und darf, um wahres Menschentum zu bezeugen." (Lukas, 2005, Seite 24)

Die geistige Dimension ermöglicht den Brückenschlag von der vorfindlichen körperlichen und psychischen Gegebenheit zur sinnvollen Gestaltung.

Ein Beispiel:
Ein Mensch ist stark verkühlt. Seine Nase rinnt. Der Kopf tut weh. Er hat schlecht geschlafen und ist gereizt.

Die erste, körperliche Dimension produziert einen Schnupfen.

Die zweite, psychische Dimension ist dadurch „angekratzt".

Die dritte, geistige Dimension kann dazu Stellung nehmen, und die Person ist frei zu entscheiden, ihren Mitmenschen trotz allem liebenswürdig zu begegnen – oder nicht.

Die geistige Dimension ist die eigentliche Dimension des Menschen, aber nicht die einzige, wie Frankl betont. Das Modell des dreidimensionalen Menschenbildes der Logotherapie verlangt die Betrachtung des Menschen als Ganzes, als Einheit von Körper, Psyche und Geist. Die Person ist ein Individuum und als solches unteilbar.

Körper und Psyche sind wie gesagt messbare bzw. beobachtbare Grundvoraussetzungen für das Leben und sind in der Psychophysis eng miteinander vernetzt. Die geistige Dimension, der Personenkern, ist der zentrale Ansatzpunkt der Logotherapie und Logopädagogik, ein Ansatz „vom Geistigen her auf Geistiges hin" (Frankl).

Die Begegnung zwischen Mensch und Mensch findet nicht nur in der körperlichen und psychischen Dimension statt, sondern zeichnet sich durch die Möglichkeit der Begegnung von geistiger Person zu geistiger Person aus.

Das logopädagogische Säulenmodell – der Mensch gestaltet seine Balance

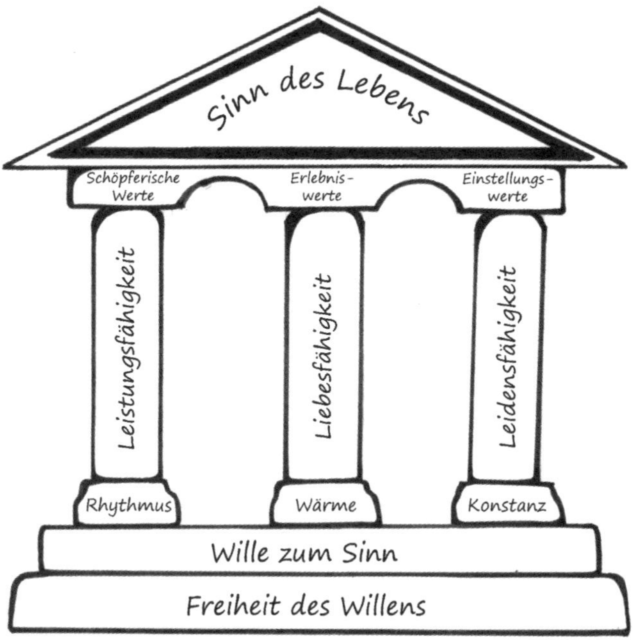

Abb. 4: Säulenmodell

Ausgehend von Frankls Erkenntnissen ruht das logopädagogische Säulenmodell auf den beiden Fundamentsteinen „Freiheit des Willens" und „Wille zum Sinn".

Freiheit des Willens – erster Fundamentstein

„Die Freiheit des Menschen ist selbstverständlich nicht eine Freiheit von seinen Bedingungen, sei es biologischen, sei es psychologischen oder soziologischen; sie ist überhaupt nicht eine Freiheit von etwas, sondern eine Freiheit *zu* etwas, nämlich die Freiheit zu einer *Stellungnahme* gegenüber all den Bedingungen." (Frankl, 2007, Seite 18)

Abb. 5: Erster Fundamentstein: Freiheit des Willens

Zu allen Zeiten wurde der Frage nachgegangen, wie frei oder unfrei der Mensch wirklich ist. Nach Auffassung Frankls ist er zumindest potenziell, der Möglichkeit nach, willensfrei, indem er zwar nicht wählen kann, was seine Lebensbedingungen sind, aber wählen kann, wie er mit den Bedingungen des Lebens umgehen will.

Wird dem Menschen die Willensfreiheit abgesprochen, ist jedes pädagogische, therapeutische und juridische Handeln überflüssig. Der Mensch wird dann gesehen als vorherbestimmt, determiniert wie das Tier und damit auch nicht schuldfähig.

Durch Krankheit, Schmerzen, Unreife, Senilität, Sucht, Schlafentzug etc. kann der Einsatz der Freiheit des Willens eingeschränkt oder gar aufgehoben sein, was aber nichts an deren grundsätzlichem Vorhandensein ändert. Zu den krankheitsbedingten Einschränkungen schreibt der Internist und Psychiater Joachim Bauer: (Bauer, 2006, Seite 163)

„Ein freier Wille ist nur dort infrage zu stellen, wo eine oder mehrere der erwähnten Voraussetzungen nicht vorhanden sind, und dies ist vor allem unter den folgenden drei Umständen anzunehmen:

1. wenn Krankheit oder Verletzung die Funktion des Frontalhirns beeinträchtigt haben;
2. wenn eine schwere seelische Erkrankung (in der Regel eine Psychose) den neurobiologischen und psychischen Selbstorganisationsprozess, der für eine freie Entscheidung notwendig ist, nicht möglich macht; oder
3. wenn extrem atypische Lebensverhältnisse bei einem Menschen dazu geführt haben, dass ihm in einer gegebenen Situation die üblicherweise vorhandene Auswahl an Handlungsmöglichkeiten

(Handlungsprogrammen) nicht zur Verfügung steht, sondern in massiver Weise eingeengt ist."

Die Annahme von der Freiheit des Willens begründet die Würde des Menschen und ist Basis jeder menschlichen und zwischenmenschlichen Interaktion.

Wille zum Sinn – zweiter Fundamentstein

„Wovon der Mensch zutiefst und zuletzt durchdrungen ist, ist weder der Wille zur Macht noch ein Wille zur Lust, sondern ein Wille zum Sinn." (Frankl, 1998, Seite 9)

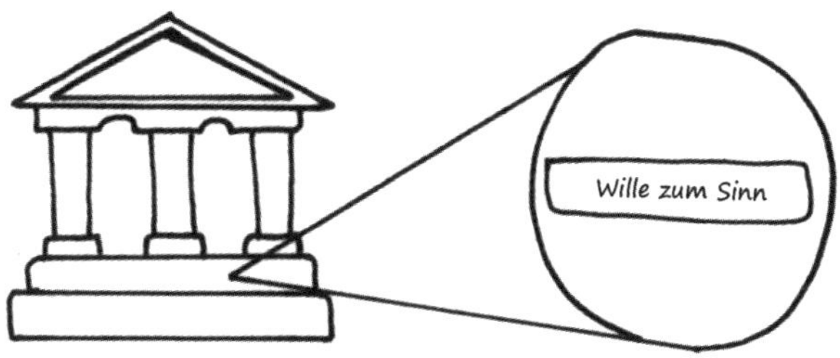

Abb. 6: Zweiter Fundamentstein: Wille zum Sinn

Daraus leitet Frankl das Motivationskonzept der Logotherapie ab, das besagt, dass jeder Mensch nach Sinnerfüllung strebt, weil er sich zutiefst und zuletzt danach sehnt. Darauf baut logopädagogisches Handeln auf sowie jede sinnorientierte Intervention im zwischenmenschlichen Bereich. Jeder Mensch, auch der ganz kleine, will in seinem Leben für etwas oder für jemanden gut sein.

Eine reife Leistung

Ein zweijähriges Mädchen wird von seiner Mutter stets mit einem Abendritual zu Bett gebracht. Eine Geschichte wird erzählt, dann der Tag besprochen. Mit einem Gute-Nacht-Kuss wird das Ritual beendet. Nach der Geburt der kleinen Schwester sitzt die Mutter wieder beim Abendritual am Bett ihrer großen Tochter. Da beginnt das Neugeborene im Wohnzimmer zu weinen und fordert lautstark seine Mahlzeit ein. Die Zweijährige spürt die Aufforderung der Situation: „Mama Baby Milch gebt." Mit diesen Worten schickt sie ihre Mutti freiwillig zur brüllenden kleineren Schwester zum Stillen und verzichtet auf ihr Recht: auf das gewohnte Ritual. Sie schläft trotzdem ruhig und zufrieden ein.

Die sinnorientierte Haltung des Kleinkindes steht exemplarisch für Studien, die empirisch nachweislich bestätigen, dass der Mensch, der sich als sinnvoll erlebt, der einen Sinnanruf in seinem Leben wahrnimmt und verwirklicht, auch unter schwierigen Bedingungen gelingend leben kann.

Der Wille zum Sinn kann ebenso wie die Freiheit des Willens durch Krankheit, Unreife, Senilität, Sucht etc. eingeschränkt sein. Dabei handelt es sich um eine Beeinträchtigung der personalen Wahrnehmung des Sinns und nicht um ein Wegfallen der in der Welt vorfindlichen Sinnangebote.

Die „Freiheit des Willens" und der „Wille zum Sinn" sind menschliche geistige Potenziale und bilden das Fundament des logopädagogischen Säulenmodells.

Sinn des Lebens – Querbalken

Die Säulen finden Halt und Stabilität von oben durch den Querbalken, der den bedingungslosen Glauben an den „Sinn des Lebens" repräsentiert.

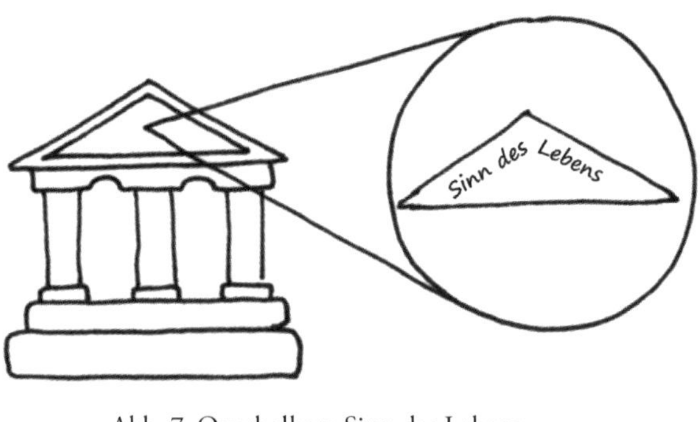

Abb. 7: Querbalken: Sinn des Lebens

Das Postulat vom Sinn des Lebens, der in der Welt vorfindlich da ist und unter keinen Umständen verloren gehen kann, stabilisiert menschliches Leben. „Das Schicksal, das ein Mensch erleidet, hat also erstens den Sinn, gestaltet zu werden – wo möglich –, und zweitens, getragen zu werden – wenn nötig.“ (Frankl, 2005a, Seite 162)

Die Annahme der Sinnhaftigkeit des Lebens bringt die Überzeugung zum Ausdruck, dass Leben einen bedingungslosen Sinn hat, den es unter keinen Umständen verliert, auch dann nicht, wenn es durch Leid, Schuld oder Tod überschattet ist.

Wenn der Mensch nicht an den bedingungslosen Sinn des Lebens glaubt, fehlt ihm das Motiv, sich für das Leben zu engagieren. Wozu soll er sich engagieren und einsetzen, wenn Leben a priori sinnlos ist, oder nur dann als sinnvoll gesehen wird, wenn alles so läuft, wie der Mensch es sich vorstellt und wünscht? Es kann allerdings sein, dass Sinn dem Leben erst abgerungen werden muss, weil er sich menschlichem Begreifen speziell in leidvollen Lebensherausforderungen zunächst entziehen kann.

Ein unerwarteter Auftrag

Eine Mutter verliert ihre einzige, schwerbehinderte neunzehnjährige Tochter durch einen tragischen Tod. Sie sucht in tiefer Trauer, erschöpft nach einer langen Sterbebegleitung Hilfe bei einer Logotherapeutin.

In gemeinsamen Gesprächen erfährt die Therapeutin, dass sich die verstorbene Tochter in den letzten Lebensmonaten in einen ebenfalls behinderten jungen Mann verliebt hatte, der seinerseits unter dem Verlust seiner Freundin schwer leidet. Hier bahnt sich eine Sinnperspektive an, die beleuchtet werden könnte. Die Mutter erkennt den Sinnanruf und begleitet als Expertin für behinderte Menschen liebevoll den Freund ihrer Tochter und kann ihm Familienanschluss schenken, den er sonst nie erfahren hätte.

Durch den Tod der Tochter schloss sich eine Tür im Leben der Mutter und eine andere Tür öffnete sich. Der aktuelle Sinnanruf war für sie nicht gleich ersichtlich und wurde durch die sinnorientierte Begleitung ins Blickfeld gehoben.

Drei tragfähige Säulen verbinden nun das Fundament des logopädagogischen Tempels mit dem Querbalken, dem bedingungslosen Sinn-Angebot des Lebens.

Leistungsfähigkeit – erste logopädagogische Säule

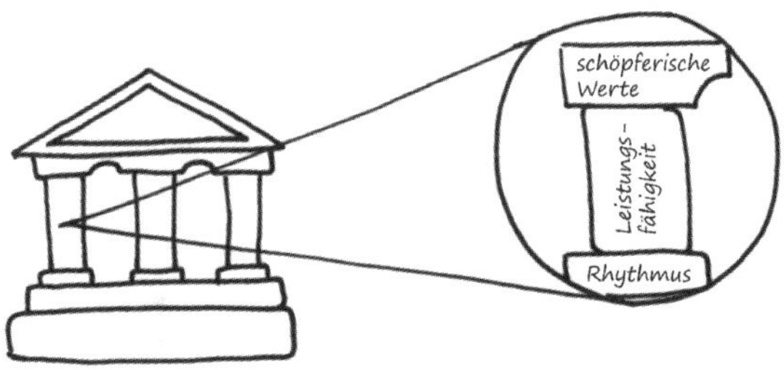

Abb. 8: Erste Säule: Leistungsfähigkeit

Säulensockel

Ein differenzierter Blick auf die unteilbare Einheit Mensch lässt im Menschheitswissen unterschiedliche gültige Sichtweisen zu: in der Medizin, Psychologie, Biologie, Philosophie, Religion etc.

Pars pro Toto nehmen wir aus der Medizin drei notwendige Voraussetzungen für eine vorgeburtliche optimale menschliche Entwicklung heraus: **Rhythmus**, **Wärme** und **Konstanz**, die in unserem Modell in das Leben nach der Geburt gespiegelt werden:

Der ersten pädagogischen Säule ist der **Rhythmus** zuzuordnen. Pränatal wird Leben von unterschiedlichen Rhythmen getragen: Vom Herz-, Atem- und Darmrhythmus der Mutter, von Bewegungs- und Ruhephasen, von Nahrungs- und Verzichtsphasen. Das Kind erlebt dadurch Sicherheit, Ordnung und Gleichmäßigkeit, die es notwendig auch im postnatalen Leben braucht, um gesund heranzuwachsen. Es findet Entsprechungen in seinem Umfeld:

- Tag-Nacht-Rhythmus
- Rhythmus der Mahlzeiten
- Arbeitswoche – Ruhetage: Sonntage, Feiertage
- Früchte der Saison
- Rhythmus der Jahreszeiten: Aussaat – Wachstum – Ernte – Ruhephase

Je jünger der Mensch ist, umso mehr hängt er von der Einhaltung gesunder Rhythmen ab, die vom Erwachsenen für ihn bewusst gestaltet werden. Viele davon sind heute in Gefahr und damit fehlt auch die für jede Leistung notwendige Gleichmäßigkeit, Sicherheit, Ordnung und Struktur.

Der logopädagogische Auftrag aus diesem Wissen wird spürbar:
- Wo sollen sinnvolle Grenzen gesetzt werden?
- Wann ist freiwilliger Verzicht gefragt?
- Wie schaffe ich Struktur durch Rituale im konkreten Alltag?
- Wann ist Anforderung und „Zu-Mutung" am Platz und wann Entlastung und Hilfestellung?
- Wie kann ich für Ordnung in meinem Leben sorgen?

Solche sinnorientierten Fragestellungen gelten nicht nur für die Erziehung von Kindern, sondern auch für die personale, lebenslange Selbsterziehung des Menschen. Sie wird positiv oder negativ vorgelebt und beeinflusst dadurch die Entwicklung des Individuums – positiv oder negativ.

„Sei nicht traurig, wenn dir deine Kinder nicht zuhören. Aber sei gewiss, dass sie dich beobachten." (Quelle unbekannt, aus einem Kalender)

Erste Säule

Rhythmus ist die Basis der ersten logopädagogischen Säule, aus der sich die Leistungsfähigkeit gut entwickeln kann, wenn sie am unbedingten Sinn des Lebens ausgerichtet ist.

Kapitell

Durch die Wahrnehmung **schöpferischer Werte** wird die Leistungsfähigkeit immer neu motiviert. Gemeint ist damit, wo etwas durch einen Menschen, durch seine Kraft, durch seine Fantasie, seine Fähigkeiten, Talente und Leistung, entsteht, wo er individuell schöpferisch tätig wird. Es sind schöpferische Werte, die aus ihm heraus durch seine Leistungsfähigkeit in die Welt hinein verwirklicht werden, die von innen nach außen drängen und einen personalen Abdruck in der Welt hinterlassen. (Siehe auch Frankls achte These, S. 251 f.)

Dazu ist jedoch die Wahrnehmung dieser Werte notwendig. Wenn der Mensch sensibel spürt, was in seinem Umfeld einer Handlung bedarf, hat er eine höhere Leistungsbereitschaft, als wenn er stumpf vor sich hin lebt, ohne seine Mitwelt bewusst wahrzunehmen. Jeder ist aufgerufen, sich mit seinen individuellen Fähigkeiten und Fertigkeiten einzusetzen und sich in die Welt einzubringen. Der eine kognitiv, ein anderer sozial, emotional, kreativ, intellektuell etc. Jeder nach seinen einzigartigen Fähigkeiten und jeder an seinem einmaligen Platz.

Beispiele:

- Ein Vater, der aufgrund seines handwerklichen Geschicks für seine Kinder Spielzeug herstellt.
- Ein Präsident, der sich mit seinen charismatischen Begabungen für den Weltfrieden einsetzt.
- Eine Schülerin, die, sensibilisiert von der Not einer Mitschülerin, spontan eine Hilfsaktion startet.
- Eine Professorin mit hoher mathematischer Begabung, die neue didaktische Konzepte für ihre SchülerInnen entwickelt.
- Ein Unternehmer, der seine finanztechnischen Fähigkeiten für die ärmste Bevölkerungsschicht seines Landes fruchtbar macht, indem er Mindestkredite für Bauern ermöglicht.
- Eine Ärztin, die durch ihre medizinische Profession Leid vermindert und Mut macht.

Nimmt der Mensch als geistbegabte Person die Aufforderungen im täglichen Leben wahr, wird er

- zufrieden,
- leistungsfähig,
- aktiv,
- konzentriert und
- neugierig auf die Welt.

Die rhythmische Ausrichtung der Leistungsfähigkeit des Menschen auf schöpferische Werteverwirklichung beschreibt die erste von den drei logopädagogischen Säulen, die ein Leben in Balance ermöglichen.

Liebesfähigkeit – zweite logopädagogische Säule

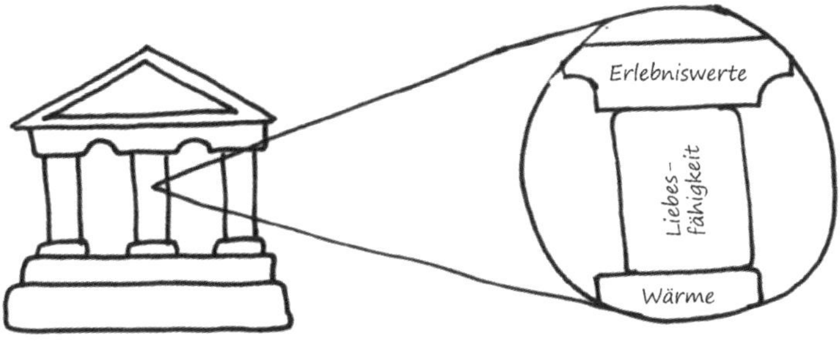

Abb. 9: Zweite Säule: Liebesfähigkeit

Säulensockel

Die zweite logopädagogische Säule baut auf dem Säulensockel der **Wärme** auf. Pränatal ist das Leben von einem stabilen Wärmemilieu, von einer bestimmten Temperatur abhängig. Schon eine Schwankung von fünf Grad kälterer oder wärmerer Körpertemperatur können eine gesunde Entwicklung des Fötus gefährden.

Auch nach der Geburt ist der Mensch von dieser Wärme abhängig, die als Synonym für Atmosphäre, Zuneigung, Beziehung, Liebe zur Welt, zur eigenen Person und zum Du stehen kann. Damit ist gemeint:

- Wertschätzung meiner Person und der Umwelt,
- Akzeptanz der Einmaligkeit und Einzigartigkeit jeder Person,
- Verantwortung übernehmen für das, was der Mensch positiv oder negativ in die Welt hinein lebt bzw. was er unterlässt

Zweite Säule

Alles Leben ist auf Zuwendung und Kooperation (Bauer, 2009, Seite 23) ausgerichtet, und daraus ergibt sich die **Liebesfähigkeit**, die jeden Menschen bewegt.

Entscheidet der Mensch jedoch, sein Gegenüber als „Feind" zu betrachten, schafft er Kälte, negative Atmosphäre und verhindert menschliche Begegnung und Beziehung. Diese Mächtigkeit des Individuums ist so früh wie möglich bewusst zu machen, um zu lernen, seine persönlichen Gestaltungsmöglichkeiten im menschlichen Miteinander verantwortungsvoll einzusetzen.

Der logopädagogische Auftrag lautet daher:

- Kooperation fördern und Konkurrenz reglementieren,
- gegen Missstände im persönlichen Umfeld mutig auftreten aus Wertschätzung zum Menschen und zur Welt; Zivilcourage ist ein Zeichen der menschlichen Liebesfähigkeit,
- das Sinnvolle zu wählen und die Bereitschaft, sich dafür einzusetzen,
- sinnvolle Aktionen, wenn notwendig, über die eigene Befindlichkeit zu stellen,
- „Wärme" durch geborgene Lebens- und Lernsituationen schaffen: Raumgestaltung, inspirierendes Lernumfeld etc.

Wärme ist die Basis der zweiten logopädagogischen Säule, aus der sich die Liebesfähigkeit gut entwickeln kann, wenn sie ihre Stabilität aus dem Wissen um den unbedingten Sinn des Lebens erhält.

Kapitell

Durch die Wahrnehmung von **Erlebniswerten** wird die Liebesfähigkeit immer neu motiviert. Mit Erlebniswerten ist alles gemeint, was über unsere Sinne in Natur, Kunst und mit Menschen erlebt werden kann. Es sind Werte, die von außen in unser Inneres drängen über Menschen, Tiere, Pflanzen, die Welt, die Schöpfung. Es ist die Liebe zu allem, was uns in der Schöpfung geschenkt ist. (Siehe auch Frankls achte These, S. 256 ff.)

Der Autor Luciano De Crescenzo führt einen imaginären Briefwechsel mit Seneca und beantwortet darin Fragen für heutige Leser: „Gestern war ich eine Pflanze, die ohne Bewusstsein existiert, heute bin ich im wahrsten Sinne des Wortes ein Mensch und mache mir Gedanken über alles, was mir begegnet. Sehe ich einen schönen Sonnenuntergang, bleibe ich bewundernd stehen, treffe ich einen Bekannten, freue ich mich, mich mit ihm unterhalten zu können, gehe ich ins Theater, tausche ich mich am nächsten Tag mit meinen Freunden über die Vorstellung aus.

Und deshalb stelle ich dir hier die Frage: Ist es besser, jung und gesund zu sein, aber nichts vom Leben zu verstehen, oder alt und krank, und dafür auch die kleinsten Freuden zu schätzen, die uns das Leben noch schenken kann? Wahrscheinlich lautet die richtige Antwort, dass wir die Jugend lehren müssen, in jedem Augenblick die Magie eines Ereignisses zu erkennen. Ist nicht eben das die Aufgabe der Philosophie? Ach, hätte mir doch, als ich jung war, ein unsichtbarer Gefährte ins Ohr geflüstert: ‚Besinne dich, o Lucilius, das, was du gerade erlebst, ist ein magischer Moment.' (De Crescenzo, 2002, Seite 68)

Etwas ganz Besonderes

Ein siebenjähriges Mädchen kommt aufgeregt mit einer Glasschale ins Klassenzimmer. „Frau Lehrerin, ich hab heute etwas ganz Besonderes mitgebracht. Ich möchte es aber nur dir zeigen, weil es so zerbrechlich ist." Neugierig geworden entdeckt die Lehrerin einen Schmetterlingsflügel. Gemeinsam bestaunen sie die Zartheit, Buntheit und in diesem Fall eine Unberührbarkeit der Natur.

Nimmt der Mensch die Werthaftigkeit der Welt und ihrer Angebote, Mitmenschen, Kunst, Natur etc., wahr, so verwirklicht er Erlebniswerte und erfüllt dadurch Sinn. Er erlebt sich als

- liebevoll,
- weltoffen,
- sozial empfindend,
- konstruktiv,
- friedfertig

– und das Leben kann gelingen.

Gerald Hüther, der bekannte Hirnphysiologe, dazu: „Liebe erzeugt ein Gefühl von Verbundenheit, das über denjenigen hinausreicht, den man liebt. Es ist ein Gefühl, das sich immer weiter ausbreitet, bis es schließlich alles umfasst, was einen selbst und vor allem diejenigen Menschen, die man liebt, in die Welt gebracht hat und in dieser Welt hält. Wer so vorbehaltlos liebt, fühlt sich mit allem verbunden und dem ist alles wichtig, was ihn umgibt. Er liebt das Leben und freut sich an der Vielfalt und Buntheit dieser Welt. Er genießt die Schönheit einer Wiese im Morgentau ebenso wie ein Gedicht, in dem sie beschrieben, oder ein Lied, in dem sie besungen wird. Er empfindet eine tiefe Ehrfurcht vor allem, was lebt und Leben hervorbringt, und er ist betroffen, wenn es zugrunde geht. Er ist neugierig auf das, was es in dieser Welt zu entdecken gibt, aber er käme nie auf die Idee, sie aus reiner Wissbegierde zu zerlegen. Er ist dankbar für das, was ihm von der Natur geschenkt wird. Er kann es annehmen, aber er will es nicht besitzen. Das Einzige, was er braucht, sind andere Menschen, mit denen er seine Wahrnehmungen, seine Empfindungen, seine Erfahrungen und sein Wissen teilen kann. Wer sein Gehirn auf diese umfassende Weise nutzen will, muss also lieben lernen." (Hüther, 2007, Seite 124)

Leidensfähigkeit – dritte logopädagogische Säule

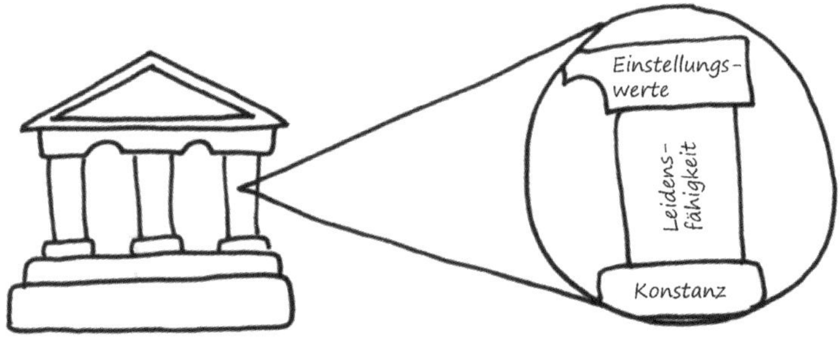

Abb. 10: Dritte Säule: Leidensfähigkeit

Säulensockel

Pränatal ist **Konstanz** ein wichtiger Überlebensfaktor, d. h., gleichmäßiger Rhythmus und gleichmäßige Wärme müssen durch eine bestimmte Zeit hindurch erlebt und erfahren werden. Weder eine zu kurze noch eine zu lange Zeit im Mutterleib ist für das Ungeborene gesund. Pränatal gewährleistet die Mutter dieses konstante Umfeld für ihr Kind. Postnatal werden Fähigkeiten wie

- Durchhalten,
- Weitertun,
- Aushalten, aber auch
- rechtzeitig Loslassen,
- Verzichten,
- Wagen des Unbekannten,
- Aushalten von Ungewissheit

wichtig für eine konstante und damit gesunde Entwicklung und Reifung zur Identität.

Wir neigen dazu, Kindern und uns selbst Frustrationen um jeden Preis ersparen zu wollen. Damit lautet der logopädagogische Auftrag, Herausforderungen als notwendige Lernerfahrungen zuzumuten, auch wenn sie frustrierend sein können.

Dritte Säule

Manchmal ist es notwendig, Frustrationen auszuhalten, um sich daraus die für das Leben so notwendige **Leidensfähigkeit** abzuringen. Es gibt kein Leben ohne die „tragische Trias: Leid, Schuld und Tod" (Frankl) – und gerade deshalb gilt es, die Leidensfähigkeit zu entwickeln, um das Leben in all seinen Facetten bewältigen zu können. Einen Verzicht für etwas oder für jemanden leisten zu können, etwas *durchhalten* oder *loslassen*, weil es als sinnvoll erkannt wird, sind lebensfördernde, spezifisch humane Haltungen, die erfahren werden müssen.

Ein Beispiel:
Ein Jungunternehmer, der vor einiger Zeit eine Firma gegründet hat, muss auf vieles verzichten, Ideen loslassen und Vergnügungen hintanstellen, um in der Zeit der Wirtschaftskrise für Angestellte und Familie sein Unternehmen zu retten. Hohe Frustrationstoleranz mit Blick auf das Sinnvolle ist gefragt.

Kapitell

Auch die dritte Säule, die Leidensfähigkeit, wird durch die Wahrnehmung von Werten, den **Einstellungswerten,** gestärkt. Sie helfen, neue Lebensbewältigungsstrategien zu entwickeln. Damit ist alles gemeint, worauf sich der Mensch in Situationen unabänderlicher Umstände, unabänderlicher Leidsituationen einstellen muss, also alles Schicksalhafte, wie z. B. bestimmte Konstellationen in Gemeinschaften (Familie, Schule, Krankenhaus, Arbeitsplatz), Schulpflicht, biologische Gegebenheiten, Leid, unheilbare Krankheit, Schuld, Tod. Der Mensch muss daran nicht verzweifeln. Er kann kraft seiner geistigen Dimension Stellung nehmen und ist sogar in der Lage, durch seine persönlich gewählten Haltungen wie: verzichten, loslassen, konsequent ein Ziel verfolgen, zurückstehen, Rücksicht nehmen, eigene Wünsche zurückstellen, „sich vor dem Geheimnis zu beugen“ und „Leid in Leistung zu verwandeln“ (Frankl), das Beste aus der Situation herauszuleben. (Siehe Frankls achte und neunte These, S. 247 und S. 277)

Singen für den Weltfrieden

Eine 80-jährige Dame, deren Angehörige schon alle gestorben sind, fällt in eine Depression. In der Beratung beklagt sie sich, keine Freude am Leben mehr zu haben, und sterben zu wollen. Wir überlegen Möglichkeiten, das Leben zu gestalten, und erwähnen dabei auch den vorhandenen Fernseher. „Da wird viel zu viel über Gewalt und Krieg berichtet, und vor allem das Leid der Kinder auf der Welt halt ich nicht mehr aus.“ Was könnte diese alte Dame, die offensichtlich eine große Friedenssehnsucht und Kinderliebe hat, gegen dieses für sie unlösbare Leid tun? Die Ratsuchende war sehr gläubig und jahrelang aktives Mitglied in einem Kirchenchor. „Wie könnten Sie den leidgeprüften Kindern in den Kriegsgebieten helfen? Sehen Sie Möglichkeiten?“ Nach einigem Nachdenken: „Ich könnte für sie beten. Ich kann sogar Gebete für sie singen. Denn das hilft doppelt.“

Bis zum heutigen Tag singt die alte Dame täglich für den Frieden in der Welt und verwirklicht damit Einstellungswerte, die genau ihren Möglichkeiten entsprechen und die Welt mitgestalten.

Durch die neu erworbene Wertesichtigkeit konnten die Symptome ihrer Depression deutlich gemildert werden.

Weiß der Mensch um seine geistige Fähigkeit der Stellungnahme zu Leid, Schuld und Tod, so wird ihm der „Aufgabencharakter und Appellcharakter seiner Lebenssituation". (Frankl) bewusst und er wird

- dynamisch,
- gelassen,
- hoffnungsvoll,
- tolerant und
- vital

seine besten Antworten geben. Dieses Wissen hat unerhörte Motivationskraft auch in „ausweglos scheinenden" Situationen.

Beachtet der Mensch diese drei Säulen der „Leistungsfähigkeit", „Liebesfähigkeit" und „Leidensfähigkeit", die fest auf dem Fundament des logotherapeutischen Menschenbildes stehen und vom Logos und den Werten auch von oben Halt bekommen, ist seine „Lebenslage" stimmig – der Mensch ist in Balance.

Abb. 11: Mensch in Balance

Gefahren für die Balance des Menschen

Was geschieht, wenn eine der Säulen vernachlässigt wird, dadurch nicht mehr trägt, schließlich ganz wegbricht? Zum Beispiel die Säule der Leidensfähigkeit, die heute nur wenig gestützt und gestärkt wird, weil Leid, Schuld und Tod oft nur als „Unglücksfälle" des Lebens angesehen werden. (Siehe Frankls neunte These, S. 277)

Abb. 12: Säule der Leidensfähigkeit bricht weg

Mit etwas Geschick kann das Gleichgewicht noch gehalten werden, doch braucht der Mensch viel mehr Energie, um in Balance zu bleiben – Energie, die ihm in der aktiven Lebensgestaltung abgeht.

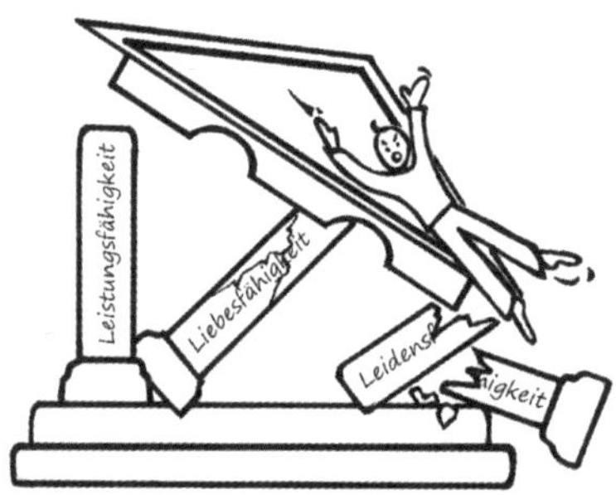

Abb. 13: Säule der Liebesfähigkeit bricht weg

Schwieriger ist es, wenn eine zweite Säule wegbricht – z. B. die Säule der Liebesfähigkeit. (Siehe Frankls siebente These, S. 219 ff.) Jetzt hilft auch viel Einsatz nicht mehr. Das Lebensgebäude ist so instabil geworden, dass ein Ausbalancieren nicht mehr möglich ist. Der Mensch kippt aus der Balance.

In noch schlimmerem Maße wird unser Gebäude seine Festigkeit einbüßen, wenn an den Fundamenten oder am Querbalken „gesägt" wird. Zum Beispiel:

- Wenn dem Menschen die Freiheit des Willens abgesprochen wird etwa bei streng autoritärer Erziehung, die keine personale Verantwortung ermöglicht, in Diktaturen, in denen Fremdbestimmung den Menschen entmündigt.

- Wenn der Wille zum Sinn angezweifelt und frustriert wird, weil stattdessen von der Gesellschaft und Wirtschaft primär Lust und „Action“ geboten werden und der Mensch dadurch auf die erste und zweite Dimension reduziert wird.
- Wenn der für die Stabilität zuständige Querbalken, der Sinn des Lebens, in Abrede gestellt wird, weil es zu oberflächlich heißt: „Genieße und lebe dich aus, denn dann ist alles aus, vorbei und letztlich ist eh alles ohne Sinn“, wird damit jede sinngerichtete Aktivität fragwürdig. (Siehe Frankls fünfte These, S. 155)

Daraus schließen wir, dass Menschen in allen Altersstufen, die
- aus dem Gleichgewicht,
- „aus dem Häuschen“,
- unbändig sind, d. h., die kein Band haben, das hält,
- verhaltensauffällig, frustriert, gelangweilt, süchtig und gewalttätig, in einem oder mehreren Bereichen tatsächlich „ge-stört“ sind,

aus der Balance fallen.

Diese Menschen sehen und spüren
- kein „Wofür“ sie Leistung erbringen sollen,
- kein „Für wen / Wofür“ sie liebesbereit, liebenswürdig sein sollen und
- kein „Wozu“ sie Leid aushalten, Verzichte leisten sollen.

Sie sehen kein Motiv, das sie zu sinnvoller Handlung oder Haltung motivieren kann. Sie kennen ihr Fundament nicht und wissen nicht um ihre geistige Instanz. Sie sind sich nicht bewusst
- ihrer freien Wahl, ihrer Entscheidungsfähigkeit und wissen damit nicht um ihre Verantwortung für sich und ihre Um-Welt.
- des persönlichen Sinnanrufs, der in der Welt verborgen liegt, und nehmen ihn nicht wahr, weil sie auch um ihre Einzigartigkeit und Würde nicht wissen.
- des unabdingbaren Sinns ihres Lebens und können und wollen dadurch ihr Schicksal nicht annehmen und gestalten. Wozu auch, wenn es keinen Sinn hat? Denken wir zurück an die Antwort der Jugendlichen: „Warum nicht?“

Aus diesen Gründen kommt es zu einer Schwächung der

- Leistungsfähigkeit,
- Liebesfähigkeit
- und Leidensfähigkeit der Menschen.

Ihr störendes, aggressives oder sich zurückziehendes Verhalten kann eine Reaktion sein, hinter der ein Logopädagoge auch wahrnehmen kann, dass der Mensch in seiner körperlichen, psychischen und geistigen Ganzheit und Individualität ernst genommen und herausgefordert werden muss, um die Balance wiederherstellen zu können.

Otmar Wiesmeyr, Vorsitzender des ABILE Wels, Logotherapeut und Gesundheitspsychologe, sagte anlässlich eines Vortrags: „Erst wenn der junge Mensch gelernt hat, mit der Fülle des Lebens richtig umzugehen, wenn er gelernt hat, selbstständig zu arbeiten, wenn er gelernt hat, Liebe zu geben und Leid zu bewältigen, wird er auch befähigt sein, Sinn in seinem Leben zu finden."

Damit hat niemand gerechnet

Nach einer Überschwemmungskatastrophe in Österreich startet der Radiosender Ö3 einen Aufruf, um freiwillige Helfer für die Aufräumungsarbeiten zu mobilisieren. Dieser Sender wird vorwiegend von jüngerem Hörerpublikum geschätzt. Innerhalb kürzester Zeit melden sich fast 30.000 HörerInnen. Ein Organisationsteam muss eingerichtet werden, um die vielen arbeitswilligen Einsatzkräfte zu koordinieren.

Hier wird deutlich, dass der Mensch mit einem Sinnmotiv vor Augen gut motivierbar ist, sich in Freiheit für das Allgemeinwohl einzusetzen. Klar war für alle hilfsbereiten Einsatzkräfte das „Wofür", „Für wen / was" und „Wozu", um die geistigen Kräfte zu aktivieren.

Konsequenzen aus dem Menschenbild für die Pädagogik

Eltern, PädagogInnen, BeraterInnen, Vorgesetzte müssen wissen, was der Mensch im „Vollbild“, in seinem dreidimensionalen Menschsein, ist. Sie müssen sich bewusst machen, was sie sich selbst und ihrem Gegenüber als geistbegabte Wesen zumuten können. Gerade in einer durch Pluralismus und Globalisierung verunsicherten Zeit ist ganzheitliche und umfassende Bildung als Hilfe zur Menschwerdung gefordert.

Wir wissen um den positiven Wert „Schule“, der heute medial leider sehr selten angesprochen wird, den wir jedoch dankbar wahrnehmen und anerkennen. Trotzdem greifen wir jetzt einige der negativen Schlagworte aus Schule und Gesellschaft aus der Gesamtsicht heraus, um damit exemplarisch den alarmierenden „IST“-Zustand aufzuzeigen, auch wenn das vielleicht pauschal und kollektiv klingen mag. Die Schlagworte sind bekannt. Wir können fast täglich in den Medien darüber lesen und hören.

Schulschwierigkeiten
Konzentrationsstörungen
Leistungsunwilligkeit
Leistungsverweigerung

Bindungsängste
Gewalt
Kontaktschwierigkeiten
Aggressivität
Egozentrik

Störungen im Antrieb
Störungen im Selbstwertgefühl
Suchtverhalten – z. B. „Komatrinken“
Intoleranz
niedrige Frustrationstoleranz

Abb. 14: Negative Schulsituation

Stellen wir diesem negativen „Sein“, der realen Wirklichkeit, das für unser Land vom Gesetzgeber beschlossene und geltende „Soll“, die ideale Wirklichkeit, gegenüber, den Zielparagrafen 2 (1) aus dem Schulorganisationsgesetz: Bundesgesetz vom 25. Juli 1962, BGBl. Nr. 242/1962 über die Schulorganisation:

„Die österreichische Schule hat die Aufgabe, an der Entwicklung der Anlagen der Jugend nach den sittlichen, religiösen und sozialen Werten sowie nach den Werten des Wahren, Guten und Schönen durch einen ihrer Entwicklungsstufe und ihrem Bildungsweg entsprechenden Unterricht mitzuwirken.

Sie hat die Jugend mit dem für das Leben und den künftigen Beruf erforderlichen Wissen und Können auszustatten und zum selbstständigen Bildungserwerb zu erziehen.

Die jungen Menschen sollen zu gesunden, arbeitstüchtigen, pflichttreuen und verantwortungsbewussten Gliedern der Gesellschaft und Bürgern der demokratischen und bundesstaatlichen Republik Österreich herangebildet werden. Sie sollen zu selbstständigem Urteil und sozialem Verständnis geführt, dem politischen und weltanschaulichen Denken anderer aufgeschlossen sowie befähigt werden, am Wirtschafts- und Kulturleben Österreichs, Europas und der Welt Anteil zu nehmen und in Freiheits- und Friedensliebe an den gemeinsamen Aufgaben der Menschheit mitzuwirken.“

Bei der Erschließung des Gesetzestextes ist uns bewusst geworden, welch hohe Verantwortung in den Händen erziehender Personen und der Gesellschaft liegt, wenn man die Diskrepanz zwischen der oft herausfordernden Schulwirklichkeit und der Forderung des Gesetzgebers vor Augen hat.

Wir stehen in einem Spannungsbogen, der unsere geistige Fähigkeit, die dritte Dimension, fordert, um uns in kleinen Schritten diesem „Soll“ anzunähern.

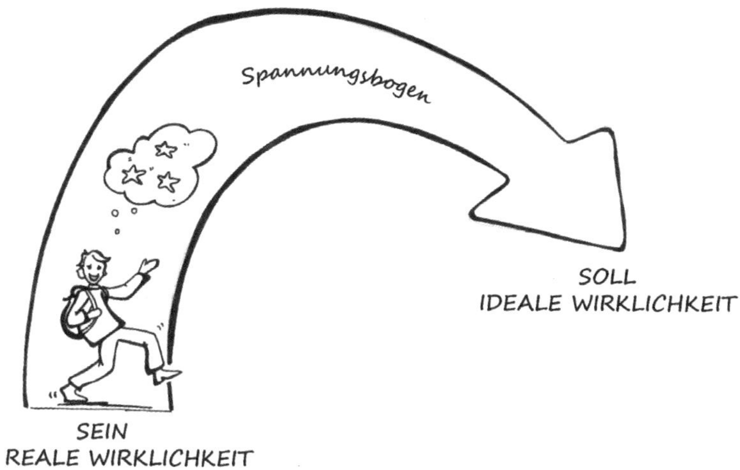

Abb. 15: Spannungsbogen

Die derzeitige Situation, unser „Sein", ist die „reale Wirklichkeit". Hier stehen SchülerInnen, Eltern, Lehrerschaft – Gesellschaft. Am anderen Ende des Spannungsbogens finden wir das „Soll", die „ideale Wirklichkeit", die Visionen der Menschen, auch jene, die der Gesetzgeber formuliert und einfordert.

Auf diesem Spannungsbogen zu bleiben und damit die richtige Richtung zu garantieren und die sinnvollen Möglichkeiten des Augenblicks bewusst zu machen, ist die Intention dieses Buches.

Stellen wir nun dem von den Autorinnen auf der Seite 63 f. herausgegriffenen negativen „Sein" der Schulsituation das ideale „Soll" des SchOG mit seinen Forderungen gegenüber:

Negative Schulsituation	Ideales Zustandsbild laut SchOG §2
Schulschwierigkeiten Konzentrations-störungen Leistungs-unwilligkeit Leistungs-verweigerung	Berufsausbildung Wissen, Können Mitarbeit an der Welt selbstständiges Urteil
Bindungsängste Gewalt Kontakt-schwierigkeiten Aggressivität Egozentrik	Sittliche, religiöse, soziale Werte Werte des Guten, Wahren, Schönen Soziales Verständnis
Störungen im Antrieb und Selbstwertgefühl Süchte Intoleranz niedrige Frustrationstoleranz ...	Pflicht und Verantwortungs-bewusstsein, Selbstständigkeit, Urteilsfähigkeit sowie Achtung vor Mitmensch & Mitwelt

Abb. 16: Reale versus ideale Wirklichkeit

Was kann zwischen dem Sein der vorfindlichen Wirklichkeit und dem Sollen der bestmöglichen Wirklichkeit, der Vision als gangbare „Brücke", als Verbindung zwischen diesen Extremen fungieren?

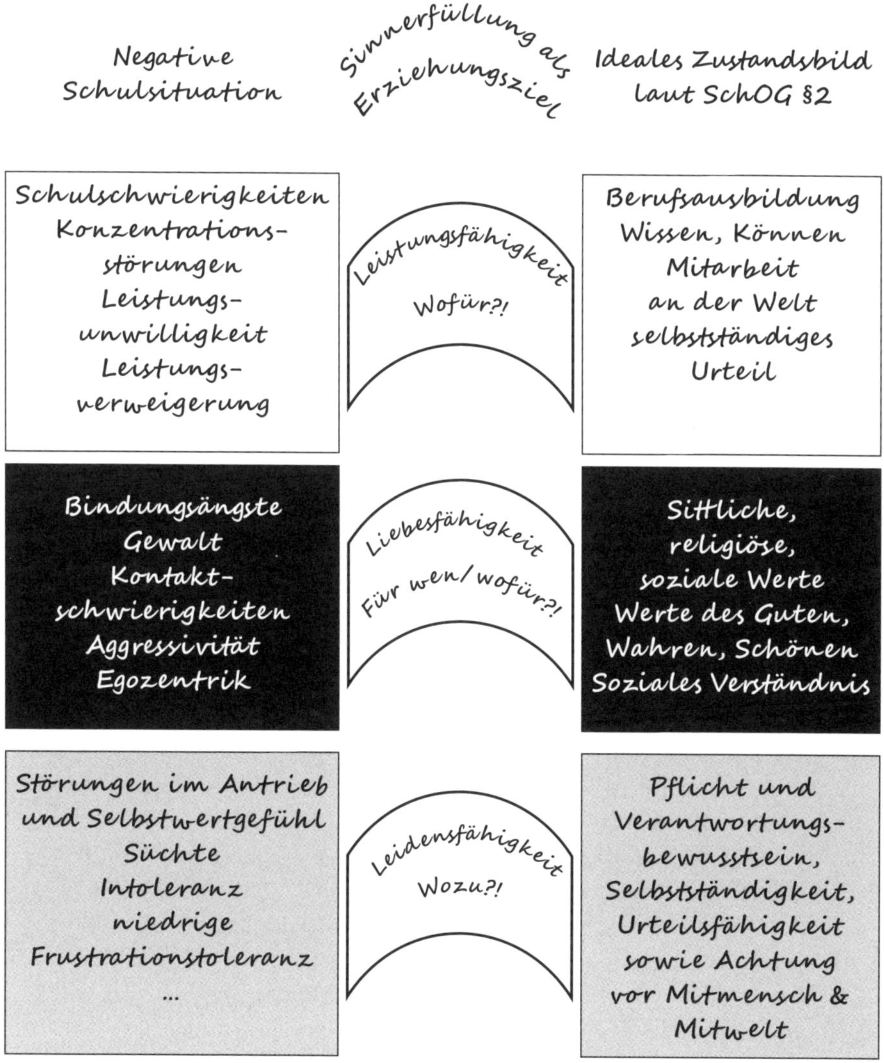

Abb. 17: Sinnerfüllung als Erziehungsziel

Diese „Brücke“ ist die Sinnerfüllung einer konkreten Person in einer konkreten Situation. Sie gelingt über die Wahrnehmung von Werten, die der Mensch kraft seiner geistigen Dimension verwirklichen kann.

Die im Diagramm *durch Schreibschrift* hervorgehobenen Textstellen betreffen die erste pädagogische Säule, die Leistungsfähigkeit. Menschen wollen etwas leisten, wenn sie wissen wofür.

Die *schwarz unterlegten* Textstellen betreffen die zweite pädagogische Säule, die Liebesfähigkeit. Menschen wollen für etwas oder für jemanden gut sein, wenn sie wissen für wen oder wofür.

Die *hellgrau unterlegten* Textstellen betreffen die dritte pädagogische Säule, die Leidensfähigkeit. Menschen können unabänderliches Leid auf sich nehmen und dem Leben Sinnerfüllung abringen, wenn sie wissen wozu.

Das Leben konfrontiert uns täglich und ungefragt mit Herausforderungen in verschiedenen Schattierungen, von lustvoll bis leidvoll. Erziehung muss bedeuten, dass wir den Menschen fit machen, um allen möglichen Herausforderungen sinnvoll begegnen zu können.

Der Gesetzgeber steht laut seinen Forderungen ganzheitlich hinter diesem Menschenbild. Er verlangt, dass junge Menschen gefördert und gefordert, nicht aber über- oder unterfordert werden in ihrer körperlichen, psychischen und geistigen Ganzheit.

Phänomen „Flow“

Im Jahr 1991 gab es von Mihaly Csikszentmihalyi (Csikszentmihalyi, 1991) eine Studie in Amerika, deren Ergebnis die Feststellung des Phänomens „Flow“ war, die Frankls Theorie bestätigte, obwohl das nicht ihr Ziel war. In dieser Studie wurden der Wille zum Sinn und die Selbsttranszendenz sozusagen bewiesen.

Die Studie beschreibt den Zustand von Menschen bei neurobiologischer Höchstleistung. Sie bezeichnet diesen Zustand als „Flow“. Gemeint ist damit ein persönliches Glückserlebnis, bei dem alles wie von selbst „fließt“. Eine Sache läuft einfach: eine aufwendige Operation, ein spannendes Skirennen, ein hingebungsvoller Tanz, das Lösen einer Mathematikaufgabe.

Denken Sie an ein Erlebnis, an ein Tun und Handeln, bei dem Sie einen Flow erlebt haben, dann werden Sie die folgenden Punkte, die einen Flow kennzeichnen, besser nachvollziehen können.

- Man hat ein klares Ziel vor Augen, den Sinn einer Sache, man ist überzeugt und begeistert. Gerald Hüther bezeichnet „Begeisterung als Treibstoff für das Gehirn" (Hüther, 2009).
- Man befindet sich im „Flow-Kanal". D.h. die Person muss von ihren Fähigkeiten her in der Lage sein, das Ziel zu erreichen, die Handlungsmöglichkeiten der Person müssen genügend variabel sein. Bei Überforderung stellt sich Frust oder Angst vor Misserfolg und Versagen ein. Bei Unterforderung führt Langeweile zum Frust und ermöglicht keinen Flow. Eine geringe Über- bzw. Unterforderung verhindert einen Flow nicht, wenn sie innerhalb des Flow-Kanals bleibt.

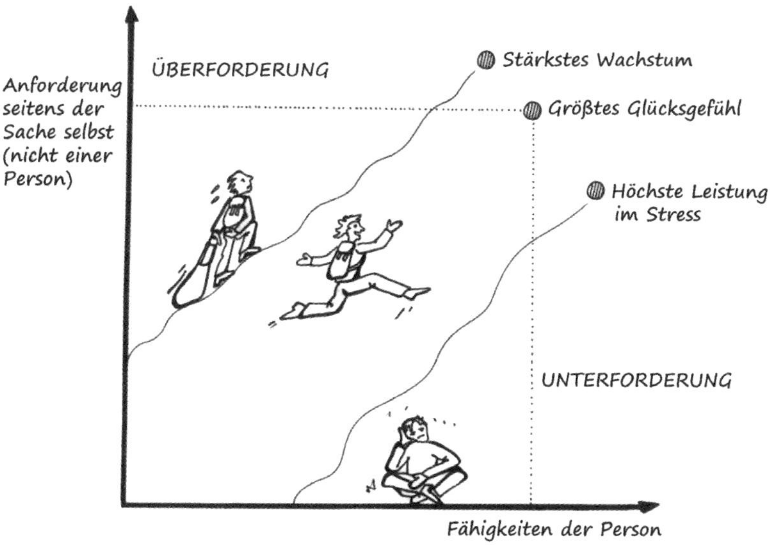

Abb. 18: Flow

Erst durch Anstrengung kann Erfolg „erfolgen". Er ist die Folge von sinnvollem Tun, von Be-Geist-erung, Anstrengung, Einsatz, Engagement, und erst dann wird er für die Person bedeutsam. Aus logopädagogischer Sicht überfordert und unterfordert der Sinn nicht. Fühlt sich der Mensch über- oder unterfordert, handelt es sich um eine Sinnverfehlung. (Siehe Frankls zweite These, S. 73 ff.)

Im Gegensatz zum Alltagsgeschehen stellt sich beim Flow ein großes Gelassenheitsgefühl ein: Jetzt gelingt es! Ich schaff es! Ich trau es mir zu! Es geht wie von selbst! Ein Flow verlangt totale Konzentration, 100%ige Aufmerksamkeit. Es ist mehr als Konzentration, es ist volle Hingabe, keine verkrampfte Situation, der Rest der Welt wird vergessen. Handeln und Bewusstsein verschmelzen, Denken und Handeln sind eins. Alles geschieht ganz spontan. Es gibt keine Blockaden oder Hemmungen und jede Zögerlichkeit fällt weg. Die Person ist mit ihrem Tun so eins, dass sie gar nicht viel denken muss. Hingabe, Selbstversunkenheit und ein Gefühl der Überschreitung der eigenen Grenzen stellen sich ein. Hier zeigt sich der Konnex zur Logotherapie ganz deutlich: Das ist Selbsttranszendenz.

Das Zeitgefühl ist verändert: Das Erleben wird durch keinen von außen gegebenen Zeittakt gestört. Die Zeit vergeht wie im Flug. Ein Flow geht einher mit einem intensiven Glücksgefühl, das als erfülltes Tätigsein erlebt wird. Es sind keine Belohnungen von außen nötig, der Mensch ist von sich aus (intrinsisch) motiviert.

Differenzierung zur Sucht

Jemand, der Drogen nimmt, erlebt ähnliche Gefühle im Rausch. Sie stammen jedoch aus der psychischen Dimension: Es handelt sich um Be-Gier-de, um Triebgefühle. Rauschzustände können beliebig „gemacht“, chemisch erzeugt werden. Ein „Flow-Erlebnis“ lässt sich nicht künstlich erzeugen, sondern ist Nebeneffekt sinnerfüllter Tätigkeiten.

Die erste logopädagogische These

Logopädagogik stärkt alle drei logopädagogischen Säulen gleichermaßen, um Balance für das Individuum zu ermöglichen.

Abb. 19: Erste logopädagogische These

Hier sehen wir den Menschen in Balance bzw. was geschieht, wenn der Mensch sich nicht als Individuum, als unteilbare Ganzheit mit Körper, Psyche und Geist sieht oder als solcher gesehen wird. Er kippt aus seiner Stimmigkeit, verliert den Halt, stürzt ab.

Das Individuum gestaltet die Anforderungen des Lebens, aktiviert die dazu notwendigen Fähigkeiten und kann damit Balance wiedergewinnen.

DER MENSCH GEWINNT KONTUR DURCH SINNORIENTIERUNG

Frankls zweite These über die Person lautet: „Die Person ist nicht nur in-dividuum, sondern auch in-summabile." (Frankl, 1997a, Seite 108)

D. h., die Person ist unverschmelzbar und Ganzheit, sie hat einen Charakter und prägt sich zur Persönlichkeit. So ist sie als Individuum unverschmelzbar mit der Masse und bleibt auch in der Gesellschaft Person.

Die Sinnorientierung schützt den Menschen vor der heute sehr verbreiteten Zweckorientierung. Durch direkt angestrebten Zweck macht sich die Person vom Erfolg abhängig, verfehlt den Sinn und diese Haltung führt zur „Schräglage" der Person. Das vordergründige Streben nach Macht, Prestige, Lust, Geld und Gewinn verführt den Menschen zu „sinnwidrigen Aktionen", zum Hetzen, Jagen, Erzwingen auf Biegen und Brechen und führt sehr oft zu Burn-out und / oder Versagen.

In diesem Kapitel werden Hilfen zur individuellen Sinnfindung aufgezeigt.

Die Person kann nicht mit einer zweiten Person oder mit einer Masse verschmelzen bzw. in ihr aufgehen, weil dadurch die autonome Freiheit und personale Sinnorientierung verloren ginge. Sogar im Liebesakt bleiben die Liebenden zwei autonome Personen. Teilung und Verschmelzung gibt es nur in der ersten Dimension bei der Zeugung neuen Lebens, wenn Samen- und Eizelle sich zu einer Zelle vereinen, miteinander verschmelzen. Danach kommt es zur weiteren Zellteilung.

Körper und Psyche werden von den Eltern als „physiologisches Existenzminimum" (Frankl) vererbt und dem neuen Leben als Ausdrucksmöglichkeit für dessen geistige Dimension mitgegeben. „Die Eltern geben bei der Zeugung eines Kindes die Chromosomen her – aber sie hauchen nicht den Geist ein." (Frankl, 1996, Seite 115)

Die Geistbegabung ist in Frankls Menschenbild nicht aus der Leiblichkeit des Menschen abzuleiten, sondern kommt aus einer anderen Dimension, aus der Transzendenz zum Organismus dazu. Frankl ist in diesem Zusammenhang, obwohl er Naturwissenschafter ist, sehr schlicht. Er lässt am Anfang des Lebens das Mysterium stehen und beschreibt, dass das Geistige zur befruchteten Eizelle *irgendwie* dazukommt. Daraus folgert er: Der Geist des Kindes ist nicht Geist vom Geist seiner Eltern.

Das erste bewusste Lächeln eines Kindes ist erster Ausdruck der geistigen Person, des Individuums. Zu diesem Ausdruck des Geistes gibt es ein Pendant, das genauso zum menschlichen Leben gehört: Es ist das Sterben des Menschen, „das Aushauchen des Geistes", wobei die geistige Dimension ihr „Instrument", den Körper, verlässt. Menschen, die Sterbende begleiten, berichten oft sehr berührend von diesem Phänomen.

So formuliert Frankl:

„Leibliches wird durch Vererbung geschenkt.
Seelisches wird durch Erziehung gelenkt.

Geistiges jedoch kann nicht erzogen werden, Geistiges muss vollzogen werden – Geistiges IST überhaupt nur im Selbstvollzug, in der ‚Vollzugswirklichkeit der Existenz'." (Frankl, 1996, Seite 119)

Geistiges ist demnach nur im Selbstvollzug, in Selbstgestaltung durch das Individuum zu vollziehen. Das bedeutet, dass der Mensch mit seiner geistigen Ausrichtung durch seine Lebensentscheidungen sich selbst als Person und seine Welt gestaltet. Das Wort Person leitet sich vom lateinischen Verb „personare" ab, das bedeutet „durchklingen, durchtönen, widerhallen". Frankl definiert Personsein als „durchklungen sein vom Geistigen".

Die Selbstgestaltungsfähigkeit ist von Anfang an angelegt und drückt sich altersadäquat im Laufe der Entwicklung immer deutlicher aus: erstes bewusstes Lächeln, Trotzphase, alle entwicklungspsychologischen Prägephasen, Pubertät, Adoleszenz etc. – bis zum letzten Atemzug. So gesehen hat Vererbung nicht das letzte Wort über die Entwicklung eines Menschen, der zwar einen Charakter geerbt hat, aber als geistige Person autonom entscheiden kann, wie er damit umgeht und wofür er seinen Charakter sinnvoll einsetzen kann.

180 km/h als Herausforderung

Eltern suchen bei einer Logotherapeutin Rat, weil sie mit ihrem achtjährigen Sohn zunehmend disziplinäre Probleme haben. Das Leben zu Hause und in der Schule ist für alle Beteiligten zur Qual geworden. Das Kind verfügt, wie sich herausstellt, über ein vom Vater geerbtes hohes Aggressionspotenzial, das es ungehemmt auslebt. Auch der Vater leidet anfallsartig unter Aggressionsschüben. Es werden ihm im Laufe der Gespräche ein Zusammenhang seiner Haltung und der seines Sohnes bewusst. Erschrocken stellt er fest, dass auch sein Onkel dieser Charaktereigenschaft zum Leidwesen seines Umfelds ungebremst freien Lauf lässt und er damit in einer scheinbar unglückseligen Vererbungskette gefangen ist.

Erst am Verhalten seines Sohnes erkennt er betroffen das dadurch verursachte Leid. Der Vater hört mit großem Interesse zu, dass sowohl die genetische Veranlagung als auch die sozialen Prägungen nicht die volle Macht über ihn als Person haben müssen. Seine geistige Möglichkeit zur Selbstgestaltung wird ihm bewusst gemacht und ausführlich situationsbezogen bearbeitet. Für Vater und Sohn ist folgende Metapher hilfreich: Genetisch wurde beiden ein aufbrausendes Naturell, vergleichbar mit einem starken Formel-1-Wagen, zur Verfügung gestellt. Diese Gabe kann zur Katastrophe führen oder sinnvoll eingesetzt werden: Entweder der Lenker fährt mit 180 km/h gegen einen Baum, weil er keine Kontrolle über sein Fahrzeug hat, oder aber er lernt die PS zu beherrschen und erreicht mit deren Hilfe seine angestrebten Lebensziele sicher und schnell.

Vater und Sohn erkennen, dass sie durch ihre Charaktereigenschaften nicht fremdbestimmt und Opfer sein müssen, sondern „Piloten", Gestalter großer sinnvoller Möglichkeiten werden können. Sie werden einander zum heilsamen Korrektiv, indem sie kreativ kopernikanische Wendungen auf ihrem Lebensweg vollziehen, statt leidvermehrende Karambolagen zu verursachen. Als Nebeneffekt stellt sich eine tiefe Beziehung zueinander und Verständnis füreinander ein.

„Der Mensch ‚hat' einen Charakter, aber er ‚ist' eine Person – und er ‚wird' eine Persönlichkeit. Indem sich die Person, die einer ‚ist', mit dem Charakter, den einer ‚hat', auseinandersetzt, indem sie zu ihm Stellung nimmt, gestaltet sie ihn und sich immer wieder um und wird zur Persönlichkeit." (Frankl, 1996, Seite 204)

Diese Sicht befreit den Menschen aus jeder Fremdbestimmung. Fühlt er sich doch oft wie eine Kopie, ein Produkt seiner Eltern. Er hat von der scheinbaren Macht der Vererbung und Erziehung gehört. Er fühlt sich abhängig und hilflos dem ausgeliefert, was die Eltern aus ihm und mit ihm gemacht haben. Wenn das Elternhaus nicht gut funktioniert hat, dann fühlt er sich als schlecht „erzeugt", manchmal auch als unerwünscht.

Im logopädagogischen Verständnis sind die Eltern jedoch nicht allein entscheidend. Jeder Mensch ist eine eigene Person, nicht eine Kopie der Eltern, nicht verschmelzbar, insummabile. Was die Eltern mitgeben, ist das notwendige Existenzminimum. Körper und Psyche sind als Gaben mitgegeben, mit und trotz deren die Person ihr persönliches Leben gestalten kann.

Eine fehlende Förderung durch Eltern, Umwelt etc. kann die Selbstgestaltung der geistigen Person zwar erschweren, aber niemals verhindern. An der Entwicklung von Menschen mit angeborener oder erworbener Behinderung bzw. aus schwierigem Milieu ist diese oft bewundernswerte Selbstgestaltung zu beobachten.

Charakter – Persönlichkeit

Was ist durch meinen Charakter festgelegt, vererbt, über mich entschieden? Wo kann der Mensch als geistige Person mitreden? Kann er überhaupt mitreden?

Kommen Ihnen folgende Aussagen bekannt vor?

- Wie soll aus dem armen Sohn etwas werden, bei dieser Mutter?
- Wie soll aus mir etwas werden, bei dem Elternhaus, aus dem ich komme?
- Ich kann nicht anders, meine Eltern waren genauso dominant, wie ich es jetzt bin.
- Bei uns zu Hause wurde gebrüllt, wenn etwas nicht passte, deshalb geht es auch in meiner Familie so zu.
- Die Unpünktlichkeit ist ein Familienübel. So kann ich nichts dafür, dass auch ich immer unpünktlich bin.

- Mein Vater war sehr streng zu mir und traute mir nichts zu. Er ist schuld, dass ich mich bis heute noch nichts traue und Angst vor dem Versagen habe.

Da sich die geistige Person nicht nur mit der Welt, sondern auch mit dem eigenen Charakter auseinandersetzen kann, lässt eine logopädagogische Sicht obige Ausreden nicht gelten. Frankl bringt dazu ein Beispiel von eineiigen Zwillingsbrüdern in Deutschland, die beide die Anlage „Raffinement" mitbekommen hatten. Der eine wurde ein raffinierter Kriminalist, der andere ein ebenso raffinierter Krimineller. An und für sich ist eine Anlage weder gut noch schlecht. Die Frage ist: Wofür will die Person ihre Anlage einsetzen? (Nach Frankl, 1996, Seite 119) In jedem Menschen steckt das Potenzial, ein „Heiliger" oder ein Krimineller zu sein. Das tritt im Alltag deutlich in Erscheinung.

- Es gibt Menschen, die die Umwelt absichtlich verschmutzen, und andere, die ihre Freizeit für Säuberungsaktionen zur Verfügung stellen.
- Es begegnet uns ein Schüler, der in der Pause aggressiv seinen Unmut an seinen Mitschülern auslebt und sich am Nachmittag liebevoll um einen aus dem Nest gefallenen Vogel kümmert.
- Es gibt Bauern, die hochgiftige Düngung zur Gewinnmaximierung einsetzen, und andere, die biologischen Anbau forcieren und damit Geldeinbußen in Kauf nehmen.

Der Mensch entscheidet individuell, und mit jeder Entscheidung prägt er sich selbst und seine Umwelt.

Masse – Gemeinschaft

Gestaltet sich der Mensch durch seine Geistbegabung, wie oben beschrieben, dann behält er auch in Gemeinschaften, Partnerschaften, in Schulklassen und Peers seine Individualität. Er geht in diesen Gemeinschaften nicht auf, kann nicht mit ihnen verschmelzen, sondern bleibt in-summabile. Er kann sich aber entscheiden, seine Individualität freiwillig aufzugeben, wie es in Sekten, politischen Gruppierungen etc. passiert. Dabei vergisst er vorübergehend seine Geistigkeit und damit sein Potenzial zur Mitgestaltung.

Frankl differenziert zwischen Masse und Gemeinschaft mit einem eindrucksvollen Vergleich:

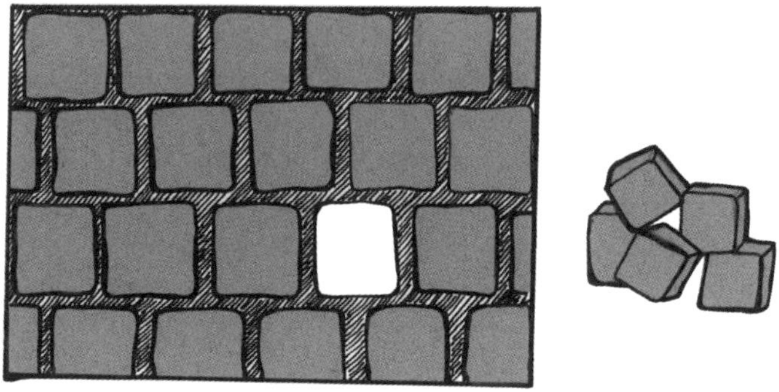

Abb. 20: Pflastersteine

Er symbolisiert Masse durch gleichförmige Pflastersteine einer Straße, wo jeder einzelne beliebig austauschbar ist, ohne die Qualität der Straße zu gefährden. Wird ein Pflasterstein kaputt, wirft man ihn weg, ein neuer wird an die Stelle des alten gelegt und die Straße bleibt Straße. Jeder Stein hat nur Nutzwert. Masse definiert Frankl dem Beispiel folgend als „Summe entpersönlichter Wesen".

Anders verhält sich die einzelne Person in der Gemeinschaft:

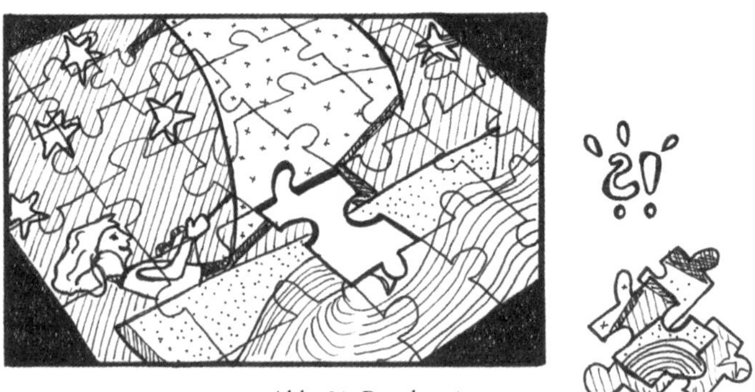

Abb. 21: Puzzlesteine

Die Gemeinschaft symbolisiert Frankl durch ein Puzzle. In diesem hat jede einzelne Person eine unaustauschbare Qualität, wie jeder einzelne Puzzlestein. Fehlt nur ein Stein, leidet das Bild an seiner vollen Ausdrucksmöglichkeit. Die Einzigartigkeit und Unersetzbarkeit jeder Person in einer Gemeinschaft wird damit veranschaulicht.

Was bedeuten diese Erkenntnisse für Menschen, die mit und in Gruppen arbeiten? Wie können sie dem Individuum gerecht werden, wenn sie von der Struktur gezwungen sind, Gruppen von unterschiedlichen Individuen zu annähernd gleichen Zielen zu führen? Wie oft stehen wir vor inhomogenen Gruppen und stellen allen ein und dieselbe Aufgabe?

Abb. 22: Eine gerechte Aufgabe?

Wie auch heute in der modernen Pädagogik gefordert wird, formulierte sinngemäß vor Jahren auch Frankl: Wir müssen von Mensch zu Mensch individualisieren und von Stunde zu Stunde improvisieren, um dem Menschen gerecht zu werden.

Frau Professor Rat

Beispiel für eine geglückte logopädagogische Umsetzung:

Frau Professor Rat, wie sie liebevoll von ihren SchülerInnen über Generationen genannt wurde, Geschichtsprofessorin an einer AHS, mittleren Alters, ist bei allen SchülerInnen respektiert, beliebt und erfolgreich. Wie schafft sie das? Erinnerungen einer Maturantin:

Nach dem ersten Schultag kannte Prof. Rat alle Vor- und Nachnamen sämtlicher SchülerInnen, ohne sie zu verwechseln. Sogar die Zwillinge in unserer Klasse verwechselte sie nie. [**Wärme/Liebesfähigkeit** wird vorgelebt.]

Klar und für uns SchülerInnen gut verständlich formulierte sie: „Ich möchte euch in Geschichte … beibringen. Ich bringe euch Respekt und Interesse entgegen und erwarte das auch von euch." [**Rhythmus/Leistungsfähigkeit**]

Zu Weihnachten wusste sie die Familienhintergründe, Haustiere und Hobbys aller SchülerInnen und drückte damit **Wärme und Liebesfähigkeit** aus.

Sie war immer interessiert daran, dass es uns persönlich und im Klassenverband gut ging. Vor Schularbeiten brachte sie manchmal Gutes zur Nervenberuhigung mit. Zum Nikolausfest und zu Weihnachten gab es kleine Aufmerksamkeiten. [**Wärme/Liebesfähigkeit**]
Bei längeren Krankheitsfällen erkundigte sie sich persönlich bei der Familie. Nach einem Unfall einer Schülerin besuchte Prof. Rat diese am ersten Tag im Krankenhaus und brachte Blumen mit.

Während einer Klassenfahrt ins Ausland waren vier Mädchen verbotenerweise mit dem Zug in den Nachbarort gefahren und am Bahnhof zusammengeschlagen worden. Alle LehrerInnen waren empört und schimpften. Prof. Rat ging auf die Mädchen zu, drückte sie wortlos und versuchte sie zu beruhigen. Bei einem Mädchen, das besonders betroffen und schockiert war, saß sie die ganze Nacht am Bett. Die anderen Kinder reagierten sofort und unterstützten ihre Lehrerin, so gut sie konnten, weil diese als Letztverantwortliche auch Sorgen und Nöte hatte. [**Konstanz/ Leidensfähigkeit**]

Die Leistungsanforderungen waren hoch, der Unterricht gut strukturiert und bestens vorbereitet. Von jedem Schüler wusste sie, was von ihm an Hausübungen, Entschuldigungen usw. zu verlangen war, und sie schaffte neben ihren Aufgaben als Klassenvorständin alle Lehrplanforderungen. Es war Zeit für Besuche in Pausen bei langen Schularbeiten und für Kurzbesprechungen am Gang. Konfliktbewältigungen wurde Raum gegeben, indem KollegInnen den Unterricht übernahmen und sie in Kleingruppen die Konflikte ansprach. [**Rhythmus und Leistungsfähigkeit** wird bei echtem Interesse für alle Beteiligten vorgelebt.]

In Ich-Botschaften formulierte sie authentisch und glaubwürdig Enttäuschungen und Mahnungen: „Ich habe gehört, wie ihr euch benommen habt. Mir tut das weh." Ihre Augen waren voll Tränen: „Ich habe mich noch nie für eine Klasse so geschämt."

„Ich habe mich gestern bei euch nicht wohlgefühlt. Das wollte ich euch mitteilen." [**Konstanz/Leidensfähigkeit**]

Die Meilensteine der österreichischen Geschichte wurden auf einem DIN-A4-Blatt von der 5. bis zur 8. Klasse wöchentlich wiederholt und dadurch verlässlich eingefordert. [**Rhythmus/Leistungsfähigkeit**]

Sie setzte die SchülerInnen nach ihren Fähigkeiten bei der Gestaltung verschiedener Aktivitäten (Schulmesse, Schulball, Theaterstück etc.) ein, nahm damit die individuellen Fähigkeiten ernst und brachte dadurch jedem Einzelnen Wertschätzung entgegen. [**Wärme/Liebesfähigkeit**]

Es gelingt Frau Professor Rat, **Rhythmus, Wärme und Konstanz** in der Klasse zu verwirklichen. Sie zeigt hohe Wertschätzung für die SchülerInnen und Empathie für jeden Einzelnen, immer im Hinblick auf die gesamte Klassensituation. Dadurch erreicht sie eine hohe Leistungsbereitschaft sowie Liebesfähigkeit und Leidensfähigkeit der SchülerInnen. Sie wird auch nach der Schulzeit zu Festen der SchülerInnen eingeladen, nimmt diese Einladungen gerne an und feiert aktiv mit.

Professor Rat ist eine von vielen menschlichen PädagogInnen, die mit fachlicher Kompetenz, empathischem Interesse und notwendiger Konsequenz ihrer Profession zum Wohle aller nachkommen und damit Sinnorientierung vorleben.

Wir sehen in diesem Beispiel deutlich

- die **Freiheit des Willens:** Transparenz, Konsequenz, Rhythmus und Ordnung in der Leistungsanforderung.
- den **Willen zum Sinn:** Wertschätzung und ressourcenorientiertes Annehmen der einzelnen Person im Klassenverband: Personalität und nicht Nutzwert ist entscheidend, um Liebesfähigkeit zu schulen.
- den **Sinn des Lebens:** Vorleben und Miterleben konstruktiver Leidbewältigung in Krisensituationen.

Der Mensch entscheidet täglich seine Einstellung. Diese frei gewählte Haltung prägt seine Identität und sein Umfeld. Die Frage nach dem Wofür? Für wen / was? und Wozu? erfordert in jeder konkreten Situation eine persönliche Antwort. Das gilt für alle Berufsgruppen, für jeden Menschen.

Wie kann die geistbegabte autonome Person ihren Sinnanruf erkennen? Der Mensch lebt gelingend, wenn er sich auf dem Spannungsbogen vom Sein zum Soll befindet. (Siehe Frankls erste These, S. 39)

Mit dem Soll ist gemeint:

- der Ruf des Logos,
- das Gesollte, das Bestmögliche,
- das Erfordernis der Situation, das Notwendige, das wir mit dem „Sinnorgan" Gewissen wahrnehmen können (siehe Frankls vierte These, S. 129),
- der Lebenssinn, der Daseinssinn als Aufgabe.

Der Sinnbegriff in der Logotherapie / Logopädagogik

1. Der Sinn ist das Gemeinte, das Gesollte, das Bestmögliche für eine konkrete Person und ihr Umfeld in einer konkreten Situation und wird als *Sinn des Augenblicks*, *Situationssinn* oder *Einzelsinn* bezeichnet. Zum Beispiel: Ein Kind weint in der Nacht und will von der Mutter getröstet werden. Ein Student muss für eine Prüfung lernen.
2. Der Sinn des Augenblicks lässt sich mit anderen Einzelsinnen zu größeren Sinneinheiten bündeln. Zum Beispiel: Kinder großziehen, eine Berufsausbildung machen. Diese sind nicht so klar zu überblicken wie der konkrete Sinn des Augenblicks.
3. Diese größeren Sinneinheiten fügen sich zum Sinnganzen eines subjektiven Lebens, das oft erst im Tod erkannt werden kann. Dennoch kann der Mensch über die Sinnerfüllung seines Lebens reflektieren und jederzeit korrigierend eingreifen.
4. Als vierte Größe ist der *Über-Sinn* (Frankl) zu nennen. In ihm ist aller Sinn geborgen und der Über-Sinn, der letzte Sinn, ist für den Menschen nicht fassbar, nur glaubbar. (Siehe Frankls zehnte These, S. 313 ff.)

„Sinn ist nicht nur übersetzbar mit ‚Bedeutung', wie es im deutschen Duden steht. Sinn hat auch etwas mit ‚Aufgabe' zu tun. […] Das Sinnvolle, eben das ‚Bedeutsame', weist auf dasjenige hin, was uns abverlangt und aufgetragen ist. Allerdings nicht abverlangt und aufgetragen von anderen Menschen, die über uns bestimmen könnten oder sollten. Nein, sinnvoll ist, was wir selbst tief im Herzen als ‚richtig' erspüren, weil es der besten und schönsten Möglichkeit unter all den Möglichkeiten entspricht, die wir gerade zur Verfügung haben. Einer Möglichkeit, die es wert ist, verwirklicht zu werden. Und die vielleicht niemand anderer genauso verwirklichen kann wie wir, weshalb sie *uns und niemand anderem* aufgegeben ist." (Lukas, 1995, Seite 171)

Der geistbegabte Mensch hat immer ein Stück Welt vor Augen, das ihm gegenübergestellt und oft ein Stück zu heilende Welt ist. Es ist jeweils eine einmalige und einzigartige Aufforderung an eine konkrete einmalige und einzigartige Person, sich mit ihren Begabungen einzusetzen. Daraus ergibt sich die Unersetzbarkeit jedes Individuums.

Im Beispiel wurde der Sinn des Augenblicks von Prof. Rat entdeckt und durch ihre Handlungen, durch ihre Teilhabe an bedeutenden, beglückenden, schwierigen und traurigen Ereignissen in ihren Alltagssituationen verwirklicht. Sie gibt ihre bestmögliche Antwort auf ihre spezifischen Lebensfragen. Das ist konkrete Sinnfindung in konkreten Lebenssituationen.

Abb. 23: Halbkreisdiagramm

Fällt die Sinnorientierung weg, bewegt sich der Mensch nicht mehr auf dem Spannungsbogen zwischen „Sein" und „Soll" und kann daher seine bestmögliche Wirklichkeit nicht anstreben. Wenn Menschen kein Motiv in der Welt, außerhalb ihrer selbst, sehen, kein Wofür, kein Für wen / was und kein Wozu erkennen (Säulenmodell, Seite 45), werden sie ihre geistige Ausrichtung nicht bündeln können. Die Sehnsucht nach Sinn wird nicht wahrgenommen, der Mensch wird zweckorientiert und abhängig.

Sinnerfüllung wird realisiert über die Verwirklichung von Werten, indem Sinn angestrebt wird, unabhängig von der Frage, ob es lustvoll ist, ob es etwas für die Person bringt oder nicht. Lust und Unlust steuern das Lebewesen im tierischen Bereich. Lust ist das Mittel, welches das Überleben des Tieres in je seiner Umwelt sichert. Es ist instinktgetrieben und damit entschiedenes Sein. Deshalb ist das Tier auch nicht zur Verantwortung zu ziehen. Was ist Lust im menschlichen Leben? Der Mensch empfindet auch Lust und Unlust, muss sich davon aber nicht bestimmen lassen. Er ist aufgerufen, entsprechend dem jeweiligen Sinnappell zu handeln. Aufgrund seiner Geistigkeit ist der Mensch „entscheidendes Sein" (Frankl), Gestalter und Verantwortungsträger. Lust ist nicht Regulator wie im Tierreich, sondern kann „Nebeneffekt einer sinnvollen Handlung sein". (Frankl)

Von der verlorenen Freude

Ein Spitalsarzt, der von seinem Charakter eher zurückhaltend und introvertiert ist, erlebt in seiner Beziehung und in seinem Beruf aufgrund dieser Zurückhaltung und seiner übermäßigen Gutmütigkeit ein Erschöpfungssyndrom. Nach seiner Aussage geht ihm die Lebensfreude verloren und er zieht sich zunehmend zurück. In der Beratung wird zum Thema: Was ist jetzt sinnvoll, das Gesollte, das von ihm ausgehen könnte, um die Situation zu stabilisieren?

Es wird ihm bewusst, dass er oft seiner psychischen Charakterdisposition nachgibt und dadurch seinem Auftrag als Arzt, mutig Stellung zu nehmen, nicht gerecht wird. Er ist Opfer seiner Zurückhaltung und hat es seinem Umfeld dadurch leicht gemacht, ihn auszunützen. Im Zuge der Beratung erkennt er, dass sein Sinnanruf ein Sich-tapferes-Stellen gegen diese Charakteranlage erfordert, und es gelingt ihm zunehmend, diese Herausforderung zu erfüllen.

Als Nebeneffekt dieser sinnvollen Korrektur stellt sich, völlig überraschend für den Klienten, eine Beförderung zum Stationsarzt ein mit der Begründung der Spitalsleitung: Er habe sinnvolle Argumente auch gegen den Trend vorgebracht und soll diese auf der Abteilung zum Wohle aller umsetzen. Die Freude stellt sich wieder ein, weil er sich gestaltend erlebt.

Sinn – Zweck

Jeder Mensch möchte aufrecht in der Welt stehen. Er ist als aufrechtes Wesen angedacht und fragt sich:

Wofür will ich leben? Was soll jetzt von mir gelebt werden? Diese Fragen können Hilfestellungen zur Sinnfindung darstellen, den Menschen aufrichten und ihm Kontur geben. Jeder Mensch sehnt sich danach, Sinn, also das Gesollte, sein Bestmögliches, zu verwirklichen. Der Sinn liegt außerhalb des Menschen, ist in der Welt vorfindlich da und steht so dem Menschen gegenüber. Die Ausrichtung auf den Sinn ist damit selbsttranszendent, sich selbst überschreitend. Der Mensch gibt sich der Welt hin, er will der Welt und ihrem Sinnanruf entsprechen, diesen Sinnanruf erfüllen.

Abb. 24: Wofür will ich leben?

Abb. 25: Der Sinn zieht

Stellt sich dem Menschen auf seiner Sinnverwirklichung ein Hindernis in den Weg, wie Lustlosigkeit, Faulheit, andere Interessen etc., dann bekommt er die Kraft, dieses zu überwinden, wenn er weiß, wofür, für wen / was und wozu.

Lust und Pflicht

In der ersten Klasse einer Volksschule sagte ein Mädchen: „Nein, heute schreibe ich nicht, weil ich keine Lust dazu habe."

Logopädagogische Antwort: „Ich glaube, da hast du etwas falsch verstanden. Es geht nicht darum, ob du Lust zum Schreiben hast, sondern darum, dass es jetzt deine Aufgabe ist, diese Buchstaben zu lernen. Wenn du es gut gemacht hast, dann wirst du dich freuen und beim Lesen Spaß haben. Jetzt geht es um deine Pflicht. Setz dich bitte nieder und schreibe deine Buchstaben."

Die Klarheit und Haltung der logopädagogischen Intervention unterstützt das Kind in einer sinnorientierten Haltung. Der Sinn zieht über alle psychophysischen Hindernisse.

Abb. 26: Sprung über das Hindernis

Bei entsprechender Wahrnehmung eines Sinn-Anrufs „springt" der Mensch sogar über seine körperlichen, psychischen und sozialen Barrieren. Die personale, stellungnehmende, bewertende und entscheidende Instanz des Menschen steht in Resonanz mit dem Bestmöglichen, Gemeinten, Gesollten, das in der Welt vorfindlich ist und auf ihn persönlich wartet.

Verwirklicht der Mensch sein Gesolltes, dann kann sich als Nebeneffekt auch Anerkennung, Erfolg, Freude und Glück einstellen, er ist aber nicht zwingend und nicht wichtig, weil sein Einsatz in sich und an sich gut ist. Erreicht der Mensch sein sinnvolles Ziel, seine Vision nicht, dann spricht die Sinnausrichtung für sich und dies macht ihn unabhängig vom Erfolg und bewahrt ihn vor Enttäuschung bei Misserfolg. Hier sehen wir die Autonomie, die der sinnorientierte Mensch in seinen Handlungen erreichen kann.

Gewissensbisse

Eine Logotherapeutin berichtet:

„Ich bin nicht zufrieden, wie ich mich selbst sehe und wie ich mit mir und meiner Umwelt umgehe", klagt ein ca. 45-jähriger Mann in der Beratung. Beruflich sei er erfolgreich, anerkannt und vor einem Jahr haben er und seine Frau sich in beiderseitigem Einvernehmen mithilfe einer Mediatorin getrennt. Außenbeziehungen auf beiden Seiten waren der Auslöser für diese Entscheidung.

Die Scheidung liegt hinter ihm und es gibt ein gutes Einvernehmen mit der Exfrau. Zwei Kinder im Alter von zwölf und zehn Jahren werden von beiden Elternteilen abwechselnd versorgt. Der Klient hat unmittelbar nach der Scheidung seine Arbeitszeit in der Firma geblockt, um auch wochenweise die Versorgung der Kinder zu gewährleisten. „Es ist für beide besser so, meine Frau signalisiert mir dasselbe."

Es klingt alles rund und einsichtig, aber irgendetwas macht den Mann unzufrieden. „Was führt Sie zu mir?" – „Ich bin nicht motiviert, den Haushalt mit den Kindern zu führen. Ich habe diese Aufgabe unterschätzt. Ich werde nie fertig damit und das geht mir auf die Nerven. Ich bin faul und depressiv geworden. So will ich nicht leben. Ich habe versagt. Nun stehe ich da und habe keine Motivation, keine Freude und keine Lust mehr."

„Sie haben Ihre berufliche Arbeit geblockt, um für Ihre Kinder da zu sein. Das zeigt Ihre Verantwortung für sie und Ihre Liebe zu ihnen." – „Ja, die ursprüngliche Absicht war, für die Kinder da zu sein, damit sich die Scheidung nicht so lange hinzieht. Aber jetzt geht mir die Luft aus."

Mit der Zweckausrichtung, den unangenehmen Zustand der Scheidungsverhandlungen abkürzen zu wollen, hat sich der Klient „schräg" positioniert. Es ist notwendig, ihm Sinn- und Existenzfragen in Anbetracht der aktuellen Situation zu stellen:

- „Wofür wollen sie leben?"
- „Was ist es wert, dieser Aufgabe treu zu bleiben, trotz Frust?"
- „Was soll jetzt von Ihnen entschieden und vorgelebt werden?"
- „Welcher Vater wollen Sie sein?"
- „Was hätten Sie als Kind in dieser Situation von Ihren Eltern gebraucht?"

Der Ratsuchende ist erstaunt. Vor diesem Hintergrund hat er seine Situation noch nie betrachtet.

Der Vater antwortet ohne Zögern: „Mein Sohn braucht Struktur und Ordnung. Ich spüre, wie er mich nachahmt in meiner Inaktivität. Das will ich unterbinden." Wir sammeln vom Vater erkannte Not-Wendigkeiten für die gemeinsam zu gestaltenden Tage.

Zum Beispiel:

- Tagesstruktur schaffen, die er als Vater vorgibt
- Aufträge an beide Kinder, die ein Zusammenleben mit dem Vater zur Freude aller gestalten können
- gemeinsame Regelung von Küchendienst, Gartenarbeit, Einkauf etc.
- Interesse und Hilfestellung bei den Aufgaben der Kinder

Es geht um ein In-Beziehung-Treten und Füreinander-verantwortlich-Sein. Der Vater will auch für sich eine „To-do"-Liste erstellen, doch soll er sich damit weder über- noch unterfordern. Die Möglichkeiten der Gestaltung vom „Sein", der realen Wirklichkeit, in Richtung „Soll", der idealen Wirklichkeit, selbstbestimmt zu entscheiden, begeistern und motivieren den Klienten. Durch das Anleuchten des Sinnmotivs richtet sich der Klient aus der Depression auf und holt sich Kraft für sich und seine Familie.
Hat der Mensch den Sinn als Bestmögliches für sich und sein Umfeld erkannt, wird er autonom und leidensfähig, was ihn motiviert, sich seiner Situation zu stellen. Der Sinn zieht über Hindernisse, nur der Zweck

verleitet zur Schräglage. Durch den Sinn im Blick bekommt der Vater das Selbst in den Griff.

In der nächsten Sitzung gibt es viel zu berichten und neue Kümmernisse des Mannes kommen dazu. Die Differenzierung von Sinn und Zweck haben den Klienten nachdenklich gemacht. Er hat erkannt, dass er auch seiner Exfrau gegenüber meist nur zweckorientiert agiert hat: verdrängen, negieren und ablenken, um keinen Gesichtsverlust erleiden zu müssen, sind seine Beziehungsmuster gewesen. Er fühlt sich schuldig. „Was wäre jetzt für Sie und Ihre Frau sinnvoll?" Prompt kommt die Antwort: „Ich möchte mich in aller Form für willentlich verursachte Verletzungen bei meiner Frau entschuldigen. Es tut mir aufrichtig leid, so agiert zu haben." Berührung und eine große Entlastung spiegeln sich in den Zügen des Klienten.

Um den Klienten vor der gefährlichen Erwartungshaltung zu schützen, füge ich hinzu: „Wichtig ist allerdings, dass Sie Ihr Vorhaben und Ihre Handlung völlig unabhängig von der Reaktion Ihrer Exfrau durchziehen. Sie stehen gerade für Ihre lautere Absicht. Wie Ihre Frau damit umgeht, ist deren Entscheidung."

Diese neuen Erkenntnisse stellen den Mann in die Sinnausrichtung. Es geht nicht mehr um Gefühlszustände, sondern um die Stellungnahme zum Appellcharakter der Situation. Der positive Nebeneffekt dieser Haltung wirkt sich heilsam in der Familienstruktur aus.

Sinnvolles Tun kann schwer sein und auch ohne Anerkennung bleiben. Trotzdem wird es durchgestanden, weil es vor dem persönlichen Gewissen das „An-sich-Gute" ist. Dieses Wissen um „das eine, das nottut", macht unabhängig vom Erfolg, leidensfähig und frustrationstolerant.

In der heutigen Konsumgesellschaft wird der Mensch in Versuchung geführt, den Erfolg, das Glück oder die Lust direkt anzustreben. Er kürzt den scheinbaren „Umweg" über die Sinnverwirklichung ab, um seine Wünsche rasch durchzusetzen. Er lebt aus der zweiten Dimension. Mit aller Gewalt und mit allen Mitteln will er seine egoistischen Ziele durchsetzen. Was geschieht mit dem Menschen?

Abb. 27: Schräglage

Er verliert die aufrechte, souveräne Haltung und kippt in eine „Schräglage", die er nicht lange durchhalten kann. Es sei denn, er wird in falsch verstandener Liebe durch Partner, Eltern, Freunde, Lehrpersonen oder sonst jemanden in dieser „Schräglage" gestützt. Das wird jedoch seine Menschwerdung erschweren, weil er als aufrechtes Wesen leben will.

Die Abkürzung ist der falsche Weg: Je mehr der Mensch nach Lust, Zweck, Glück strebt, umso schneller vergehen sie auch schon und umso mehr macht er sich davon abhängig. Darin schlummern viele Gefahren, auch die Suchtgefahr, die durch Sinnverfehlung angestoßen wird.

Abb. 28: Bauchlage

Tritt das Erwartete, Angestrebte nicht ein, kippt die Person aus der Schräglage in die „Bauchlage".

Aus einem Interview mit dem chinesischen Starpianisten Lang Lang

Auf die Frage des Interviewers: „Was würden Sie jungen Pianisten für ihre Karriere empfehlen?“, meinte er: „Ich glaube, das Wichtigste für einen Künstler ist, dass der Erfolg nicht die Hauptmotivation sein darf. Wenn man immer nur daran denkt, erfolgreich zu sein, dann ist das sehr gefährlich. Wenn ich als Künstler Klavier spielen will und auch während des Auftritts daran denke, möglichst erfolgreich zu sein und darauf zu achten, wie ich bei den Leuten ankomme, dann wird mein Vortrag nicht mitreißend sein. Wenn man sich darüber Gedanken macht, warum man auf die Bühne geht, nämlich um vorzutragen, dann arbeitet man auch beim Üben ganz anders, als wenn man übt, um erfolgreich zu sein. Das ist ein riesiger Unterschied.“

Angst als Schräglage

- Wenn der Mensch Erfolg anstrebt, hat er Angst vor Misserfolg.
- Wenn er Lust anstrebt, hat er Angst vor Unlust.
- Wenn er Glück anstrebt, hat er Angst vor Unglück.

An und für sich hat Angst eine schützende Funktion, die zur Vorsicht aufruft. Handelt es sich nicht um eine schützende Angst, dann ist sie ein schlechter Lebensbegleiter. Lähmende Angst erspart sich der Mensch, wenn er auf der Sinnfährte bleibt. Er wird freier handeln, unbeeindruckt davon, ob ihm eine Anerkennung für das Tun zuteilwird oder nicht. Es trägt ihn seine eigene Sinnorientierung, er hat mehr Leidensfähigkeit und Kraft, seine Aufgabe zu erfüllen. Er wirkt überzeugend.

Es gibt einen Teufelskreis zwischen Angst und Versagen. Je mehr der Mensch versagt, umso mehr greift er nach dem Erfolg (Schräglage, zweite Dimension) und will ihn erzwingen. Der Mensch macht sich von dem Teufelskreis der Erwartung abhängig und verfehlt damit den Sinn. Je mehr Unlust der Mensch hat, umso mehr strebt er Lust an (Schräglage, zweite Dimension). Es stellt sich die Angst davor ein, das Leben zu verfehlen – und wieder beherrscht ein krank machender Angstkreislauf den Menschen.

Ein Weg aus diesem Dilemma kann das Aufrichten zum Sinnanruf sein, denn das Wahrnehmen des persönlichen Aufgabencharakters einer konkreten Situation gibt die notwendige Kraft, die Angst zu überwinden. „Was ist jetzt das Bestmögliche für mich und mein Umfeld?“, ist eine Frage, die den Menschen aufrichtet.

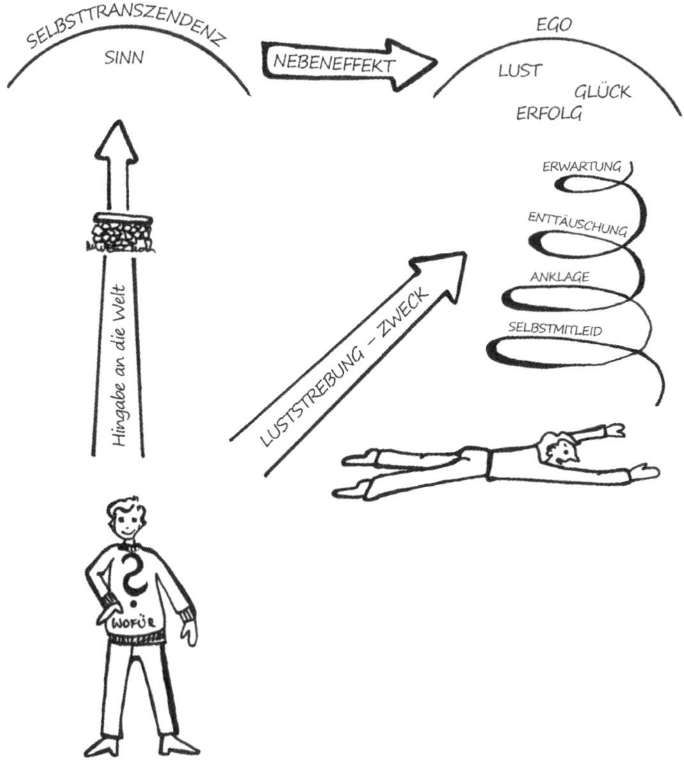

Abb. 29: Sinn-Zweck-Diagramm

Als Nebeneffekt *kann* sich Erfolg, Lust, Glück, Reichtum etc. einstellen. Der Mensch behält seine aufrechte Haltung und gewinnt zunehmend an Kontur, allein wenn er den Sinn anstrebt – unabhängig davon, ob es zur Erfüllung von Annehmlichkeiten kommt.

Nie wieder …

„Ich kann nicht mehr mit der U-Bahn fahren", klagt eine junge Frau, „seitdem ich, bedingt durch einen technischen Defekt in der U-Bahn, einen längeren Aufenthalt in einem Tunnel aushalten musste. Es bekommt mich niemand mehr in eine U-Bahn, nie wieder!"

„Da haben Sie allerdings recht", bestätigt sie der Berater. „Es macht unsere Würde aus, Entscheidungen zu treffen und wenn Sie beschließen für Ihr künftiges Leben alle U-Bahnen zu meiden, ist das Ihr gutes Recht. Es wird Sie tatsächlich niemand davon abhalten können, sich so zu entscheiden."

„Aber wie soll es weitergehen? Ich wohne am Stadtrand und besitze kein Auto. Mit dem Autobus ist die Verbindung äußerst umständlich", klagt die Klientin. „Verstehe ich Sie richtig, dass Sie unter Ihrem eigenen Beschluss leiden?" Ihre Antwort: „So gesehen haben Sie recht, aber ich kann ja nicht anders!"

Psychisches Unlustgefühl und Angstverhalten befinden sich in der zweiten Dimension und das muss der jungen Frau erklärt werden. Wie trostvoll zu hören, dass es noch die geistige Stellungnahme gibt. Das letzte Wort hat die Angst nur, wenn der Mensch es ihr erlaubt.

„Was spräche dafür, doch wieder die U-Bahn zu benützen? Für wen oder wofür könnte eine Überwindung stattfinden?" Es stellt sich heraus, dass die junge Frau schon großen Leidensdruck aushalten muss. Ihre Mutter liegt krank im Spital in der Stadt, sämtliche Freundschaften in der Stadt können aus Zeitmangel und Erschöpfung nicht mehr von ihr gepflegt werden. Die Klientin ist zum Opfer ihrer Angst geworden, die in der psychischen Dimension sitzt und aktive Lebensgestaltung verunmöglichen will.

„Ich muss mir von mir selbst nicht alles gefallen lassen" (Frankl, DVD, 1987) wird bearbeitet und die Klientin beschließt, mit dem Berater eine Fahrt mit der U-Bahn zu probieren. Sie hat zwar Angst, aber sie ist nicht die Angst. Sie persönlich ist mehr als ihre Angst. Stärker als ihre Angst ist die Liebe zu ihrer Mutter und zu ihren FreundInnen. Unter Anleitung des Beraters gibt sie der Angst einen Namen, nennt sie „Unikum", und beschließt ab sofort, trotz und mit ihrem „Unikum" Stadtfahrten zu planen. „Denn das letzte Wort habe immer noch ich", formuliert sie stolz nach einer überraschenderweise ohne Pannen abgelaufenen U-Bahn-Fahrt.

Die Frustrationstoleranz kann schwach ausgeprägt sein wie in unserem Beispiel. PädagogInnen können präventiv dagegenhalten, weil das Leben immer wieder Steilstücke, scharfe Kurven, Schlaglöcher und Hindernisse wie U-Bahn-Aufenthalte im Tunnel aufweisen wird. Wie gut ist es dann, zu wissen, dass der Mensch unter allen Umständen Halt in der geistigen Dimension finden kann. Dieser Halt muss aber immer wieder bewusst gemacht und trainiert werden.

Schicksal – Freiheit

Gemäß der Logotherapie / Logopädagogik ist der Mensch potenziell willensfrei, weil er wählen kann und immer Wahlmöglichkeiten in der Welt vorfindlich sind. Das folgende Diagramm nach E. Lukas kann eine Hilfe sein, um Klarheit in herausfordernden Lebenssituationen zu finden und um sinnorientierte Entscheidungen treffen zu können. Dazu ist es hilfreich, zu unterscheiden, was im Leben schicksalhaft ist und als „Schicksal“ bezeichnet wird und was gewählt und entschieden werden kann aus dem je persönlichen „Freiraum“.

Zum Schicksal gehört das Gewordensein, die biologischen, genetischen, psychischen und soziologischen Bedingungen. Alles, das dem Menschen Geschehene und in der Vergangenheit durch ihn Geschehene, äußere Umstände, wie Erdbeben, Wetter, Naturereignisse und innere Zustände in der Gegenwart, Wut, Schmerz, Angst. Alle positiven und negativen Ereignisse der Vergangenheit sind im schicksalhaften Bereich geborgen.

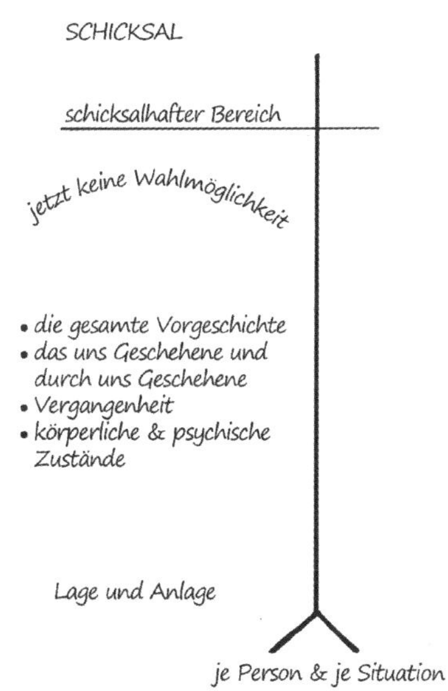

Abb. 30: Schicksal

Im Schicksalsraum gibt es zum Zeitpunkt der Betrachtung keine Wahlmöglichkeit, weil der Mensch keinen Zugriff auf seine Vergangenheit hat. Alles, was geworden ist, ist so, wie es gewesen ist, zum Schicksal geronnen – unveränderbar. Ein Faktum, eine Tatsache. Das Vergangene lässt sich nicht ändern: Es ist, was es ist. Es ist meine gegenwärtige **Lage** und **meine Anlage**.

Entscheidend für mein Leben ist, wie ich in der Gegenwart in Haltung und Handlung zu diesem meinem Schicksal Stellung nehme.

Neben den schicksalhaften Gegebenheiten gibt es in jeder Lebenssituation in der Gegenwart einen persönlichen Freiraum, in dem es verschiedene Wahlmöglichkeiten, ja sogar „Wahlzwang" gibt. In jeder einzelnen und einmaligen Lebenssituation spannt sich neu ein persönlicher „Sternenhimmel" (Lukas) voller Möglichkeiten auf, und der Mensch ist frei, zu wählen, was er aus diesem seinem Freiraum JETZT verwirklichen will und in seinen schicksalhaften Bereich hinein bergen will.

Im Freiraum leuchten die Wahlmöglichkeiten auf, dargestellt als Sterne in allen Varianten: groß, klein, hell, nah, weit entfernt. Das heißt, es gibt in einer Gegenwartssituation verschiedene Wahlmöglichkeiten, die bei näherer Begutachtung unterschiedliche Qualitäten haben. Es besteht sogar „Wahlzwang", da der Mensch frei ist zu entscheiden. In jedem bewussten Augenblick entscheidet er, und tut er es nicht,

Abb. 31: Freiraum

dann hat er entschieden, nicht zu entscheiden. Das ist aber keine gute Wahl, weil es dann andere für ihn tun und er damit fremdbestimmt ist oder er den Status quo aufrechthält. Möchte der Mensch selbstbestimmt leben, spürt er die zwingende Notwendigkeit einer persönlichen Entscheidung, damit sein Leben gelingen kann.

Der Mensch gibt in jeder ihm bewussten Gegenwartssituation Antwort auf den schicksalhaften Bereich. Er antwortet auf das, was das Leben ihm „vorsetzt", und auf das, was er in der Vergangenheit gestaltet, verpatzt, versäumt oder was er sehr gut gemacht hat.

Schauen wir noch einmal auf den schicksalhaften Bereich. Hier liegen die Fragen des Lebens, z. B. Lottogewinn, unheilbare Krankheit, Urlaub, „böse" Schwiegermutter, liebender Partner, schlechte Kindheit. Wie antworten wir auf diese Schicksalsfragen aus unserem persönlichen Freiraum? Durch unsere frei gewählte Haltung und Handlung ergibt sich, wie wir die Lebensfragen beurteilen und zu ihnen Stellung beziehen. Welche „Sterne" im Freiraum, also Möglichkeiten, könnten sich für eine Person, die zum Beispiel eine schlechte Kindheit erleben musste, eröffnen?

- Ich mache trotzdem etwas daraus.
- Ich bin halt so, weil ich eine schlechte Kindheit erleben musste.
- Es ist gut, dass es mich gibt, trotz allem.
- Ich erinnere mich bewusst an gute Erfahrungen in meiner Kindheit. Sie sind auch wahr.
- Alle anderen sind schuld an meinem unglücklichen Leben.
- Ich bin dankbar für das geschenkte Leben und freue mich, es gestalten zu können.
- Ich erkenne die Möglichkeit der Aussöhnung und nütze sie.
- Ich habe viel Leid erfahren. Daraus habe ich mir eine Erfahrungskompetenz erworben, welche mir hilft, andere in ihrem Leid zu verstehen.
- Ich hadere mit mir und dem Schicksal.
- Ich reagiere mit Verbitterung, Anklage, Selbstmitleid, Verzweiflung.

Diese Möglichkeiten und noch viel mehr befinden sich im Freiraum. Welche Haltung ist für mich und mein Umfeld in dieser Situation die sinnvollste?

- Es sind nicht alle „Sterne“ gleichwertig.
- Einen verwerfe ich gleich.
- Einer klingt gut – hat aber leidvolle Konsequenzen für mich und mein Umfeld.
- Ein anderer scheint mir zu schwierig zu erreichen etc.

Jeder „Stern“, jede Möglichkeit ist von mir ergreifbar und auf ihre Verwirklichungswürdigkeit zu hinterfragen. Hier habe ich volle Wahlmöglichkeit und mein Gewissen ist gefragt.

Abb. 32: Der hellste, sinnvollste Stern wird gewählt

Bis ich einen bestimmten Stern gefunden habe, der zu mir, zu meiner Situation und meinem Umfeld passt, so lange suche ich – und den einen, den sinnvollsten, wähle ich aus. Für diese gewählte Möglichkeit entscheide ich mich bewusst und verwirkliche sie. Damit schreibe ich eigenhändig ein Stück Lebensgeschichte in meinem persönlichen Schicksalsraum.

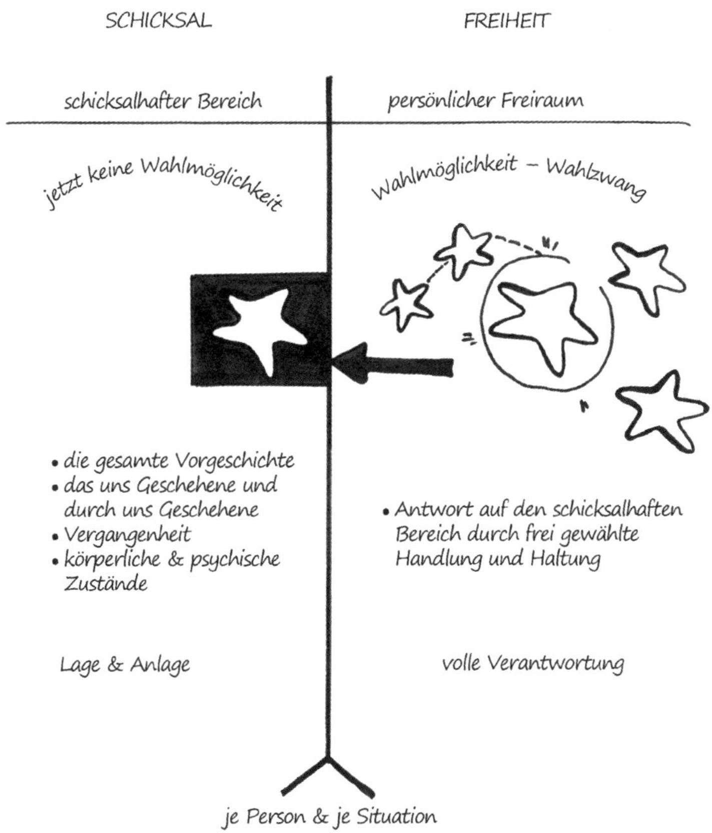

Abb. 33: Schicksal – Freiheit

Dafür trage ich volle Verantwortung und alle Konsequenzen. Durch meine Entscheidung wird es in meinem und auch in fremdem Leben heller oder, wenn ich sinnwidrig antworte, eben dunkler. Habe ich entschieden, verschwinden für diesen Gegenwartsmoment die anderen wählbaren Möglichkeiten. Doch schon im nächsten Augenblick baut sich erneut ein Sternenhimmel auf und neue Möglichkeiten stehen zur Wahl. Um heilsame Wandlung zu ermöglichen, soll die Aufmerksamkeit dem persönlichen Freiraum gehören, denn nur einzig und allein in ihm finden wir die Möglichkeiten zur aktiven Lebensgestaltung.

Der persönliche Freiraum schließt oder verengt sich

- wenn das Bewusstsein getrübt ist: Im Schlaf kann ich nicht wählen.
- wenn das Bewusstsein noch nicht erwacht ist: Bei einem Säugling schläft die „geistige Person“ teilweise noch, da die körperliche Dimension als Ausdrucksmöglichkeit für die geistige Dimension noch nicht gereift ist.
- bei Drogenkonsum: Im Rausch ist die geistige Dimension blockiert.
- wenn schicksalhafte Faktoren den Freiraum einengen, wie bei Demenz, Gehirnläsionen, schweren Schmerzzuständen, lang anhaltendem Schlafentzug etc.

Auch im Sterbeprozess habe ich gegebenenfalls die Wahl, mit einem Ja oder einem Nein auf den Lippen zu sterben. Das ist im diesseitigen Leben der letzte Freiraum, und auch diese letzte Entscheidung prägt mich und mein Umfeld. Solange bewusstes Leben da ist, sind auch Freiräume gegeben.

Schicksal?

Ratlose Eltern berichten von einem sehr heftigen Ehekrach anlässlich des Verhaltens und der schulischen Leistungen ihrer 17-jährigen Tochter. Sie ist mit vier Nicht genügend in der Schule akut gefährdet, konsumiert Drogen und trinkt zu viel Alkohol.

Letzter Eklat: Die Tochter kommt nach einem Fest betrunken nach Hause und demoliert durch heftiges Zuschlagen die Zimmertür. Zu Tode erschrocken bringen die Eltern ihre Tochter ins Bett.

Der Vater ist zunächst sprachlos und setzt ihr erst am folgenden Abend in Gegenwart seiner Frau in höchster Emotion eindeutige Grenzen: Es wird ein striktes Ausgehverbot verhängt und auch der Besuch eines schon lange versprochenen Fests mit Freunden wird verboten. Es gibt schwere Vorwürfe wegen des Verhaltens der Tochter, und der entstandene Vertrauensverlust ist Thema eines lautstarken, emotionalen Gesprächs.

Die Mutter hingegen zeigt Verständnis für die Tochter und deren Verhalten, da sie noch jung sei und derlei Exzesse notwendig seien, um ihr Maß zu finden. Sie selbst hätte diesbezüglich nie Verständnis bei ihren strengen Eltern gefunden und darunter gelitten. Noch dazu äußerte die Tochter wiederholt vor ihrer Mutter, dass sie sich als Versagerin fühle und ihr Leben sowieso zum Scheitern verurteilt sei.

Die Beraterin kommt zu dem Schluss, dass die Absicht der Eltern je eigenen Erfahrungen entstammt: Der Vater will aus Sorge die Grenzen durch radikale Konsequenzen aufzeigen, wie er es in seinem Elternhaus erlebte: „Sie wird zur Strafe das ganze Haus putzen und kein Fest erleben." Die Mutter will ihrer Tochter eine verständnisvolle Begleiterin durch schwierige Lebensphasen sein: „Na ja, die Tür wurde schon von der Versicherung repariert," meinte sie entschuldigend. Ihre Reaktionen sind emotional zwar verständlich, aber für die Erziehung der Tochter in dieser Situation nicht sinnorientiert.

„Ihre Tochter ist wirklich bestens eingebettet in eine wohlmeinende Familie", kann die Beraterin den besorgten Eltern rückmelden. „Die bisherigen Ereignisse sind nun im schicksalhaften Bereich. Welche Gestaltungsmöglichkeiten eröffnen sich im Freiraum? Wie könnten Sie Ihrer Tochter das Wissen um ihre autonome Selbstgestaltung bewusst machen? Welche Möglichkeiten der Wiedergutmachung gibt es?"

Die Beraterin überlegt mit den Eltern die Möglichkeiten, in deren Freiraum mit der Situation sinnvoll umzugehen.

- Der Tochter ihre Sorge um die Gesundheit signalisieren und ihr ihre Verantwortung dafür bewusst machen.
- Die Enttäuschung und Betroffenheit über ihr Verhalten ausdrücken.
- Mit ihr über adäquate Wiedergutmachung nachdenken.
- Eine Aussprache über Freiheit und Verantwortung anstreben.
- Die Fähigkeiten der Tochter zum Thema machen.
- Da es sich um ein Abschiedsfest von Freunden für eine längere Zeit handelt, eventuell einen Abschied in kleinem Rahmen unter fest vereinbarten Voraussetzungen doch erlauben.
- Die Tochter fühlt sich zurecht als Versagerin. Durch Wiedergutmachung kann ihr die Möglichkeit gegeben werden, Selbstwert und Selbstachtung zu spüren und sich dadurch als autonome, selbst gestaltende und verantwortliche Person erleben zu können.
- „Wenn Sie in zehn Jahren auf diese Situation zurückschauen, welche Haltung möchten Sie als Eltern eingenommen haben?"

Der Zorn des Vaters und die Angst der Mutter – beides in der zweiten Dimension, unreflektiert zweckorientiert – werden durch die Ausrichtung auf den Sinn, auf das Bestmögliche für die Tochter und deren Umfeld, zu einer stimmigen Antwort dieser Lebenssituation geführt. Die aufrechte Haltung der Eltern lässt die notwendige Leidensfähigkeit zu, auch wenn es unangenehm werden sollte, zu ihrer Ausrichtung zu stehen.

Konsequenzen der Sinnorientierung für die Pädagogik

Viele junge Menschen deklarieren sich als unfrei und sagen: „Ich kann ja nicht anders!" – „Die anderen machen es ja auch so!" Aus logopädagogischer Sicht ist es „Not-wendend", sofort korrigierend einzugreifen. Opferideologien sind zu hinterfragen, Verallgemeinerungen sollten wir durch Fragen und Nachfragen präzisieren lassen oder unser Gegenüber durch Fragen zu einer differenzierten Betrachtungsweise anregen:

- Habe ich dich richtig verstanden: Es war dir nie möglich, das, was die anderen tun, zu hinterfragen?
- Ist es wirklich so, dass du keine Chance hast, es anders zu machen?
- Das Schicksal hat dir immer derart böse mitgespielt?
- Es gab wirklich kein einziges Mal die Möglichkeit, anders zu reagieren?

Die Sinnfrage als Qualitätskriterium

Die Augen für den Freiraum zu öffnen, um aufzuzeigen, dass jeder Mensch mit Schicksalsfragen eigenverantwortlich und sinnorientiert umgehen kann und von diesen nicht vollkommen bestimmt ist, ist Aufgabe des Logopädagogen / der Logopädagogin. Sie / Er ist überzeugt davon, dass auf jeden Menschen eine bestimmte Aufgabe wartet, und drückt dies in seiner Lebenshaltung aus. Es ist eine positive Weltanschauung, die er verbal vermittelt:

- Das „Sollen“ wartet auf dich.
- Der Logos ruft dich und zieht dich über Hindernisse.
- Der Sinn ist vorfindlich, auch wenn du ihn nicht gleich erkennen kannst. Halte dich bereit dafür.
- Was soll jetzt von dir gelebt werden?

Wenn wir bei den SchülerInnenworkshops im Viktor Frankl Zentrum Wien über dieses Thema sprechen, entdecken die jungen Menschen neue Perspektiven und sind erstaunt über die vielfältigen Möglichkeiten, Leben zu gestalten, sinnvoll zu agieren und Herausforderungen zu meistern. Oft wird uns die Frage gestellt: „Warum haben wir davon nicht schon viel früher gehört?“

Tatsächlich wirkt sich dieses Gedankengut über die Sinnorientierung präventiv aus und vermag dem gefährlichen **Burn-out** vorzubeugen, das u. a. durch Abhängigkeit vom Erfolg entstehen kann. Der Mensch befindet sich in einer Schräglage durch die Verfehlung des Sinns. Dadurch braucht er entweder mehr Kraft – oder jemanden, der die Schräglage stützt, indem er ihn aus falsch verstandener Liebe, Freundschaft oder Hilfe scheinbar entlastet.

Unterforderung passiert, wenn ein Mensch zu wenig engagiert ist. Daraus entstehen Frust und Trägheit, welche traurig machen.

Ein Beispiel:
Ein Lehrer kommt lustlos, unvorbereitet und unorganisiert in die Klasse, hat andere Interessen als den Unterrichtsstoff und sitzt die Zeit nur noch ab. Er wird nach einiger Zeit frustriert sein und seine SchülerInnen auch, weil sie spüren, dass an sie nicht mehr geglaubt wird.

Überforderung passiert, wenn eine Lehrerin nur am „Erfolg“, am „Zweck“ interessiert ist, daraus entsteht Stress. Erfolg meint hier: die Erwartung, dass ich gut dastehe; besser aussehe als meine Kollegin; dass meine SchülerInnen die besten der Schule sind etc.

Ein Beispiel:
Der Lehrer konzentriert sich nur auf die Mittelschulreife seiner SchülerInnen, um möglichst viele für die AHS zu qualifizieren, um im

Lehrkörper und vor den Eltern gut dazustehen, und agiert über die individuellen Fähigkeiten der Kinder hinweg. Dadurch übersieht er die jeweilige Individualität seiner SchülerInnen und agiert an der „Not-wendenden" Situation vorbei – Stress und Überforderung können sich einstellen.

Es wird deutlich, dass sinnvolles Tun schon in sich und an sich gut ist, vor Burn-out schützt, langfristig andauernde Über- und Unterforderung verhindert, während der Erfolg kurzlebig ist und oft schnell vergeht. Trotz Scheiterns kann Sinn erfüllt werden – wenn die Absicht lauter und die Sinnausrichtung für jemand stimmig ist.

Ein Beispiel:
Ein Lehrer bietet einen Förderkurs vor der Schularbeit an, um den SchülerInnen zu helfen. Diese arbeiten schlecht mit und scheitern trotz der Hilfe. Das Angebot des Lehrers bleibt trotzdem sinnvoll.

Frankl hat der Zweckorientierung des heutigen Menschen die Sinnorientierung gegenübergestellt und erkannt, dass direkt intendierter Zweck den Sinn verfehlen kann und zur Schräglage der Person führt.

Die zweite logopädagogische These

Logopädagogik schafft Raum, indem junge Menschen durch individuellen Sinn ihre einzigartige Kontur finden können.

Abb. 34: Zweite logopädagogische These

Im Bild ist zu sehen, wie es dem Menschen geht, wenn er den Sinn oder den Zweck anstrebt. Welche Haltung entspricht dem Menschen?

Jeder Mensch hat die Fähigkeit, sein Leben in allen Lebenssituationen autonom und personal auszurichten, und kann dadurch Gesellschaft mitprägen, ohne in ihr aufzugehen, ohne mit ihr zu verschmelzen.

Die Ganzheit der Person zeigt sich in ihrer sinnorientierten Gestaltung des Lebens durch die Erfüllung ihres einzigartigen Sinnappells.

DER MENSCH VERDIENT WERTSCHÄTZUNG

Frankls dritte These über die Person lautet: „Jede einzelne Person ist ein absolutes Novum." (Frankl, 1997a, Seite 119)

Der Mensch ist aufgrund seiner geistigen Existenz, der dritten Dimension, einzigartig und einmalig, etwas ganz Neues, weil er sich kraft der geistigen Dimension immer wieder neu gestalten kann. Das ist letztlich das Entscheidende, das ihn zur einzigartigen Persönlichkeit werden lässt, zum absoluten Novum. Daraus leitet sich die unbedingte Wertschätzung jeder Person ab.

Durch ständiges Mängelrügen kann im Menschen gestört werden, was als Novum angelegt ist. Wertschätzung ist es, die der Einzigartigkeit der Person gerecht wird, Selbstachtung fördert und sie ermutigt, ihren unverzichtbaren, einzigartigen Beitrag zu leisten. Um es mit Goethe zu sagen, den Frankl immer wieder zitiert: „Wenn wir den Menschen so nehmen, wie er ist, dann machen wir ihn schlechter. Wenn wir ihn aber so nehmen, wie er sein soll, dann machen wir ihn zu dem, der er werden kann."

In diesem Kapitel wird aufgezeigt, wie die autonome Stellungnahme des Menschen als Novum durch Wertschätzung aktiviert werden kann.

Stellen Sie sich vor, Sie bekommen vom „Schicksal" ein kleines Stück Plastilin in einer Farbe zugewiesen. Ihr Nachbar erhält drei kleine Teile in drei verschiedenen Farben und ein Freund zwei große schwarze Stücke. Genauso bekommt der Mensch vom Schicksal ganz individuell und unverdient seine „Farben und Mengen" zugeteilt. Jeder beginnt, aus seinem vorgegebenen Material zu gestalten, und ist für sein „Lebenskunstwerk" letztlich verantwortlich – ganz unabhängig von Menge, Farbe und Material, das er vom Leben bekommen hat. Einer formt aus kleiner Menge mit viel Einsatz eine kostbare Miniatur, während ein anderer, ausgestattet mit viel Material, dieses brachliegen lässt. Ein buntes Material kann unspektakulär verarbeitet und ein einfärbiges Objekt beeindruckend gestaltet werden.

Autonom entscheidet jeder Mensch, was er aus seinem vom Schicksal zugewiesenen Material gestaltet – „sein eigenes Denkmal" (Frankl) – konstruktiv oder destruktiv.

Mein Sonnenschein

Eine Frau bekam vom Schicksal eine besondere Aufgabe zugeteilt. Ihre Tochter kam vor 25 Jahren mit Downsyndrom zur Welt. Sie verbringt mit ihrer Tochter einen Kuraufenthalt und trifft täglich mehrmals im Speisesaal auf ihre Tischnachbarin. Diese beobachtet drei Wochen lang einen unglaublich liebevollen und wertschätzenden Umgang der beiden Frauen miteinander. Kurz vor der Abreise erkundigt sich die beeindruckte Tischnachbarin bei der Mutter: „Wie gehen Sie wieder in Ihre Alltagssituation?" Darauf antwortet die Mutter strahlend und prompt: „Meine Tochter ist mein ganzer Sonnenschein, auch in meinem Alltag." Diese authentische Antwort wurde durch ein gepflegtes, fröhliches Auftreten der beiden Damen glaubhaft unterstrichen. Die Tischnachbarin ist bewegt von der „kunstvollen" Gestaltung dieser Schicksalsfrage.

Im zweiten Kapitel haben wir schon drei Gegensatzpaare kennengelernt:

1. Charakter – Persönlichkeit
2. Schicksal – Freiraum
3. Zweckorientierung – Sinnorientierung

Alle drei Gegenüberstellungen zeigen eindrucksvoll auf, worin der Mensch von den Gegebenheiten des Lebens abhängig ist und was er als Novum aus der dritten Dimension gestalten kann.

Die vierte Dialektik, die besonders im Umgang mit Menschen in Randgruppen, mit Kranken, Benachteiligten leicht aus den Augen verloren wird, lautet:

Anfälligkeit – Intaktheit

In der ersten und zweiten Dimension, der Psychophysis, ist jedes Lebewesen anfällig. Es kann krank werden, behindert sein, sich fehlentwickeln, weil es die biologische Dimension ist, die ganz bestimmten Naturgesetzen unterliegt. Denken wir an Rhythmus, Wärme und Konstanz: Schon kleinste Abweichungen von der biologischen Norm können die Entwicklung eines Lebewesens nicht nur vorgeburtlich gefährden. Durch die Vernetztheit von Körper und Psyche ist auch die psychische Entwicklung mitgefährdet.

Ganz anders ist es in der dritten, der geistigen, Dimension, die Frankl nach dem griechischen Wort Nous – Geist – auch die noetische Dimension nennt. Sie unterliegt nicht den biologischen Naturgesetzen, weil sie reine „Bewegung", reine Dynamis, reine Kraft ist, die dem Menschen als Drittes gegeben ist. Diese Kraft ist nicht an Zeit und Raum gebunden und kann demnach auch niemals erkranken.

Es ist daher falsch und sollte vermieden werden, von „Geisteskrankheiten" zu sprechen. Es handelt sich vielmehr um körperliche Störungen im Gehirn, um Störungen der Funktion des Nervensystems, die sich auch psychisch auswirken können. Geistiges bleibt unversehrt hinter jeder körperlichen und psychischen Krankheit intakt.

Warum ist das so? „Die Eltern geben bei der Zeugung eines Kindes die Chromosomen her – aber sie hauchen nicht den Geist ein. [...] Oder werden die Eltern, wenn mit ihrem Kinde ein neuer Geist entsteht, etwa ärmer an Geist? [...] Mit jedem Menschen, der zur Welt kommt, wird ein absolutes Novum ins Sein gesetzt, zur Wirklichkeit gebracht; denn die geistige Existenz ist unübertragbar, ist nicht fortpflanzbar von den Eltern aufs Kind." (Frankl, 1998, Seite 115)

Geistiges ist zeitlich und räumlich ungebunden, ist nicht materiell, „nicht von dieser Welt" und daher auch nicht an die Bedingungen dieser Welt gebunden. Es ist unverlierbar, unverletzbar, unsterblich, unsichtbar und macht die Würde des Menschen und seinen heilen Personenkern aus. An einer Metapher, in Anlehnung an den Philosophen Michael Rappenglück, verdeutlicht Frankl eindrucksvoll diese Aussage mit dem Phänomen des Tanzes:

Der Tanz ist nicht identisch mit den Tänzern. Diese stehen für die psychophysische Dimension und sie können krankheitsbedingt beeinträchtigt sein. Der Tanz ist dasjenige, was zwischen den Tänzern schwingt, was sie bewegt. Tanz allein, ohne Tänzer, ist nicht sichtbar. Er wird es erst in Personalunion mit den Tänzern. Die Tänzer können krank werden, nicht aber der Tanz. Der Tanz kann misslingen, wenn einer der Tänzer ausfällt oder wenn er sich nicht entsprechend der Musik bewegt.

So wie der Tanz alleine nicht sichtbar ist, so ist auch Geistiges in seiner reinen Form nicht fassbar. Es entzieht sich dem menschlichen Verstehen, weil es einer höheren Seinsdimension angehört, der Transzendenz. Damit ist es nur in Personalunion mit dem physischen und psychischen Sein für den Menschen erfahrbar.

Was bedeutet dieser Gedanke für uns, unseren Alltag, für die Arbeit mit Menschen und im Speziellen für kranke, junge, alte und für körperlich und / oder psychisch beeinträchtigte Menschen?

Diese Erkenntnisse machen deutlich, dass hinter einem noch so „gestörten", hinfälligen, fehlentwickelten Körper oder hinter einer psychischen Missstimmung, einer Krankheit immer ein intakter Geist existiert, dessen unverlierbare Würde unter allen Umständen bestehen bleibt, auch wenn die körperliche und psychische Ausdrucksmöglichkeit schwer behindert oder gar gestört ist.

Wie könnte auch diese geistige Dimension, die nicht von dieser Welt ist, also nicht an irdische Bedingungen gebunden ist, krank werden?

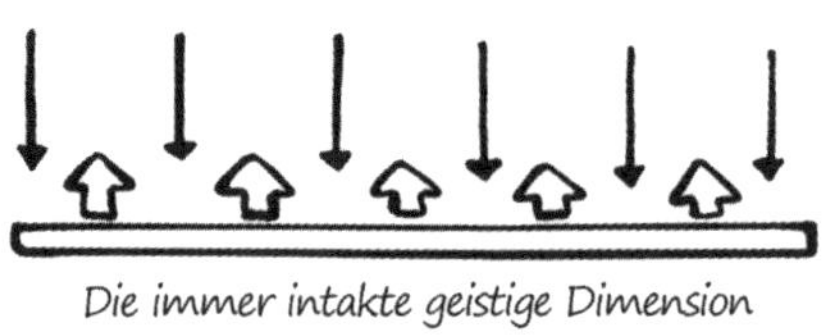

Abb. 35: Intakte geistige Dimension

Die immer intakte geistige Dimension ist mit einem Balken dargestellt. Sie will sich in die Welt hinein ausdrücken und mit der Welt kommunizieren – vom Geistigen her – auf Geistiges hin.

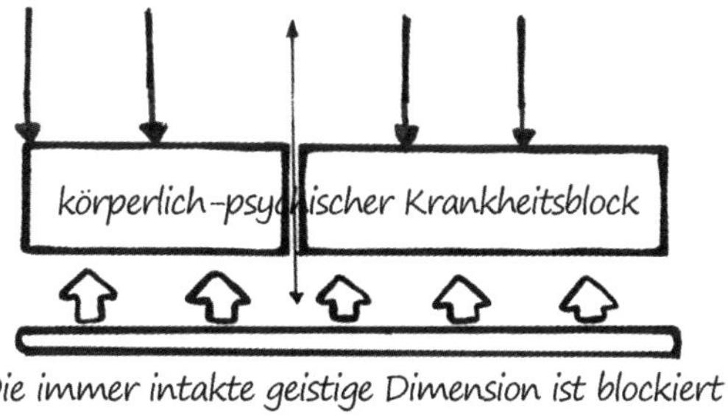

Abb. 36: Krankheitsblock

Legt sich nun ein körperlich-psychischer Krankheitsblock darüber, tritt, wie wir ganz allgemein sagen, eine Behinderung oder Beeinträchtigung auf. Jetzt ist die Ausdrucksmöglichkeit der heilen geistigen Person teilweise oder total behindert. Der „Tanz“ mit der Welt findet kaum oder nicht statt. Die Außenwelt findet zur geistigen Person scheinbar keinen Zugang, kann keinen Kontakt herstellen, kann nicht kommunizieren. Sie dringt zur geistigen Person nicht mehr durch.

Nur eine Träne

Ein junger Mann, der kurz nach dem Tod seiner Frau durch einen tragischen Sturz über die Stiege in ein Wachkoma fiel, wurde nach einiger Zeit von seinen 6- und 8-jährigen Söhnen im Krankenhaus besucht. Der jüngere Sohn sprach kindlich offen in der Gegenwart des Vaters von der toten Mama und dabei lief dem Vater eine Träne über die Wange. Es war nach dem Unfall die erste geistige Äußerung des Mannes.

Erst jetzt erkannte das betreuende Umfeld, dass der Mann hinter dem Syndrom sehr wohl verstand und fühlte, geistig intakt war, sich nur nicht mehr in die Welt hinein kundtun konnte.

Wir sehen, dass die geistige Person jeden noch so schmalen Spalt im Krankheitsblock sucht, um Kontakt mit der Welt aufzunehmen. In unserem Fall war es eine Träne, die zeigte: „Ich bin geistig intakt, auch wenn es für euch gar nicht so aussieht."

Jede medizinische und heilpädagogische Arbeit läuft darauf hinaus, solche „Spalten" im Krankheitsblock zu öffnen, um Kommunikation zu ermöglichen, um Lebensmelodien zum Schwingen zu bringen, zur Freude der beeinträchtigten Menschen und als kostbare Bereicherung für die Welt. Eine Kommunikation „vom Geistigen her auf Geistiges hin" kann fließen – wenn manchmal auch nur in ganz eingeschränkt wahrnehmbarem Maße, mit einer Träne aufseiten des Angesprochenen. Es bedarf nicht nur einer feinen Aufmerksamkeit, um für die zarten Signale offen zu bleiben, sondern auch des Glaubens an die immer heile geistige Person hinter den Symptomen. Darum ist es notwendig – ja Not-wendend, über die geistig intakte Instanz jedes Menschen nicht nur Bescheid zu wissen, sondern auch darüber zu sprechen.

Aus diesen Erkenntnissen leitet sich das psychiatrische Credo Frankls ab, dass die geistige Person zwar störbar, aber nicht zerstörbar ist, auch wenn wir mit ihr nicht kommunizieren können. Nie kann der ganze Mensch zerbrechen. Das Eigentliche – die Geistbegabung des Menschen – kann nicht erkranken, nicht zerbrechen.

„Die geistige Dimension des Menschen ist unverlierbar. Sie schlummert im Kind, nur noch nicht ganz entfaltet. Sie wohnt im zerebralgeschädigten und altersabgebauten Menschen, nur überlagert von biologischen Störfaktoren, und im Schizophrenen, wenn auch eingeschränkt durch neurochemische Behinderungen. Sie schwingt im Drogensüchtigen, obgleich durch künstliche Einflüsse lahmgelegt. Allein die Tatsache, dass die Geistigkeit des Menschen potenziell immer vorhanden ist, garantiert seine unantastbare Würde." (Lukas, 2006, Seite 36)

Im logotherapeutischen Menschenbild ist somit die Würde jeder Person unverlierbar zugesprochen: Das eigentlich Menschliche ist und bleibt immer heil und intakt. Dieses Credo kann weder bewiesen noch widerlegt werden. Jeder Mensch entscheidet selbst, ob er an die unverlierbare Würde der Person glaubt oder ob er den Menschen nach seinem Nutzwert wie einen funktionstüchtigen Apparat beurteilt.

Der behinderte Mensch, der alte, körperlich und psychisch abgebaute Mensch, aber auch psychisch gestörte, auffällige Kinder sind logopädagogischer Appell an die Gesellschaft. Ihre Würde ist nicht vom Aussehen, von der Intelligenz, von bestimmten Fähigkeiten oder vom Einhalten bestimmter Verhaltensnormen abhängig zu machen. Vielmehr sind sie ein Auftrag an uns, wertschätzend und individuell – je nach Person und Situation – Hilfestellung anzubieten zum Selbstvollzug des Lebens und der Gestaltung der persönlichen Existenz.

Behinderte oder verhaltensauffällige Kinder und Jugendliche sind nicht „Schadensfälle des Lebens" (Kleine Zeitung, 6. März 2008, Titelblatt), sondern ein Aufruf an die Gesellschaft und an den Einzelnen, unabdingbar in jedem Menschen ein Novum sehen zu lernen, um eine menschliche Begegnung in Würde zu ermöglichen.

Nur die Achtung der Würde, die Wertschätzung der Person als absolutes Novum, kann Legitimierung für die Integration physisch und psychisch behinderter, sozial benachteiligter, kranker, alter und ungeborener Menschen sein.

Total verwirrt – gut kommuniziert

Eine Logopädagogin erzählt:

Ich beobachte schon seit längerer Zeit, wie genervt, traurig, ja verzweifelt sich eine Tochter beim Besuch ihrer alten Mutter im Pensionistenheim verhält. Sie bemüht sich ehrlich, alles richtig zu machen, aber im Verlauf des Besuches wird es schlimmer: Die Mutter weiß nicht, wer sie ist. Sie sagt immer, dass es lieb sei von der Mizzi (das ist ihre Nachbarin), sie zu besuchen. Gleichzeitig fügt sie hinzu, dass aber ihre eigene Tochter sie nie besucht. Die Tochter versucht verzweifelt aufzuklären, dass sie ja ohnedies da sei und sie täglich besuchen komme. Es ist vergeblich, die Mutter reagiert darauf nicht. Der Krankheitsblock verhindert die geistige Ausdruckskraft.

Völlig deprimiert führt die Tochter ihre verwirrte Mutter in den Park, damit diese wenigstens an die frische Luft kommt.

Als sie wieder auf die Station kommen, hat die Tochter Tränen in den Augen und hektische Flecken auf dem Hals und im Gesicht. Ich spreche die Tochter an und biete an, ihr zu helfen.

Zuerst erkläre ich ihr ausführlich, dass der kognitive und emotionale Zustand der alten Dame auf ihre fortgeschrittene Demenz zurückzuführen sei. Sie könne gar nicht mehr anders reagieren. Ihre geistige Dimension sei hinter dem psychophysischen Krankheitsblock eingemauert. Das, was ihre Mutter für sie war und ist, steht jedoch unversehrt und unverlierbar hinter dem Krankheitsbild.

Auf gar keinen Fall dürfe die Tochter dieses aggressive bzw. teilnahmslose Verhalten der Mutter auf sich beziehen, da diese das Kurzzeitgedächtnis nicht mehr abrufen könne. Erstaunliches tut sich, als wir Dinge aus der Zeit ihrer Jugend, der schweren Kriegs- und Nachkriegsjahre, nachfragen. Die Mutter antwortet gerne und weiß sehr viel zu erzählen. An ihrem ruhigen, frohen Gesichtsausdruck merkt die Tochter, dass dieses Gespräch Erinnerungen weckt, und meine wertschätzenden Bemerkungen zwischendurch machen die Mutter stolz und selbstsicher. Später stimmt sie sogar in ein Lied ein, das ich singe, und sie kann, zum Unterschied von mir, alle drei Strophen auswendig.

Die Tochter ist ganz glücklich über ihre zufrieden lächelnde Mutter und spürt, dass sie ihre Zeit sinnvoll mit ihr verbracht hat. Sie lernt sehr rasch, auf dieser neuen Ebene zu kommunizieren, weil sie sieht, wie viel Sicherheit, Geborgenheit und Würde sie ihrer Mutter damit vermitteln kann.

Es ist nicht mehr wichtig, ob die Mutter sie erkennt oder für die Mizzi hält. Sie erkennt nach langer Zeit hinter der dementen Fassade wieder ihre Mutter, die trotz allem auch jetzt noch ein Leben in unverlierbarer Würde und unverletzbarer Geistigkeit führt.

Dieses neue, tröstliche Wissen hat der Tochter sehr viel Kraft und Zuversicht gegeben und der Mutter Lebensfreude geschenkt. Die Tochter weiß jetzt um die Sinnhaftigkeit ihrer Besuche und genießt beim Nachhausegehen ein trotz allem dankbares Gefühl.

In diesem Fallbeispiel wurde der heile geistige Bereich in den Blick genommen und hoffnungsvermehrend für alle Beteiligten in den Mittelpunkt gestellt. Jeder Mensch sehnt sich danach, in seinem persönlichen Wert erkannt und wertgeschätzt zu werden.

Qualitätswechsel durch die Trotzmacht des Geistes

In jedem Leben gibt es naturgemäß Gelungenes, Schönes und Geglücktes, aber auch Fehlerhaftes, Misslungenes und Schmerzhaftes. In unserer Gesellschaft wird meist zuerst das Fehlerhafte, Mangelhafte gesehen und benannt. Die ganze Aufmerksamkeit wird auf die negativen Bereiche gelenkt und diese werden als wichtig und bedeutend erachtet und nehmen Lebensraum und -energie in Anspruch. Dadurch vergrößert sich der Bereich des Fehlerhaften und gleichzeitig verkleinert sich das Gelungene.

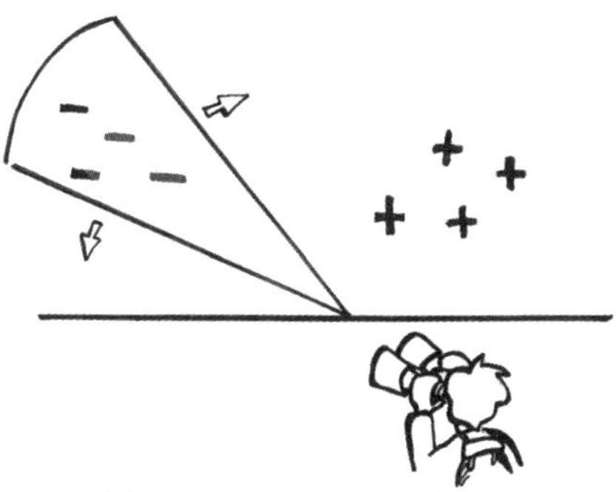

Abb. 37: Der negative Blick

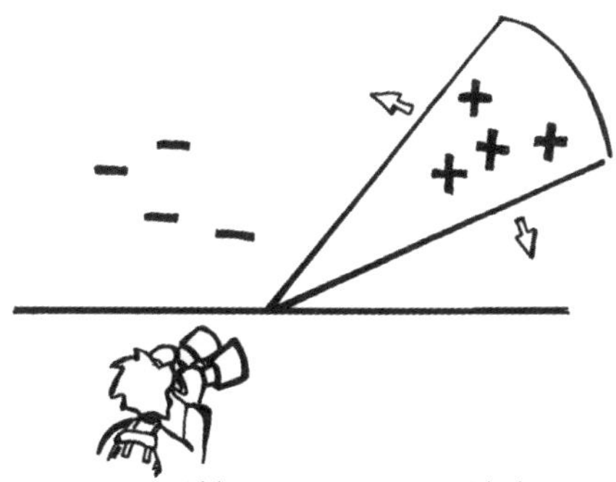

Abb. 38: Der positive Blick

Entscheiden wir uns, primär das Gelungene und Gelingende zu fokussieren, wird dieser Bereich größer, wichtig und ermutigend, weil vom Unvollkommenen, Fehlerhaften die Aufmerksamkeit und damit Energie abgezogen wird.

Der Mensch entscheidet, was er sinnvollerweise in sein Blickfeld stellen will, und setzt – wenn notwendig – die Trotzmacht des Geistes ein, um seinen Blickwinkel bewusst zu verschieben.

Dazu ein negatives Beispiel:
Eine Direktorin stellt fest: „Wenn uns die Kinder in die erste Klasse geschickt werden, dann ist alles schon gelaufen – wir haben kaum noch Einfluss auf sie." Wie wirkt sich dieses Denken, diese Einstel-

lung aus? Dem Kind wird dadurch seine geistige Intaktheit und Möglichkeit zur Selbstgestaltung von vornherein abgesprochen: „Du bist so, weil du so geworden bist.“ Wozu sich noch einsetzen und plagen?

Ein positives Beispiel:
Eine Direktorin stellt fest: „Wenn uns die Kinder in die erste Klasse geschickt werden, ist zwar schon viel vorgeprägt, aber wir können mit zunehmendem Alter zur Selbstgestaltung und Verantwortlichkeit motivieren.“ Wie wirkt sich dieses Denken, diese Einstellung aus? Das Kind wird angenommen, so wie es ist, als ein sich selbst gestaltendes Novum wertgeschätzt und aufgefordert, seinen unersetzbaren, besten Beitrag für sich und die Umwelt zu leisten.

Der Mensch als absolutes Novum kann bewusst wählen, was er fokussiert:

- Wie stehe ich in der Klasse, in der Familie, im Beruf – als Mängelrüger oder als Wertschätzer?
- Was strahle ich aus?
- Bin ich jemand, der Stärken stärkt, oder jemand, der die Schwächen der mir anvertrauten Menschen fokussiert und damit vergrößert?
- Wie gehe ich im Alltag damit um?

Die autonome Stellungnahme des Menschen

Jeder Mensch steht im Leben mit seinen schicksalhaften Erfahrungen, Prägungen, Anlagen, Anfälligkeiten, mit allem, was er bis zu diesem gegenwärtigen Zeitpunkt aus der Welt empfangen hat und was ihn jetzt ausmacht. Das können positive oder negative Erfahrungen sein, die mit Plus und Minus den linken Pfeil im Diagramm kennzeichnen.

Was jedoch vom Menschen ausgeht, symbolisiert der rechte Pfeil. Es ist die Ebene der Entscheidung, die durch Sinnausrichtung, Freiheit, Verantwortlichkeit, Kreativität, Wertesichtigkeit, Humor, Liebe, Spiritualität [...], eben durch die dritte Dimension des Menschen, als absolutes Novum gestaltet werden kann. Der Mensch kann wählen und sich entscheiden, ein empfangenes Minus in ein Plus zu verwandeln. Er kann aber auch entscheiden, das Minus weiterzugeben oder ein empfangenes Plus mit Minus zu beantworten.

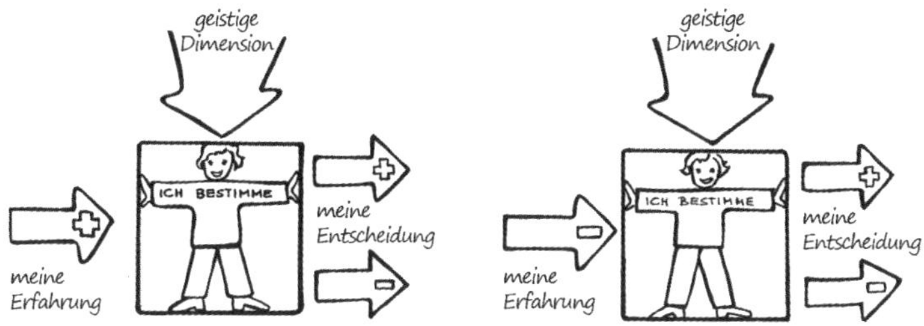

Abb. 39: Logotherapeutisches Menschenbild.
Diagrammidee nach Lukas (Lukas, 2003, Seite 208)

Im logotherapeutischen Menschenbild hat der Mensch alle Macht über den rechten Pfeil und dieser Pfeil spricht über ihn. Er definiert ihn: Ich werde, was ich entscheide, was ich aussende. Ich forme damit meine Identität.

Jeder Mensch hat daher ein doppeltes Motiv, sich sinnvoll – pro Leben – einzubringen, weil

1. durch ihn Sinnvolles oder Sinnwidriges in die Welt kommt, weil er Liebe vermehrend oder Leid vermehrend agieren kann – pro Leben oder kontra Leben.
2. er sich gleichzeitig selbst gestaltet, damit seine positive oder negative Identität prägt und so sein eigenes Denkmal setzt.

- Wenn ich einen Menschen betrüge, werde ich zu einem Betrüger.
- Wenn ich verzeihe, bin ich ein verzeihender Mensch.
- Wenn ich liebe, bin ich ein liebender Mensch.
- Wenn ich stehle, präge ich mich zum Dieb.
- Wenn ich hasse, präge ich mich zu einer gehässigen Frau, einem gehässigen Mann. (Lukas)

Mit jeder einzelnen Entscheidung forme ich meine Identität, forme ich mich als Novum und beeinflusse damit mein Umfeld. Hingegen: Wenn ich geliebt werde (linker Pfeil), sagt das noch gar nichts über mich aus. Ebenso wenig wenn ich gehasst, bestohlen oder angegriffen werde (linker Pfeil). Es bleibt offen, was, wer und wie ich bin. Es spricht eher über den Menschen, der mich liebt, hasst, bestiehlt oder angreift. Er ist ein Liebender, Hassender, Stehlender oder Angreifender.

Diese Sicht auf den Menschen kann sich revolutionär in allen zwischenmenschlichen Bereichen auswirken und macht Hoffnung, weil der Blickwinkel auf die persönliche Selbst- und Weltgestaltung in Eigenverantwortung gelenkt wird – unabhängig von den Erfahrungen, die den Menschen oft unverdient treffen.

Die Großmutter mit den Ringelsocken

Eine alte Dame sucht eine logotherapeutische Beratung auf. Sie ist verbittert über ihre Enkel. Beide Buben, zehn und zwölf Jahre alt, kümmern sich nicht um sie. Sie klagt: „Ich verstehe meine Schwiegertochter nicht. Sie setzt sich nicht dafür ein, dass die Kinder ihre Großmutter besuchen kommen. Immer wieder gibt es Streit zwischen uns. Mein Sohn meldet sich auch nur sporadisch, weil er ja zu seiner Frau hält und mich nicht mehr versteht." Deshalb lebt sie gekränkt, zurückgezogen und, wie sie meint, krank geworden durch die Lieblosigkeit ihrer Kinder in ihrer kleinen Wohnung.

Diese Bestandsaufnahme repräsentiert den linken Pfeil der Grafik, die schicksalhafte Lage der Großmutter, die sie, wie sie meint, krank und anfällig macht. Sie gibt dem linken Pfeil des Diagramms alle Macht über ihr Leben.

Im Gespräch wird klar, dass die Familie einen hohen Wert im Leben der Großmutter einnimmt. Bei näherem Hinterfragen äußert sie eine hohe Wertschätzung für die Interessen ihrer Enkelsöhne, deren sportliche Fähigkeiten und für die Konsequenz, die ihre Schwiegertochter in die Erziehung der Kinder investiert. Im Beratungsgespräch wird zunehmend der Fokus vom Negativen abgezogen und auf Gelungenes, Wertvolles, Nichtselbstverständliches gelegt. Die Großmutter ist selbst erstaunt, dass neben aller Klage doch so viel Intaktes zu finden ist.

Die logopädagogische Frage „Welche Großmutter möchten Sie sein?" richtet den Blick auf den rechten Pfeil des Diagramms und weg von der

Frage: „Warum sind die anderen so böse zu mir?" In der Beratung wird überlegt, welche Möglichkeiten der Kontaktaufnahme von der Großmutter ausgehen könnten. Sie entdeckt eine Menge heilsamer Sterne in ihrem Freiraum und lässt sich von der positiven Dynamik mitreißen:

- Sie schickt der Familie einen selbst gebackenen Kuchen.
- Sie lädt alle zu einem schönen Essen ein.
- Sie ruft einfach an und fragt, wie es allen geht.
- Sie schreibt eine lustige Karte.
- Sie interessiert sich für die Interessen ihrer Enkel und geht darauf ein.
- Sie versucht, giftige Gedanken in Liebesgedanken an ihre Familie umzuwandeln, indem sie einfach dankbar ist, dass alle gesund sind.
- Sie schickt ihnen gute Gedanken nach. Gute Gedanken machen auch eine angenehme Stimmung in einem selbst.
- Sie klagt nicht mehr, wenn ihr Sohn anruft, wie schlecht es ihr geht, sondern sie fragt, ob sie etwas zur Entlastung für ihn tun kann.
- Sie strickt beiden Enkelsöhnen dicke Socken und füllt sie mit Schokolade.

Aus einer verbitterten Großmutter wird schon im ersten Beratungsgespräch eine kreative, liebevolle Frau, die sich entschließt, für ihre Enkelsöhne Socken zu stricken. Sie nimmt sich vor, beim Stricken in jede Masche gute Gedanken für die Jungfamilie einzuarbeiten. Sie knüpft an diesen Entschluss keine wie immer gearteten positiven Erwiderungen ihrer Kinder und setzt autonom den ersten Schritt zu gelingender Beziehung.

Es gibt keinen wissenschaftlichen Beweis für oder gegen die geistige Dimension, die – so wie im obigen Beispiel – Situationen wenden kann. Sie ist ein Phänomen. Doch jeder hat damit schon seine Erfahrungen gemacht. Denken wir an die freie positive oder negative Entscheidungskraft Pubertierender oder auch an die „Trotzmacht des Geistes" (Frankl) von Menschen, die, wie die Großmutter aus dem Fallbeispiel, Leid in Leistung verwandeln.

„Letzten Endes wird menschliches Verhalten jedenfalls nicht von Bedingungen diktiert, die der Mensch antrifft, sondern von einer Entscheidung, die er trifft." (Frankl, 1998, Seite 158)

Ein Beispiel zur Trotzmacht des Geistes:
Eine Kollegin greift einen Kollegen ungerechtfertigt wegen seiner Arbeit an. Sie „sendet" negativ. Dieser spürt den Angriff und versucht trotzdem freundlich zu bleiben, weil er weiß, dass er bestmögliche Arbeit leistet und keinesfalls unnötiges Leid durch einen Gegenangriff verursachen möchte.

Jeder Mensch ist in der Lage, dem höheren Wert Raum zu geben. Dieser Qualitätswechsel verlangt allerdings eine Wertesichtigkeit und die „Trotzmacht des Geistes", sich über das psychische Empfinden zu stellen. Wertschätzung ist ein großes Thema in der Logopädagogik und jederzeit vom Menschen wählbar, intendierbar. Wenn ich mich für diese Haltung entscheide, ist das ein bewusster geistiger Akt.

Jede Person sehnt sich danach, in ihrem Wert erkannt zu werden und im Licht zu stehen. Jeder Mensch sehnt sich nach „Ansehen". Wertschätzung ist eine Energiequelle und ein Kraftspender von großer Bedeutung und jede / r von uns hat damit schon selbst seine Erfahrungen gemacht. Menschen, die uns wertschätzend begegnen, holen das Beste aus uns heraus, genauso spüren wir aber auch, wenn uns Menschen durch Fokussierung auf Misslungenes und Fehler entmutigen.

Von einer ganz anderen Geburtstagsfeier

Von einer ganz anderen Art von Geburtstagsfeier soll jetzt die Rede sein. Diese fand in einem Institut statt, in dem alkoholkranke Männer behandelt werden.

Eine Logotherapeutin berichtet:

Mein Aufgabenbereich war die Mitbetreuung einer „Freizeitgruppe" für Männer, die seit kurzer Zeit bestand und von einem Zivildiener bisher alleine mit sportlichen Aktivitäten gestaltet wurde. Die dafür vorgesehenen Patienten waren laut ärztlichem Befund durch ihren Alkoholkonsum bereits sehr beeinträchtigt und deshalb schwer in bestehende Gruppen zu integrieren. Die Altersklasse schwankte zwischen dem 35. und 60. Lebensjahr. Die Teilnahme der Patienten war fluktuierend, erstens entsprechend dem Entlassungs- und Aufnahmezyklus und zweitens wegen anderer Therapieeinheiten, die manchmal mit der Freizeitgruppe kollidierten.

Für mich als Logotherapeutin, deren Ansatz es ist, aus jeder Situation die sinnvollste Perspektive auszuloten und umzusetzen, waren diese Bedingungen eine echte Herausforderung. Je länger ich die Freizeitgruppe gestaltete, umso reizvoller und vielfältiger erlebte ich meinen Aufgabenbereich. Es war klar, dass ich den Anspruch an mich stellte, mein Praktikum für eine „sinnvolle Freizeitgestaltung" mit den mir anvertrauten Patienten zu nutzen. Das psychiatrische Credo von Viktor E. Frankl lautet, dass hinter einer noch so gestörten oder kranken Psychophysis ein intakter, heiler geistiger Personenkern steht, der sich nur nicht ausdrücken kann. – Genau von diesem gesunden Bereich auszugehen, war mein Anliegen in dieser Aufgabenstellung.

Im Vordergrund stand für mich ein wertschätzendes Miteinander, egal wie die Befindlichkeit der Teilnehmer war. Da es in dieser Gruppe für die Teilnehmer teilweise problematisch war, sich die Namen der anderen zu merken, ermunterte ich die Männer, jeweils zu erzählen, was sie besonders gut könnten bzw. wofür sie Interesse hätten oder was ihnen besondere Freude machte. Meine Aufgabe bestand darin, aktiv zuzuhören und diverse Eigenschaften durch Nachfragen herauszuheben und zu verstärken. Auf diese Weise wurde zunehmend das Augenmerk auf die Ressourcen der Teilnehmer gelenkt und es entstand eine gute Stimmung. Die Wertschätzung stellte sich sozusagen unter der Hand ein, und nun war es auch nicht mehr schwer, eine Verbindung zum Namen herzustellen.

Es war erstaunlich, zu beobachten, wie sich langsam das Interesse aneinander entwickelte. Blumenliebhaber (Rosenzucht), Autofreaks (Mechaniker, die Oldtimer wiederherstellten), Köche, Tänzer, Sportfans (Fußball, Skifahren, wenn auch meistens nur im TV, Tierliebhaber, Weltenbummler, Profis mit speziellen Überwinterungsmethoden für Obst und Gemüse, Profis in der Herstellung von Fleisch und Wurstspezialitäten – eine unglaubliche Buntheit entstand durch diesen Austausch. Ich war in der Rolle der Fragenden und damit Sprachrohr von einigen Teilnehmern, die sich anfangs nicht trauten. Das änderte sich aber schnell, wenn die Themen Interesse weckten.

Ich brachte CDs mit und versuchte, auf Musikinteressen und Leidenschaften einzugehen. Ich erinnere mich an einen Patienten ungarischer Abstammung, der mit Tränen der Rührung in den Augen uns allen einen gekonnten Csardas präsentierte. Ich erinnere mich auch an einen

Patienten mit Korsakov-Syndrom, der mit ungeheurer Geduld und Präzision neue Gesellschaftsspiele in der Gruppe erklärte und Neuankömmlingen erstklassige Einführungen gab. Ein Patient hatte große Reisen hinter sich und erzählte der Gruppe davon anhand von Bildbänden, die ich dafür mitbrachte. Selbstverständlich waren aktuelle Sportereignisse und Zeitungsartikel Gesprächsthemen.

Oberstes Prinzip für mich dabei blieb das Ernstnehmen des Einzelnen und eine hohe Bereitschaft, ihnen Verständnis und Aufmerksamkeit entgegenzubringen.

Ich wollte gerne mit der Gruppe feiern und hatte das Glück, Geburtstage von zwei Klienten innerhalb meines Praktikums „geschenkt" zu bekommen. Das „Geburtstagskind" wurde 48 Jahre alt, Korsakov-Syndrom, sehr vergesslich und oft zerstreut, aber durchaus wach, wenn es um das Erkennen von Takt, Melodie und Tanz ging, und auch ein äußerst gewiefter Kartenspieler.

Ich kam also mit Tischtuch, Kerzen, Torte, Tellern, Kaffee, Tassen und CDs, die Lieblingsmusik des Jubilars hatte ich vorher erfragt (Wertschätzung), in unseren Gruppenraum. Teilnehmer meiner Gruppe warteten teilweise schon beim Portier auf mich und mir wurde auch immer die Tasche abgenommen und getragen. Wir deckten gemeinsam den Tisch. Kerzen wurden angezündet, eine CD eingelegt und ein ehemaliger Kellner kreierte zum Erstaunen von uns allen wahre Meisterwerke an Serviettenfaltungen. Die Feier konnte beginnen. Ich teilte Kaffee aus und meinte, dass man auch damit gut anstoßen könne. Da stand der Jubilar plötzlich auf, die Kaffeetasse in der Hand – verlegen und unsicher –, um etwas zu sagen. Er setzte sich aber gleich wieder resigniert nieder: „Es gibt nix zu sagen, hab nur Scheiße gebaut." Ich bat ihn, gerade heute nicht über seine Schwierigkeiten zu reden, sondern darüber, was durch ihn Gutes entstanden sei, was es ohne ihn nicht gebe.

Und da stand er wieder auf und sagte ganz spontan: „Ich war immer da, wenn mich wer gebraucht hat", und eine Träne kam auch dazu, eine Träne der Anerkennung sich selbst gegenüber. „Darauf stoßen wir an und gratulieren herzlich zum Geburtstag, das ist ein würdiger Grund, anzustoßen." Alle waren sichtlich beeindruckt von dem Statement und freuten sich mit ihm. Ich nützte die Stimmung, um gleich jeden Einzelnen zu fragen, was eigentlich durch sie jeweils Kostbares für andere Menschen gelebt wurde. Darüber, was wir falsch machen, wird genug gesprochen. Es war tatsächlich jede Person in der Runde in der Lage, eine seiner persönlich wahrgenommenen Stärken zu formulieren. Ehrlichkeit, Hilfsbereitschaft, Pünktlichkeit und Großzügigkeit waren die häufigsten Attribute, und das Staunen darüber belebte spürbar die Runde. Wir prosteten uns immer wieder mit dem Kaffee zu.

„So einen Geburtstag erlebte ich noch nie und noch dazu mit lauter fremden Menschen", erklärte ein Teilnehmer. Es wurde die Torte verschmaust und zum Abschluss leerte ich Muscheln auf den Tisch und fragte, was jeder mit Muscheln in Verbindung bringe: Meer, Rauschen, Urlaub, Sonne, Sand etc. Ich erzählte, dass eine Muschel in der Lage ist, wenn spitze Fremdkörper in ihr zartes Inneres eindringen, diesen Störenfried unter Aufbietung höchster Kraft und Anstrengung ungefährlich zu machen. Die Muschel veredelt nämlich den schmerzenden Fremdkörper zu einer kostbaren Perle, indem sie ihn mit einer eigens produzierten Schleimschicht umhüllt. Ich sah an den Gesichtern, dass es keiner Erklärung mehr bedurfte, und ließ jeden Patienten eine Muschel wählen. Sie sollte an unsere gemeinsame Feierstunde erinnern und Mut machen. Ich war überrascht, wie sorgsam die Männer ihre Wahl trafen.

Jeder Patient wusste über sich Großartiges zu erzählen. Die Wertschätzung in der Gruppe drückte sich unmittelbar in ihrer Haltung aus. Von dieser Feier an kamen nur noch Gentlemen zur Gruppenarbeit, die um mein Wohl sehr bemüht waren und mir den Koffer und diverse Arbeitsmaterialien schon bei der Tür abnahmen und auch untereinander sorgsamen Umgang pflegten.

Der Mensch entscheidet, was er an seinem Gegenüber wahrnimmt:

- Spiegelt er die beste Variante?
- Schaut er auf das Lichtvolle?
- Hört er eher auf Gelungenes, wenn Menschen etwas erzählen?

In den Menschen, die uns begegnen, ist immer auch Gutes, Heiles, und darum darf nie die ganze Person verurteilt werden. Jeder ist verpflichtet, fein zu differenzieren. Empathie ist die Voraussetzung für das Verständnis unseres Gegenübers und sie ermöglicht, an das Gute im jeweiligen Gegenüber zu glauben und dieses anzusprechen.

Konsequenzen der Wertschätzung für die Pädagogik

Wenn wir für diese geistige Möglichkeit der ehrlichen Wertschätzung sensibel sind und feine Antennen dafür entwickeln, dann kann auch mit einem schwer behinderten Menschen, mit einem psychisch gestörten, traumatisierten, schwierigen Kind ein liebevoller geistiger Austausch möglich werden.

Einen beeindruckenden Beweis dieses geistigen Austausches trotz schwerer zerebraler Behinderung lieferte eine achtjährige Schülerin mit folgenden Worten:

„Ich bin traurig, dass mein Bruder krank ist, aber ich bin froh, dass er auf der Welt ist, denn ich liebe meinen Bruder. Wenn ich ihm Geschichten erzähle, dann lacht er immer. Manchmal verstehe ich, was er mir sagen will. Wenn er lacht, dann bin ich glücklich. Mein Bruder sieht vielleicht krank aus, aber für mich ist er ein gesunder Bruder. Ich hab ihn lieb."

So wie dieses Mädchen in ihrem kranken Bruder den heilen, gesunden Bereich, das geistige Novum, erkennt und wertschätzt, so sind auch PädagogInnen aufgefordert, individuell hinter der sichtbaren Psychophysis den heilen Personenkern zu entdecken. So geht wertschätzendes Miteinander in der Schule. SchülerInnen erleben sich als sinnvoll und in ihrem Wert erkannt, wenn ihnen zugemutet wird

- Werte zu verwirklichen,
- Probleme zu meistern,
- Positives zu suchen und zu finden,
- intakte Bereiche zu weiten und sich als sinnvoll zu erleben.

Jede Schulklasse, jede Gruppe, jede Arbeitsgemeinschaft ist auf Stärken und Schwächen des Einzelnen angewiesen. Denken wir noch einmal an das Puzzle. Da hat jeder Stein sein eigenes Profil und es kommt ihm im Ganzen ein bestimmter Platz zu. Wäre jeder Stein in seiner Form vollkommen, wären alle gleichförmig, ohne Profil, dann hätten wir es mit austauschbaren Pflastersteinen zu tun, die ausschließlich Nutzwert haben.

Der Sinn menschlicher Gemeinschaft lebt durch die Persönlichkeit des Einzelnen. Eine gesunde Gemeinschaft lebt von sinnvollen, individuellen Beiträgen. In Vereinen, Gruppen und auch in Familien wollen wir keinen einzigen dieser Beiträge missen.

Gelingt es dem einzelnen Menschen in einer Gruppe, sich auf den Sinn der jeweiligen Situation, der Schulstunde oder auf den Wert einer Person einzulassen, erreicht er ein besseres menschliches Miteinander. So geschieht ein Qualitätswechsel durch den Einzelnen zur Hoffnung für alle.

Die bedeutende Familientherapeutin Virginia Satir betont in ihren Schriften, es bestehe immer die Hoffnung, dass sich unser Leben verändern kann, indem wir Neues lernen. Das ist Wachstum, und so ist Veränderung bis ins hohe Alter möglich. Weiß der Mensch um dieses Potenzial und verpflichtet er sich der Veränderung, sind die ersten wichtigen Schritte getan. Manche von uns lernen vielleicht langsamer als andere, doch wir alle sind in der Lage zu lernen.

Diese Fähigkeit ist jedem Menschen zuzutrauen, damit der Einzelne die notwendige Individualität und das Selbstbewusstsein finden kann, um sich dem Sog der Masse zu entziehen. Es erfordert einen bewussten Ausstieg aus dem Trend und die Wahl einer neuen Haltung. Das setzt die Trotzmacht des Geistes voraus, weil ich gegen meinen inneren psychischen Drang agiere.

Die Trotzmacht des Geistes in der Praxis

Wie setzt ein logopädagogisch gebildeter Lehrer jedoch bei einem Kind an, das nur Minus „sendet“, also stört, faul und frech ist? Vielleicht ist der Schüler vom Schicksal wirklich benachteiligt und hat viele Minus im Erfahrungsbereich erleben müssen: ein schlechtes soziales Umfeld, Missbrauch, schwache Kognition, sehr emotionale und triebhafte Charakteranlagen etc.

Der Logopädagoge setzt auf die Entscheidungsmacht und -kraft des Menschen und sucht mit dem Kind nach den sinnvollsten Möglichkeiten in dessen persönlichem Freiraum TROTZ der schwierigen Vorbedingungen. Er macht es neugierig und lockt seine geistigen Fähigkeiten heraus: Kreativität, Interessen, Wertesichtigkeit, Liebe,

Humor und Leistungen etc. Er fokussiert nicht die Raupe, sondern hält Ausschau nach dem noch verborgenen Schmetterling.

Entscheidet sich das Kind, ein gemeinsam entdecktes, sinnvolles Sternchen aus seinem Freiraum zu verwirklichen, dann kann es trotz empfangenem Minus ein entschiedenes Plus leben und sich zu einem Menschen umformen, dem es gelingt, „Transformator" zu sein. Es verwandelt Minus in Plus, „Leid in Leistung" (Frankl) – das hebt das Selbstbewusstsein und den Selbstwert und seine Stellung in der Gesellschaft. Das ist eine wirklich großartige menschliche Leistung, die ihn als Menschen prägt und auszeichnet.

Manche Schüler fragen:
- Wofür soll ich sinnvoll handeln?
- Wofür positiv senden, wenn ein Minus mich trifft?
- Was hab ich davon? Was bringt's mir?
- Wofür sende ich positiv, wenn mich ein Negativpfeil trifft?
- Hab ich nicht das Recht, Gleiches mit Gleichem zu vergelten?
- Muss ich mir denn alles gefallen lassen?

Mögliche Antworten aus der Logopädagogik:
- Das, was von dir ausgeht, spricht über dich.
- Du bist immer Vorbild.
- Du gestaltest deine Persönlichkeit mit jeder Entscheidung, die du triffst.
- Du hast einen ererbten Charakter, bist aber dadurch nicht festgelegt.
- Du bist frei, zu deiner Lage und zu deinen Anlagen Stellung zu nehmen.
- Du trägst für jede Handlung und Entscheidung die persönliche Verantwortung.
- Du beeinflusst dein Umfeld, deine Mitmenschen durch deine positiven oder negativen Entscheidungen mit und dadurch auch dich selbst.

Darum ist es so wichtig, schon präventiv von dieser nur dem Menschen möglichen Selbstgestaltung zu erfahren und sie im Unterricht zu erleben, um darauf zurückgreifen zu können, wenn das Leben es fordert.

Die schlimme Niere

Ein siebenjähriger Bub ist in seinem Verhalten sehr auffällig. Nach einer missglückten Unterrichtsstunde fragt eine Logopädagogin den Jungen: „Warum bist du so schlimm? Willst du wirklich so sein?" Die Antwort kommt prompt: „Ich hab nur eine Niere und muss so schlimm sein." Die Lehrerin hinterfragt diese Aussage: „Warum musst du schlimm sein, die Niere hat doch damit nichts zu tun? Bist du schlimm oder deine Niere?" „Der Herr Doktor hat gesagt: ‚Du hast nur eine Niere, du musst schlimm sein.'" Ich erkläre dem Buben, dass der Herr Doktor sicher gemeint habe, dass es schlimm sei, nur eine Niere zu haben, und dass das nichts mit seinem Verhalten zu tun habe. Er allein entscheide, ob er schlimm sein wolle oder nicht. Ganz erstaunt und mit großen Augen hört der Bub zu, und die Lehrerin vereinbart ein geheimes Zeichen, das den Buben an seine Autonomie erinnert, wenn er wieder einmal in seinem Verhalten rückfällig werden sollte.

Hier kommt die Dialektik – anfällige körperliche Dimension versus intakte geistige Dimension – zum Ausdruck, weil in einem wertschätzenden Dialog Schicksal und Freiraum behutsam aufgezeigt worden sind.

Der Lehrer, der logopädagogisch denkt, hilft dem Schüler, sein bestes „Sternchen" in seinem Freiraum zu suchen und sein schicksalhaftes Minus durch ein frei gewähltes Plus zu veredeln. Er denkt final, sieht schon den Schmetterling in der Raupengestalt und hilft durch seine Intervention dem Schüler, sein Leben gelingend zu gestalten.

Die dritte logopädagogische These

Logopädagogik sieht in jedem Menschen
den unzerstörbaren, heilen Personenkern und aktiviert dadurch
das manchmal verborgene positive Potenzial.

*Im Kern ist alles schon enthalten,
durch Wertschätzung kannst du's
zur Größe entfalten*

Abb. 40: Dritte logopädagogische These

Es liegt am Betrachter, am Lehrer, Arzt, Vater, an der Mutter, ob er / sie sich entscheidet, die Raupe zu fokussieren oder bereits vorausahnend Ausschau nach dem noch verborgenen Schmetterling zu halten.

Das Novum Mensch verdient Wertschätzung allein aufgrund seiner Einmaligkeit und Einzigartigkeit.

DER MENSCH VERLANGT NACH ORIENTIERUNG

Frankls vierte These über die Person lautet: „Die Person ist geistig." (Frankl, 1997a, Seite 109)

So wie Frankl „Person" definiert, nimmt die Geistigkeit des Menschen eine zentrale Stelle ein. Der Organismus, alle Organe zusammen, sind das Instrument, das Werkzeug der geistigen Person, die als solche unzerstörbar ist, auch wenn die Organe unheilbar krank sind, auch wenn die Psyche irritiert ist.

Der unreife Mensch ist nicht frei von Abhängigkeiten wie Über-Ich, Druck anderer, Manipulationen, verschiedene Einflüsse, Normen, Gesetze. Je mehr er jedoch lernt, auf sein Gewissen zu hören, umso freier wird er von Abhängigkeiten. Er wird autonom und damit stabil. Autonom stellt sich der heranwachsende junge Mensch dem Sinn des Augenblicks und entwickelt sich mit zunehmender geistiger Reife vom Gehorsam des Kindes zur freien, verantwortungsvollen Person, die zu Gewissensentscheidungen fähig ist.

Deshalb darf menschliche Erziehung, Begleitung, Ausbildung und Beratung niemals „geistlos" sein. Dann wäre sie blind für die unzerstörbare Würde der Person, also blind für die Person selbst. Auch wäre sie werteblind – blind für jene Werte, die in der Welt vorfindlich sind und darauf warten, von der Person erfüllt, verwirklicht zu werden.

In der Dialektik von Schicksal und Freiheit ist die Gegenwart als einzig verfügbarer Handlungsspielraum definiert worden. Noch nicht geklärt ist, nach welchen Kriterien in diesem Freiraum gewählt und entschieden werden soll. Das wird das Thema dieses Kapitels sein.

Das Gesollte in einer konkreten Situation erkennt der Mensch kraft seines persönlichen Gewissens, das Frankl als „Sinn-Organ" bezeichnet. Es verbindet den Menschen mit dem Logos, dem Gesollten. Es ist der „gewisseste" Maßstab, den der Mensch besitzt, um das Sinnvolle in einer konkreten Situation zu erkennen. Das klingt kompliziert, ist aber ganz einfach:

Das „Sinn-Organ" Gewissen

Frankl geht davon aus, dass in jedem Menschen ein „Sinn-Organ", das Gewissen, existiert und sogar dessen Mensch- und Personsein begründet. Die Person ist „durchklungen" und durchtönt (personare) von der Stimme des Gewissens, die ihr jeweils rät, was sinnvollerweise in der konkreten Situation zu tun oder zu unterlassen ist.

Es gibt für das Phänomen Gewissen verschiedene Synonyme:

- die innere Stimme,
- die Herzensweisheit,
- die höchste innerste Instanz,
- der beste Freund / die beste Freundin, der / die mir zu meinem Besten und zum Besten des Umfelds rät,
- die Stimme Gottes, die das Gottgewollte aufzeigt, wie es von gläubigen Menschen benannt wird.

„Mit einem Wort, das Gewissen ist ein *Sinn-Organ.* Es ließe sich definieren als die Fähigkeit, den einmaligen und einzigartigen Sinn, der in jeder Situation verborgen ist, aufzuspüren." (Frankl, 1996, Seite 15)

Das Bewusstsein erkennt das Seiende, „Faktische", die Wirklichkeit. Dem Gewissen erschließt sich Seinsollendes, „Fakultatives", das es erst noch zu verwirklichen gilt. Es ist eine bloße Möglichkeit, die auf Verwirklichung wartet.

Zu unterscheiden sind

- das Gewissen als abhörendes Organ, das je Person subjektiv ist und sich deshalb auch irren kann, beeinträchtigt sein kann, und
- das, was wir über das Gewissen abhören, das Gute an sich, das objektiv in der Welt vorfindlich ist.

Für das Sinnorgan Gewissen hat E. Lukas eine plakative Metapher gewählt: das Radio. Es empfängt aus dem Äther die Wellen der Sprache, der Musik und gibt diese an unser Ohr weiter. Das Radio als abhörendes Sinnorgan kann gestört sein. Es kann der Radiosender schlecht eingestellt sein (subjektiv), aber die Wellen sind und bleiben in Ordnung (objektiv), auch dann, wenn die Sprache, die Musik durch die schlechte Senderwahl nicht gehört werden kann.

Gerade weil der Mensch geistig Stellung nehmen kann, kann er auch den Sinn verfehlen, denn alles Menschliche kann irren. So bleibt bei jeder Entscheidung für eine Sinnerfüllung ein Rest an Unsicherheit offen. Wir können nicht alle Konsequenzen unserer Entscheidungen abschätzen und wissen daher nie hundertprozentig, ob wir richtig entscheiden, handeln, eine Situation richtig beurteilen oder die Gewissensstimme richtig verstehen.

Die Folge dieser Erkenntnis ergibt zwangsläufig eine Haltung der Demut und Toleranz. Dadurch sind der Selbstüberschätzung und der Überheblichkeit Grenzen gesetzt. Kein Mensch kann die ganze Wahrheit überschauen. Wir Menschen sind nur in der Lage, einen subjektiven Ausschnitt der objektiven Wahrheit wahrzunehmen, und daher aufgerufen, nach bestem Wissen und Gewissen zu entscheiden.

Das Gewissen ist das Gewisseste, das uns leitet. Aufgrund des Restrisikos, das immer bestehen bleiben wird, treffen wir unsere Entscheidungen meistens „half sure but", hoffentlich immer „whole hearted", wie Frankl formuliert, also halb sicher, aber aus vollem Herzen, sodass wir trotz aller Unsicherheiten mutig unser Leben gestalten können.

Der Mensch kann aber auch das Radio, die Gewissensstimme, bewusst abdrehen, weil er nichts hören will. Er kann das Radio in einen anderen Raum stellen, um die Nachrichten nicht hören zu müssen, oder das Gerät so leise drehen, dass er nichts mehr verstehen muss. Es kann jeder Mensch auch gegen sein Gewissen handeln, denn die innere Freiheit auf geistiger Ebene ist eben auch gegenüber dem Gewissen gültig, wenngleich es keine Freiheit bezüglich der inhaltlichen Botschaften des Gewissens gibt.

Dreht man das Radio (die Gewissensstimme) bewusst ab, rückt die Sinnwahrnehmung in immer weitere Ferne. Schwere psychische Störungen sind auf ein Nicht-im-Einklang-Sein mit der eigenen Gewissensstimme zurückzuführen. Der Mensch lebt wider sein besseres Ich. Er wird schuldig. Der Mensch fällt aus der Balance, ist nicht mehr „stimmig".

Diese Aussage wird in unserer heutigen Zeit durch die Orientierungslosigkeit und Sinnfrustration vieler Jugendlicher dramatisch bestätigt. Aber ist nicht gerade diese Tatsache ein Beweis des Urmotivationskonzepts jedes Menschen, nach Sinn zu streben?

Hakenwurm oder Homo sapiens?

Wird der Mensch in seinem Bedürfnis, sich als sinnvoll gestaltend zu erleben und seiner Gewissensstimme zu folgen, frustriert (zum Beispiel durch aggressive Werbung, fremdbestimmte Konsumhaltung, überzogene Bedürfnisbefriedigung), erfolgt nicht nur Weltabsage, sondern auch eine Beeinträchtigung der Hirnkapazität, wie Gerald Hüther im Beispiel vom Bandwurm nachweist.

„So ist es unseren Bandwürmern gegangen. Deren Vorfahren waren einmal recht bewegliche Würmer. Sie besaßen ein Nervensystem, das die Kontraktionen ihrer vielen Muskelzellen so koordinierte, dass sich der ganze Wurm fortbewegen konnte. Er war in der Lage, die von den Sinneseingängen eintreffenden Signale so zu verarbeiten, dass der Wurm zielsicher dorthin kriechen konnte, wo keine Gefahr drohte, wo es etwas zu fressen gab und wo gegebenenfalls sogar ein begattungsbereiter Partner zu finden war. Einigen dieser Würmer ist es später, als noch viel größere und kompliziertere Tiere entstanden waren, mithilfe ihres primitiven Hirns gelungen, einen besonders angenehmen Lebensraum zu finden: den Darm. Dort gab es Nahrung im Überfluss, und dort drohte, solange der Wirt lebte, keinerlei Gefahr. Sie verloren allmählich ihre Beweglichkeit. Außen an ihrem Kopf entwickelte sich ein Hakenkranz, mit dem Sie sich festhalten konnten, und drinnen verschwand all das, was in diesem Wurm-Schlaraffenland nicht mehr gebraucht wurde. Ohne es überhaupt zu bemerken, hatten sie nicht nur ihr ohnehin nicht sehr großes Gehirn verloren, sondern bald auch die Fähigkeit, überhaupt noch eines herauszubilden.“ (Hüther, 2007, Seite 33)

Der Wille ist stark, aber das Fleisch ist schwach. In diesem Satz ist sehr gut der Kampf zwischen der ersten und zweiten Dimension, dem Psychophysikum, und der dritten, geistigen Dimension, dem Gewissen, beschrieben.

Die Zerrissenheit zwischen Wahrheit und Irrtum oder Treue und Verführung, das sind die Menschheitsthemen, die immer wieder in der Literatur, Musik, Oper und bildenden Kunst anklingen („Zwei Seelen wohnen, ach, in meiner Brust…“ Goethe, Faust I).

Wir Menschen sind nicht unfehlbar. Was das Gewissen abhört, ist wahr, aber wir hören manchmal falsch, wollen nicht richtig hören. Doch die Stimme der Transzendenz bleibt immer wahr, weil sie außerhalb der Subjektivität liegt, weil sie transsubjektiv ist, aus der Transzendenz kommend.

So können wir darauf vertrauen, dass letztlich alles Sinn hat und im Über-Sinn geborgen ist, auch wenn es für uns nicht immer fassbar ist. Echtes Vertrauen erweist sich nicht nur in guten Zeiten als tragfähig, sondern gerade dann, wenn etwas schiefgeht.

Der Mensch als Subjekt kann nicht den ihm gegenüberstehenden Logos in seiner objektiven Gesamtheit erfassen. Er kann nur den seinen Interessen, Begabungen, Erfahrungen entsprechenden Teilausschnitt des objektiven Ganzen wahrnehmen.

Ein Beispiel:
Ein Schwammerlfreund, ein Jäger und ein Ornithologe (Subjekte) gehen in den Wald (Synonym für Welt, als objektiv Ganzes). Sie nehmen daraus subjektiv je einen Ausschnitt wahr: Der Schwammerlsucher sieht primär die Schwammerln. Der Jäger nimmt primär das zum Abschuss freigegebene Wild wahr und der Ornithologe beobachtet primär die Vogelwelt und die Bäume, auf denen sie sich jeweils aufhalten.

Gewissen ließe sich definieren als die Fähigkeit, den einmaligen und einzigartigen Sinn, der in jeder Situation verborgen ist, aufzuspüren. (Nach Frankl, 1996, Seite 29) Das Gewissen sagt oft nicht das, was mir gerade in mein Lebenskonzept passt, sondern das, was vom Leben her gerade „dran ist". Es zeigt das Beste für mich und mein Umfeld an, ob es für mich angenehm ist oder nicht.

Gefährlich wird es, wenn der Mensch ausschließlich nach egoistischen Kriterien entscheidet und rückgebogen nur auf seine eigenen Bedürfnisse oder in Abhängigkeit von eigennützigen Interessen einer Gruppe handelt. Denn jedes Tun kann aus subjektiver Sicht sinnvoll erscheinen. In diesem Fall könnte jeder Terrorist behaupten, dass es ihm durchaus sinnvoll erscheine, Bomben zu legen, um auf Ungerechtigkeiten aufmerksam zu machen. Ein solcher *Sinn für ihn* (oder für eine Gruppe) ist aber nicht gemeint. Es geht vielmehr um den

„Sinn an sich", um das Sinnhafte, das sich aus der Sache und der Situation her für alle Beteiligten ergibt. „Es" ist eben nicht sinnvoll, Bomben zu legen, um unschuldigen Menschen Schaden zuzufügen, auch wenn es „jemandem" in seine Pläne passen mag.

> ***Der gutmütige Professor***
> Ein gutmütiger Mathematikprofessor, der sich für seine Klasse aufopfert, für seine StudentInnen alles kopiert, erklärt, nachträgt, Prüfungen verschiebt usw., erspürt mit seinem Gewissen, dass der Sinn an sich nun wäre, die StudentInnen zu fordern und ihnen Verantwortung zuzumuten, auch wenn er mit Widerständen rechnen muss. Er spürt den pädagogischen Auftrag, sie trotzdem herausfordern zu müssen, um sie zunehmend zu Selbstständigkeit und Verantwortung zu führen: „Ich erledige ab sofort meine Aufgaben und mute euch nun verstärkt zu, eure Pflichten zu erfüllen." Nach anfänglichem lauten Protest musste der von seinem Charakter her gutmütige Professor seine Leidensfähigkeit unter Beweis stellen. Der Erfolg gab ihm recht.

Die Frage „Was ist der Sinn?" lässt sich inhaltlich sehr schwer definieren, denn den Sinn per se gibt es in der Logotherapie / Logopädagogik nicht. Lukas definiert: „**Sinn ist das Bestmögliche, das ein Mensch aus einer Situation heraus gestalten kann – für sich selbst und für alle beteiligten Menschen.**"

Es geht um Gestaltung und Mitgestaltung einer Situation unter Einbeziehung aller Beteiligten. Dabei werden oft Kompromisse notwendig sein. Doch geht heute die Verwirklichung eigener Wünsche meistens auf Kosten anderer – und das hat mit objektiver, an den Sinn rückgebundener Sinnfindung nichts zu tun.

„Wir leben im Zeitalter eines um sich greifenden Sinnlosigkeitsgefühls. In diesem unserem Zeitalter muss es sich die Erziehung angelegen sein lassen, nicht nur Wissen zu vermitteln, sondern auch das Gewissen zu verfeinern, sodass der Mensch hellhörig genug ist, um die jeder einzelnen Situation innewohnende Forderung herauszuhören.

In einem Zeitalter, in dem die Zehn Gebote für so viele ihre Geltung zu verlieren scheinen, muss der Mensch instand gesetzt werden, die 10.000 Gebote zu vernehmen, die in den 10.000 Situationen verschlüsselt sind, mit denen ihn sein Leben konfrontiert.“ (Frankl, 1997a, Seite 27)

Das sind Schlüsselkompetenzen, die den Menschen dringend bewusst zu machen sind, damit sie ihr Leben in der schnelllebigen, globalisierten Welt sinnvoll gestalten können und dadurch trotz aller gegebenen Determinanten heil bleiben.

„[...] vielmehr hätte [...] die *Erziehung zum Gehorsam* abgelöst werden müssen von einer *Erziehung zum Gewissen.*“ (Frankl, 1994, Seite 286)

Die Erziehung zum Gewissen in den Mittelpunkt pädagogischen Handelns zu stellen, ist die gesellschaftspolitische Herausforderung des 21. Jahrhunderts. Die „Erziehung zum Gewissen“ soll die „Erziehung zum Gehorsam“ des 20. Jahrhunderts ablösen.

Es geht darum, die feinen Nuancen der verschiedenen Anforderungen des Lebens zu hören, fein zu spüren, an wen sie gerichtet sind, und die beste Antwort darauf zu formulieren.

Ein Beispiel:
Ein bekanntes Buch eines amerikanischen Unternehmensberaters heißt: „Der Minutenmanager und der Klammeraffe“. In ihm wird sehr humorvoll Folgendes beschrieben: Stellen wir uns vor, jeder Mensch hat einen, seinen Affen auf der Schulter sitzen. Jeder Mensch ist für diesen, seinen Affen verantwortlich. Er füttert ihn, geht mit ihm aus, geht mit ihm zum Arzt, kämmt sein Fell, sorgt für ihn.

Da gibt es aber Menschen, die schaffen es immer wieder, ihren Affen jemandem anderen auf die Schultern zu setzen. Sie leben frei, ohne Affen, nehmen ihre Verantwortung nicht wahr und der andere muss sich um zwei Affen kümmern. Er nimmt einen auf, für den er nicht zuständig ist.

Dann gibt es auch Menschen, die lieben Affen und sammeln sie geradezu. Viele Affen sitzen auf ihren Schultern und oft drohen sie, unter der Last zusammenzubrechen.

Wir sollten bemüht sein, uns um „unseren eigenen Affen“ zu kümmern und den Mitmenschen ihre eigenen zu lassen. (Nach Blauchard, 2010)

Wir können uns jetzt fragen: Gehöre ich zu den Menschen,

- die Affen sammeln,
- Affen abgeben,
- andere damit belasten,
- andere zu viel entlasten oder
- kümmere ich mich nur um meinen eigenen?

Alles hat Sinn, aber nicht alles meint mich. Bleibt der Mensch durch sein Gewissen mit dem Sinnappell in Verbindung, bleibt er von „Affenplagen“ verschont.

„Der Sinn ist der Wächter der Qualität unseres Handelns.“ (Nach Lukas, 2008, Seite 15)

Daraus ergibt sich der Verantwortlichkeitsaspekt des Menschen. Er ist verantwortlich für die Erfüllung des Sinns. Er wird dadurch zum Co-Kreator, und er kann, wenn er es wählt – auch negativ an der Schöpfung mitgestalten.

Wir sehen, dass dieses Potenzial nicht immer nur Segen, sondern auch Fluch bedeuten kann. Wenn der Mensch den Sinn freiwillig, seinem Gewissen aus freien Stücken gehorchend, erfüllt, dann geht es ihm gut. Er verwirklicht sich selbst und hebt damit seinen Selbstwert. So bewahrheitet sich das Zitat Jaspers': „Menschsein ist entscheidendes Sein.“

Ich will noch „Scheiße bauen“

Ein 18-jähriges Mädchen hört im Viktor Frankl Zentrum Wien diese Inhalte und kommentiert:

„Das Sinnvolle zu tun, klingt ja wunderbar, aber ich bin noch jung und will Scheiße bauen.“

Die Logopädagogin antwortet: „Sehen Sie, das ist Ihre Würde, wählen zu dürfen, ob Sie Sinn erfüllen oder lieber Scheiße bauen wollen. Vergessen Sie nicht, dass mit dem, was von Ihnen ausgeht, Sie sich selbst prägen, Welt gestalten und dafür die Verantwortung tragen.“

Dieser Erklärung folgten keine weiteren Fragen, vielmehr große Betroffenheit.

Entscheidend ist: Soll der Mensch dem Sinn gehorchen oder nicht? Die Logotherapie versucht, den Menschen zu sinnvollem Handeln zu führen, und stellt daher Fragen wie:

- Willst und kannst du das, was du im Begriff bist zu tun, auch verantworten?
- Welcher Mensch möchtest du sein?
- Was soll von dir ausgehen?
- Worauf wärst du stolz, es verwirklicht zu haben?
- Was ist das Erfordernis deiner jetzigen Situation?
- Wozu bist du vom Leben eingeladen?
- Wozu bist du herausgefordert, vom Logos gefordert?

Gewissen, Über-Ich, Moral

Um auf diese Fragen autonome Antworten zu finden, ist die Unterscheidung von **Gewissen, Über-Ich und Moral** wichtig:

Das **Gewissen** meint das oben beschriebene spezifisch menschliche Phänomen: Der Mensch als Subjekt soll den objektiven Sinnappell in einer bestimmten Situation wahrnehmen.

Die angelernte und eingeprägte **„Über-Ich-Stimme“** (Freud) stellt die Menge der übernommenen Normen und Sitten dar. Es handelt sich um unser tradiertes Moralbewusstsein, das uns während des Heranwachsens von Eltern, LehrerInnen, kirchlichen und staatlichen Autoritäten mitgegeben wird. Es ist wichtig, mit zunehmendem Alter differenzieren zu lernen, was aus dieser Tradition dankbar übernommen werden kann und was einer bewussten personalen Gewissensentscheidung zugeführt werden muss.

Unreflektiert übernommenes **Über-Ich** kann zum Beispiel Angst vor Strafe sein, die dem Menschen noch aus Kindheitstagen im Nacken sitzen kann. Denken wir daran, was erwachsene Menschen aus Angst vor zu erwartender Kritik tun oder unterlassen, wo sie sich am liebsten unter dem Bett, wie der Hund in folgender Geschichte, verstecken würden:

„Ein Hund, der sich nicht zimmerrein verhält und mit eingezogenem Schwanz unters Bett kriecht, legt tatsächlich ein Verhalten an den Tag, das sich ohne Weiteres als das Resultat konditionierender Prozesse auffassen lässt. Ist es doch von einer Art Erwartungsangst diktiert, nämlich der ängstlichen Erwartung von Strafe. Das Gewissen hat mit dergleichen Ängsten nichts zu tun. Solange Furcht vor Strafe, Hoffnung auf Lohn oder der Wunsch, dem Über-Ich zu gefallen, menschliches Verhalten bestimmen, ist ja das wirkliche Gewissen noch gar nicht zu Worte gekommen." (Frankl, 1997a, Seite 167)

Das Gewissen, das die Stimme der Transzendenz abhört, wird oft mit dem Wort **„Moral"** in Zusammenhang gebracht: Gut und Böse ist aber nicht das, was wir tun sollen oder nicht tun dürfen, sondern „gut wird uns dünken, was die Erfüllung des einem Seienden aufgetragenen und abverlangten Sinnes fördert, und für böse werden wir halten, was solche Sinnerfüllung hemmt." (Frankl, 1997a, Seite 28)

LogopädagogInnen beurteilen Situationen und Menschen nicht mit Gut und Böse, weil diese Kategorien soziologisch, kulturell, milieubedingt definiert sind. Vielmehr gelten die Kategorien sinnvoll und sinnwidrig, Sinnerfüllung fördernd oder hemmend, pro Leben oder kontra Leben. Entscheiden Menschen nach diesen Beurteilungskriterien, ist Orientierung im Alltag, in Entscheidungsprozessen, pädagogischen Interventionen, in politischen Aktionen, kurz in allen Interventionen, gewährleistet.

Gewissen beschreibt Frankl als ein aller Moral vorgängiges Werteverständnis, das jeder Mensch intuitiv als unbewusstes ethisches Empfinden in sich trägt. Es gehört zu seiner existenziellen „Grundausstattung".

Hohe Ziele – sinnwidrige Mittel?

Es gibt Menschen, die meinen, dass sie zur Verwirklichung eines hohen Zieles auch sinnwidrige Mittel in Kauf nehmen dürfen. Um ein subjektiv gutes Ziel zu erreichen, darf der Mensch jedoch kein sinnwidriges Mittel einsetzen.

Ist das Mittel zur Erreichung eines Ziels sinnwidrig, muss auf seine Verwirklichung verzichtet werden. Der Preis ist zu hoch und uns daher nicht aufgetragen.

Beispiele:

- Kinder prügeln, um sie gut zu erziehen
- Menschen töten, um größere Gerechtigkeit in der Welt zu erzielen
- Strafen aus Rache, um Kinder zu Verhaltensänderungen zu bewegen
- hohe Gewinne erwirtschaften auf Kosten von Menschen und Umwelt

Mark Twain formuliert dazu pointiert: „Zuerst verloren sie die Richtung, dann beschleunigten sie das Tempo."

Wo setzt der Mensch Prioritäten, um eben nicht die Richtung im Leben zu verlieren, nicht als Hakenwurm, als Opfer seiner Triebe, das Leben zu versäumen? Es geht um die Frage: Was erwartet das Leben von jedem Einzelnen in seiner ganz konkreten Lebenssituation? Dazu sind Formulierungen von Visionen, Zieldefinitionen, Standortbestimmungen, Lebensbilanzziehungen hilfreich. Sie erleichtern Orientierung für Entscheidungen, die frei von Über-Ich, Peer-Pressure, vom Druck anderer, von verschiedenen schicksalhaften Einflüssen sind, die den Menschen vor einer vielleicht sinnwidrigen Entscheidung in seinem Freiraum bewahren.

Wenn ich überzeugt davon bin, dass etwas sinnvoll ist, dann muss es das für mich und alle an diesem Problem beteiligten Menschen sein, also für mein ganzes Umfeld. Nur dann ist es nicht wichtig, was die anderen denken oder sagen. (Siehe Kapitel 2, Sinn- / Zweckdiagramm, Seite 93)

Und dafür hass' ich sie!

Ein zwölfjähriges Mädchen sucht Rat, weil es zu Hause oft Streit gibt.

Eine Logopädagogin berichtet:

Sie erklärt mir, dass sie oft Zorn auf ihre Mutter hat. Ich ersuche sie, mir eine charakteristische Situation zu erzählen: „Zum Beispiel wenn ich ins Kino gehen will, da bettel' ich die Mama an. Sie sagt meistens: ‚Du warst eh erst. Noch ein Film in dieser Woche ist zu viel für dich. Außerdem hast du noch für die Schularbeit zu lernen.' Dann renn ich schreiend in mein Zimmer und knall die Tür zu. Und dann kommt die Mama und sagt: ‚Mach, wie du willst! Geh ins Kino, sonst bist du wieder so unleidlich und grantig.' Und dafür hass' ich sie!"

„Ja, aber das versteh ich nicht, du hast doch alles erreicht, was du wolltest. Was hättest du sonst haben wollen?"

„Sie soll bei Nein bleiben, wenn sie Nein sagt, auch wenn ich schreie und Türen schmeiße. Sie muss ja wissen, wie oft ich ins Kino gehen darf und was richtig und gut für mich ist!"

So geht es den Kindern, wenn sie Sinn-Orientierung einfordern und Eltern nicht nach ihrem Gewissen, sondern zweckorientiert handeln, um in diesem Fall das Gebrüll nicht ertragen zu müssen. Sie versuchen, unangenehmen Situationen um jeden Preis auszuweichen, und es entsteht Unsicherheit, Zorn, Aggression und Reagieren aus der psychischen Dimension sowohl beim Kind als auch bei der Mutter.

Geistiges weist über den Menschen hinaus, korrespondiert mit dem objektiven Sinn in der jeweiligen Situation und kann über das Gewissen abgehört werden. In unserem Fall: „Du warst schon einmal in dieser Woche im Kino und ein zweites Mal ist für dein Alter zu viel. Darum möchte ich, dass du zu Hause bleibst und deine Schulpflichten erfüllst." Mit dieser Aussage erfährt das Kind nicht nur Orientierung, Halt, Annahme und liebende Sorge, sondern erhält ein Vorbild für Durchhaltevermögen, Konsequenz, Verzicht und gleichzeitig für Gewissensentscheidungen.

Die Mutter wird nicht nur angeleitet, bewusst auf ihre Gewissensstimme zu hören, sondern auch, sinnvolle Argumente zu formulieren. Zunehmend entspannt sich die Situation zwischen Mutter und Tochter.

Konsequenzen durch Sinn-Orientierung für die Pädagogik

Aus dieser Fallstudie wird ersichtlich:

- Je mehr der Mensch auf sein Gewissen hört, umso mehr macht er sich frei von äußeren Abhängigkeiten, umso leidensfähiger und souveräner wird er.

- Je jünger die Kinder, umso mehr Halt und Orientierung fordern sie ein (Wurzeln geben), um mit zunehmendem Alter eigenverantwortliche geistige Ausrichtung leben zu können (Flügel entfalten).

Richtet sich der Mensch am transsubjektiven Sinn aus, agiert er souverän. Diese Haltung wird von jungen Menschen eingefordert, auch wenn sie dagegen lautstarken Protest einlegen. Sie testen die Standfestigkeit, Autorität und Glaubwürdigkeit der Erwachsenen und setzen gekonnt verschiedene Mittel ein, um Lustorientierung durchzusetzen:

- Leidensmiene
- Gebrüll, Aggression
- Liebesentzug
- Rückzug
- Beschuldigungen und Vorwürfe etc.

Damit versuchen sie, die Eltern „weichzuklopfen", um Regeln brechen zu können, Gebote nicht einhalten und Aufgaben nicht erfüllen zu müssen.

Im Vorfeld sollen Beschlüsse nach Sinnkriterien beim Erzieher erfolgen und dann erst ausgesprochen werden:

- Sollte der augenblickliche Zeitdruck keinen klaren Beschluss ermöglichen oder eine emotionale Aufwallung einen sachlichen, sinnvollen Beschluss verhindern, kann ein Zeitpuffer eingeplant werden und in etwa so ausgedrückt werden: „Darauf gebe ich jetzt keine Antwort. Melde dich nächste Stunde bei mir."
- Was ist in dieser Situation das vom Logos Gesollte?
- Was soll jetzt von mir als Vorbild gelebt werden?
- Welche Regeln, Aufgaben, Ziele nützen dem Gegenüber langfristig?

Die höchste Priorität hat die Frage nach den sinnvollsten Regeln und Zielen. Das langfristige Wohl des Kindes, des Klassenverbandes ist der Logopädagogin wichtiger als die momentanen Reaktionen der Kinder. Auf diese Weise ist man nicht erpressbar, schafft Orientierung, Sicherheit und Wertschätzung. Hier handelt es sich um sinnorientierte Erziehung im Gegensatz zu einer reaktions- / zweckorientierten Erziehung.

Soziale Störungen bei Kindern, wie wir sie nicht nur im Klassenzimmer erleben, sind oft Alarmzeichen und bedeuten, dass diese manchmal extrem auffälligen Kinder aus der Balance sind und sich nicht mehr selbst helfen können, die Sinn-Orientierung fehlt.

Manchmal scheinen Kinder zwar durch und durch krank und gestört zu sein, werden pauschal als psychisch gestört bezeichnet und abgeurteilt. Wie wir schon wissen, sind sie geistig niemals krank oder gestört. Mit professioneller Hilfe können sie jederzeit aus ihrer „Falle" aussteigen, wenn sie sich dafür entscheiden und es wollen. Das ist ein Ausweis ihrer menschlichen Freiheit und Autonomie. In Folge solcher Störungen kann der Freiheitsgrad zwar wirklich eingeschränkt sein, aber die Kinder fühlen sich oft komplett unfrei, ja unfähig zu agieren – und das ist eine Täuschung.

Hier können präventiv arbeitende PädagogInnen, die vom heilen, intakten geistigen Kern jedes Menschen überzeugt sind, ansetzen und über das logopädagogische Menschenbild den Kindern Mut machen und ihr Selbstbewusstsein stärken.

Ich kann nicht anders!

Ein elfjähriger, sehr auffälliger Hauptschüler wird von einer logopädagogisch ausgebildeten Lehrerin unter vier Augen gefragt, warum er sich so aufführe. Er erklärt sehr selbstsicher: „Ich habe das ADHS-Syndrom, bekomme Ritalin." [Körperliche Erkrankung] „Ich kann nicht anders." [Psychische Auswirkung] Der Schüler weiß um seine körperliche Krankheit, fühlt sich psychisch legitimiert, sich unmöglich zu benehmen, und nimmt sich deshalb trotz medikamentöser Unterstützung unreflektiert alles heraus, was ihm gerade einfällt.

Seine Lehrerin fragt ihn: „Willst du, dass ich dich ernst nehme?" [Geistige Dimension] Der Schüler erstaunt: „Natürlich will ich, dass Sie mich ernst nehmen." - „Dann musst du dich bei mir anders benehmen, denn so, wie es jetzt läuft, kann ich dich nicht als elfjährigen Hauptschüler ernst nehmen."

Nach diesem Gespräch besserte sich sein Benehmen auffallend durch echtes Bemühen und er wurde in diesem Unterrichtsfach wie alle anderen

Kinder ernst genommen, unterstützt und gefördert. Es gab keinen Unterschied. Auch die Heftführung war in dem Gegenstand unvergleichlich sorgfältiger als in allen anderen Fächern.

Was war geschehen? Der Schüler erfuhr klare Orientierung, konnte geistig durch eine Ritze (Ritalin) im Krankheitsblock berührt und personal angefordert werden und war dadurch in der Lage, trotz körperlicher und psychischer Belastung geistig Stellung zu nehmen. Dadurch erlebte der Schüler eine Aufwertung des Selbstwertes und gleichzeitig eine höhere Akzeptanz in seinem Umfeld.

Schon allein das Wissen um die spezifisch menschlichen Möglichkeiten, nicht nur reagieren zu müssen, sondern immer auch aus dem Freiraum heraus agieren zu können, ist eine wertvolle Hilfestellung für PädagogInnen, und genau dieses Wissen hilft auch unseren SchülerInnen, ihr Leben wieder in den Griff zu bekommen.

Eine weitere wichtige logopädagogische Hilfestellung liegt in dem Zitat Frankls: „Denn die Aufgabe wechselt nicht nur von Mensch zu Mensch – entsprechend der Einzigartigkeit jeder Person –, sondern auch von Stunde zu Stunde, gemäß der Einmaligkeit jeder Situation.“ (Frankl, 2005a, Seite 102) Daraus lässt sich eine sehr flexible pädagogische Handlungsmaxime ableiten: Der sinnorientierte Pädagoge individualisiert von Kind zu Kind und improvisiert von Stunde zu Stunde. Wertschätzende und von gegenseitiger Achtung getragene Begegnung zwischen Schüler und Lehrer wird in der geistigen Dimension möglich. Diese Aussage gilt selbstverständlich für alle menschlichen Begegnungen.

Wie mobilisiert der Logopädagoge die Kräfte aus dem Geistigen?

1. Selbstvertrauen stärken und Kindern Mut machen (nach Boglarka Hadinger),
2. Sinnentdeckungshilfe leisten und
3. das Urvertrauen stärken: Du bist gemeint. Du schaffst deine Aufgaben. Es ist gut, dass du da bist (nach Elisabeth Lukas).

1. Selbstvertrauen stärken – Kindern Mut machen

„Mutige Menschen haben ein gesundes Selbstwertgefühl, und Menschen mit einem gesunden Selbstwertgefühl sind, wenn die Situation es erfordert, mutig. Mut und Selbstwertgefühl korrelieren demnach eng miteinander. Doch nun ergibt sich die Frage: Kann man diese Gefühle von außen stabilisierend beeinflussen? Bekanntlich kann man Gefühle nicht manipulieren. Ihre Veränderung braucht einen Grund. Die fünf wichtigsten Gründe eines gesunden Selbstwertgefühls sind mittlerweile in der Psychologie bekannt, sollten aber auch in der Pädagogik wieder bewusst gemacht werden." (Hadinger, Vortrag 2008 Wien)

- Erfahrungen von positiven Beziehungen schaffen gehirnphysiologisch die besten Lernvoraussetzungen und sind damit die Basis für Sicherheit und Sinn-Orientierung.
- Erfahrungen von Eigenkompetenz stärken ein gesundes Selbstwertgefühl, aus dem die Sicherheit erwächst, für etwas oder jemanden auf dieser Welt gut zu sein.
- Möglichkeiten zur Orientierung am Sinn gehören zu den Grundbedürfnissen menschlichen Lebens, um frei Ziele und Werte verwirklichen zu können. Das gibt dem Menschen Halt.
- Erfahrung, dass man ein „guter, wertvoller Mensch" ist, weil die Sicherheit, „gut zu sein", Lebenskraft gibt, die der Mensch für die Veränderung seiner negativen inneren oder äußeren Umstände braucht.
- Erfahrung von Lebensfreude und Lebenslust, gewährleistet durch sinnorientierte Verwirklichung von Erlebniswerten, und dadurch zunehmende Freude am Leben.

Diese Erfahrungen sind für Kinder und für Erwachsene gleichermaßen wichtig. Zu beachten ist jedoch, dass das Selbstwertgefühl auch bei einem seelisch gesunden Menschen nichts Statisches ist. Je nach Lebenslage und Lebenssituation kann es Schwankungen unterworfen sein. (Nach Hadinger, 2003, Seite 14)

Eine weitere didaktisch aufbereitete Intervention zur Stärkung des Selbstvertrauens als Lernprozess für den Übergang von Vertrautem zu Neuem: „Komfort-, Wachstums- und Panikzone“ (Spießmayr, Fesel, Ausbildungsunterlagen Arge Nexus).

„Komfortzone“

Die Komfortzone heißt so, weil wir uns darin komfortabel fühlen (lat. con fors – mit Stärke und Trost). In diesem Bereich, in dem wir schon alles (oder das meiste) gut können und wissen, verhalten wir uns selbstsicher und routiniert. Wir sind uns unserer Stärken und Fähigkeiten in der uns vertrauten Umgebung bewusst. Auch kurz vor dem Durchbruch zur Wachstumszone bewegen wir uns immer noch in der Komfortzone.

„Wachstumszone“

In diesem Bereich liegt alles, was wir noch nicht so recht wissen und mit dem wir noch keine rechte Erfahrung haben. Etwas, das Mut und Überwindung abverlangt, weil man sich eben nicht mehr so komfortabel und sicher fühlt. Vor dem Verlassen der Komfortzone wird der innere Dialog, den wir mit uns selbst führen, plötzlich intensiver: „Kann ich das machen?“, „Ich schaff das nicht!“ usw. Dies geschieht innerhalb von Sekundenbruchteilen exakt an der Grenze zwischen Altem und Neuem. Hier entscheidet sich der Lernende, ob er zurücktritt oder sich überwindet und seine Chance ergreift, Neues auszuprobieren. Ein „Kribbeln im Bauch“ ist beispielsweise ein Zeichen dafür, aus der Komfortzone zu treten. Mit anderen Worten: Wir erkennen in einer Chance zum Lernen Sinn und entwickeln so Einsatzbereitschaft und Begeisterung. Solches Lernen ist ein Ausweiten und Wachsen, ein Entwickeln über die Komfortzone hinaus.

„Panikzone“

Sie liegt außerhalb der Wachstumszone, und der Begleiter, Erzieher oder die Eltern sollen darauf achten, dass ein Lernprozess über die Wachstumszone läuft und den lernenden Menschen nicht aus der Komfort- direkt in die Panikzone manövriert.

Bei Manfred Spitzer finden wir die neurophysiologische Entsprechung: „Normalerweise laufen die Informationen im Gehirn über den Hippocampus und den Kortex. [*Das geschieht, wenn man von der Komfortzone in die Wachstumszone gleitet, Anm. d. Autorinnen.*] Unter Angst und Stress allerdings werden sie vom Mandelkern aufgenommen. Und der ist dafür da, dass wir angst- und furchtbesetzte Assoziationen ohne viel Nachdenken ganz schnell dort wieder herausholen können, um unseren Körper auf Flucht oder Kampf vorzubereiten. […] Das unter Angst gelernte Wissen wird zu harten Waffen geschmiedet und so für die schöpferische Weiterarbeit gesperrt. […] Wenn sie die Angst aktivieren, können sie nicht mehr kreativ sein." (Spitzer, 2007, Seite 14 f.)

Dieser Mechanismus wird in Gang gesetzt, wenn ein Mensch von der Komfortzone direkt in die Panikzone gerät.

Die Erfahrung zeigt, dass bei Erweiterung der Komfortzone auch die Wachstumszone auf Kosten der Panikzone „wächst". Sie wird weiter hinausgeschoben.

Kopernikanische Wenden

Die folgenden, häufig unreflektierten, negativen Aussagen aus der Praxis sind Aufforderungen, kopernikanische Wenden einzuleiten, und können von der Schule auch auf andere herausfordernde Gemeinschaften übertragen werden.

- „Ihr seid die schlimmste Klasse der Schule."
- „In eure Klasse geht kein Lehrer gerne hinein."
- „Ihr seid die dummen, in der Parallelklasse sind die gescheiten Kinder."
- „Auf euch wartet da draußen niemand. Ihr werdet da nicht gebraucht und kein Hahn kräht nach euch."

Solche unreflektierten Aussprüche aus der psychischen Dimension führen dazu, dass sich die Klasse solidarisiert und herausgefordert sieht, diesen Aussagen „gerecht" zu werden. Die Situation wird sich dadurch verschlechtern.

Wozu fordern solche Gegebenheiten den Logopädagogen heraus?

Der Weg führt wieder vom Geistigen her auf Geistiges hin und der Logopädagoge wird bewusst die Stärken zum Thema machen:

- Wofür will die Klasse / Gemeinschaft stehen?
- Welche Ressourcen zeichnen die einzelnen Personen / SchülerInnen aus?
- „Positive Epidemie" starten: die destruktive Spirale nach unten durch konstruktive Ideen durchbrechen
- Woran wollen wir uns als Gemeinschaft orientieren?
- Angebot einer „Sein-" statt „Haben-Mentalität"
- Heldentum neu definieren: ein Mensch, der sich trotzdem nicht verführen lässt
- Blick für den anderen wecken: Bist du einsam, dann hilf einem, der noch einsamer ist als du.

Das Gefühl, eine Gemeinschaft zu sein, das Erleben einer Klassenidentität stärken die Selbstsicherheit des Einzelnen. Eine gestaltende Idee dazu: Entwicklung eines Klassenwappens, in dem die Stärken jedes einzelnen Schülers und der Gemeinschaft zum Ausdruck kommen. Die SchülerInnen erleben den Wert von Teamfähigkeit und die positive Auswirkung von Kooperation. Das Gefühl der Klassenidentität (Familien-, Firmenidentität) stärkt wiederum die Selbstsicherheit des Einzelnen.

Joachim Bauer geht in seinem Buch „Prinzip Menschlichkeit" ausführlich darauf ein, dass der Mensch von Natur aus Kooperation und nicht Konkurrenz anstrebt. (Bauer, 2007, Seite 23 ff.)

2. Sinnentdeckungshilfe leisten

(Nach Lukas, 2006, Seite 188)

Präventiv arbeitende PädagogInnen, BeraterInnen werden Sinnentdeckungshilfen anbieten, Sinnsuche einleiten, um die Kräfte vom Geistigen her zu mobilisieren. Diese Sinnentdeckungshilfe ist in allen Sinnkrisen ein wichtiges Beratungselement, das mit Einzelpersonen oder in Gruppen anwendbar ist.

Hier werden die Punkte für Einzelpersonen formuliert und müssen entsprechend für Gruppen modifiziert werden.

Fragen nach guten Zeiten stellen

- Was war für dich die beste Zeit?
- Wann schien dir dein Leben rundherum sinnvoll?
- Was ist damals geschehen und welche Vorhaben, Ziele hast du dir gesteckt?

Durch solche Fragen können verschüttete Sinngehalte neu ins Bewusstsein gehoben werden, die vielleicht noch immer bedeutend sind. Es werden Fähigkeiten, Talente, Ziele sichtbar, die auch für die Gegenwart relevant sein können. Vielleicht wurden sie den Kindern schon in die Wiege gelegt und können heute als sinnvoller Beitrag in persönlicher Verantwortung für die Gemeinschaft eingebracht werden.

Vorbilder suchen

Ein gewähltes Vorbild korrespondiert mit der Person, die es gewählt hat. Es ist eine Resonanz da, die Sinnspuren sichtbar macht. Um Sinnentdeckungshilfe zu leisten, können wir mit den Ratsuchenden solche Verbindungen zu Vorbildern aus Literatur, Film, Sport etc. suchen und mit der Frage einleiten:

- Welche Personen führen / führten deiner Meinung nach ein sinnerfülltes Leben?
- Warum wird diesen Personen Sinnfülle zugesprochen?
- Was ist oder war das Besondere an deren Lebensstilen?
- Was hindert dich daran, es ihnen gleichzutun?

Erarbeiten, welche Aufgaben auf den Menschen warten

- Für wen oder was könntest du wichtig sein?
- Welche Aufgaben könnten exklusiv auf dich warten?
- Personen bzw. Lebewesen nennen, die für dich wichtig sind.
- Gibt es in deiner Umwelt Personen, die dich ganz speziell brauchen?

Visionen wecken

Wir können in den Kindern Visionen wecken, sie in Fantasiereisen hinaus in die Welt führen:

- „Was siehst du in der Welt draußen?
- Etwas Erfreuliches? – Das ist Lebenssinn pur.
- Etwas Unerfreuliches? – Das ist eine Aufforderung pur, sich zu engagieren." (Lukas)
- Auf jeden von uns kommt es an!

Mut machen

Wir können unseren Kindern Mut machen, sich den Problemen und Fragen unserer Welt zu stellen. Jeder Einzelne gestaltet die Welt mit. Mitgestaltung ist etwas Herausforderndes und Spannendes: „Dein Typ ist gefragt."

Eine zu heilende Welt in die Hände drücken

Wir können den Menschen nicht eine heile Welt, sondern nur eine „zu heilende" Welt in die Hände drücken. Übernehmen sie den Auftrag, dann haben sie auch schon Sinn entdeckt.

Sinn-Sensibilisierungstraining

Ein Sinn-Sensibilisierungstraining haben wir schon kennengelernt. Es ist die Differenzierung von Schicksal und Freiraum. (Frankls zweite These, S. 73) Dazu gibt es fünf Fragen aus der geistigen Dimension, die helfen, tägliche Entscheidungen zu treffen. (Lukas, 2000, Seite 164 f.) Sie sind auch bei großen Entscheidungen hilfreich:

1. Was ist mein Problem?
2. Wo ist mein Freiraum?
3. Welche Wahlmöglichkeiten habe ich?
4. Welche davon ist die sinnvollste? Mein Gewissen ist gefragt.
5. Diese eine will ich verwirklichen.

Werden Entscheidungen nach diesen Fragen gefällt (ist auch mit Gruppen möglich), kann sich eine neue Haltung entwickeln, die Orientierung gibt und aus Sinnwidrigkeiten, wie „null Bock auf nichts", Egoismus, Konsumismus, aber auch aus Trauer, Leid, Schuld, Tod, Abhängigkeiten und Ängsten herausführt.

Trotz Lustlosigkeit Sinnvolles tun

In der Schule und im Leben muss oft etwas trotz Lustlosigkeit begonnen werden, einfach weil es sinnvoll ist. Die Lust und die Freude können sich während der Durchführung, sozusagen als Nebeneffekt, einstellen. Alles sinnvolle Tun hebt Zufriedenheit und gibt Orientierung.

„Wir können Menschen keinen Daseinssinn geben, aber wir können sie instand setzen, den Daseinssinn zu finden, indem wir ihr Gesichtsfeld erweitern, sodass sie das volle Spektrum personaler und konkreter Sinn- und Wertmöglichkeiten entdecken.“ (Frankl, 1997b, Seite 72)

3. Urvertrauen stärken

Du bist gemeint. Du schaffst deine Aufgaben. Es ist gut, dass du da bist.

Was ist Urvertrauen?

Urvertrauen ist eine Haltung, zu der sich der Mensch existenziell entscheiden kann. Entweder: „Alles birgt Sinn in sich.“ Oder: „Alles ist Unsinn.“ Je nachdem, wie der Mensch wählt, wird diese Wahl sein Leben prägen.

Dieses Urvertrauen ist der Gegenpol zur Urangst, und wenn sich der Mensch gegen die Angst und für das Vertrauen entscheidet, geht er davon aus, dass jeder Mensch urgewollt, urgeliebt und ein absolutes Novum ist. Um dieses Motiv zu leben, ist es erforderlich:

- auf das Gute zu schauen, (Fokusdiagramm, S. 115)
- das Urgesollte vor Augen zu haben, (Sinnorientierung, S. 86)
- nichts für selbstverständlich zu nehmen, sondern zu erkennen: Alles ist Geschenk. Daraus erwächst Dankbarkeit und Zufriedenheit. Auch meine Existenz ist Geschenk: Ich bin in die Welt gerufen und bin hier und jetzt unverzichtbar, so wie ich bin. Es gilt, den Appellcharakter des Lebens bewusst zu machen.

Damit sich das Kind nicht eingewöhnt

Sie war eines von neun Kindern, die alle der Mutter gleich nach der Geburt weggenommen und auf verschiedenen Bauernhöfen im Norden Österreichs untergebracht wurden, weil die Mutter aufgrund von Alkoholproblemen nicht fähig war, für ihre Kinder zu sorgen. Der Vater war nicht bekannt. Jährlich wurden die Kinder zu einem anderen Bauern geschickt, damit sie sich nicht zu sehr an eine Familie gewöhnten und glaubten, das sei ihre Familie. Ab dem dritten Lebensjahr mussten sie durch kleine Arbeiten zu ihrem Lebensunterhalt beitragen und Schafe, Ziegen, Hühner füttern und beaufsichtigen. Geschenke gab es kaum, auch keine konstanten, liebevollen Bezugspersonen. Dieses Geschehen liegt jetzt über 80 Jahre zurück.

Die alte Dame erzählte, dass sie sich von Kindheit an vorgenommen hatte, wenn sie einmal eine Familie habe, alles ganz anders zu machen. Für dieses „Ganz-anders-Machen" hatte sie kein irdisches Vorbild. Und sie hielt Wort. Sie hatte das Urgesollte vor Augen. Sie war ihren Kindern eine liebevolle, treu sorgende Mutter, die die Familie auch unter sehr schwierigen Bedingungen (ihr Mann wurde aufgrund einer schweren Krankheit in jungen Jahren arbeitsunfähig) wunderbar zusammenhielt.

Sie gestaltete sich trotz allem zu einer dankbaren und zufriedenen Persönlichkeit, reich an Lebenserfahrung und -weisheit. Sie ist bis heute ihren Kindern, Enkelkindern und Urenkelkindern ein liebevolles Vorbild.

Der Mensch ist zur Wirksamkeit und Erfüllung eingeladen. Mit seinen Fähigkeiten kann er Welt gestalten und mit seiner Erfahrungskompetenz, trotz schwerem persönlichen Schicksals, im Vertrauen auf eine den Menschen übergreifende Dimension agieren. Seine an ihm begangenen Fehler können ihn daran nicht hindern. Jeder hat das Potenzial zur sinnvollen Lebensgestaltung in sich.

Das Wissen um diese Geborgenheit verleiht enorme Kraftsteigerung in Form von Verantwortungsbewusstsein und Bewältigungskraft im Hinblick auf Schicksalsschläge aller Art.

Es ist daher von hoher pädagogischer Prävention, in der Öffentlichkeit mehr über gelungene Lebensbewältigung trotz schwieriger Bedingungen zu sprechen oder zu schreiben.

Folgen des Verlustes von Urvertrauen

Menschen ohne Urvertrauen machen sich abhängig von vielem, was Menschen, die sich geborgen wissen, nicht in diesem Ausmaß benötigen: Erfolg, Macht, Prestige, Zuwendung, Rückversicherung, materielle Güter, Personen, die ständig Schräglagen stützen, solche, die pausenlos bestätigen, wie gut sie sind. Trotzdem arbeiten sie verbissen an nicht enden wollenden Wünschen, Sehnsüchten, Erwartungen und kommen nie zur Ruhe.

Was sind die dramatischen Folgen eines Verlustes an Urvertrauen? Dass wir Angst haben müssen, Angst um all das, was wir brauchen, um uns einigermaßen sicher zu fühlen, und nie werden wir genug Sicherheit haben, um wirklich sicher zu sein.

Wer sich jedoch im Urvertrauen geborgen fühlt, ist nicht mehr abhängig von Erfolg und positiven mitmenschlichen Rückmeldungen. Er ist frei zur Gestaltung seines Lebens in Selbstverantwortung und gleichzeitig geschützt vor dem gefährlichen Burn-out-Syndrom.

Wie kann verloren gegangenes Urvertrauen wieder zurückgewonnen werden?

- Durch Bewusstmachen der eigenen Möglichkeiten, Gutes zu tun, Schönes zu erleben und Leidvolles zu bewältigen,
- durch das Öffnen der Augen für das zu Bedankende, Nichtselbstverständliche, vom Leben Geschenkte,
- durch Wegführen vom Bitten und Hinführen zum Danken stehen die Werte und nicht das Fehlende im Vordergrund,
- durch Hinwendung zu Kultur, Kunst, Weiterbildung und Interesse an der Welt,
- durch eine Revision eines strafenden Gottesbildes hin zu einem liebenden, verzeihenden, erlösenden Gott.
- „Der Zufall ist der Ort, an dem das Wunder nistet – oder besser gesagt: nisten kann." (Frankl) Diese Sichtweise birgt ein Potenzial zur Rückgewinnung des Urvertrauens. Es ist allerdings ein geistiger Akt notwendig, eine bewusste Entscheidung dafür, um diese Wunder zu entdecken, zu bedanken und zu gestalten.

Präventiv arbeitende LogopädagogInnen und BeraterInnen werden der „Erdwurzel“ im Menschen Rechnung tragen und dem kleinen Menschen Orientierung, Grenzen und damit Stabilität geben. Wie bei einem jungen Baum werden sie „Wild- oder Wassertriebe“ sorgfältig und sinnorientiert bearbeiten, damit er „Früchte“ bringen kann, um seiner Bestimmung gerecht zu werden.

Gleichzeitig wird er sich bemühen, das geistige Wesen zu sehen, die Flügel entfalten zu helfen, damit sein Gesolltes – erspürt im Gewissen – autonom gelebt werden kann.

Die vierte logopädagogische These

Logopädagogik trägt sowohl der „Erdwurzel" im Menschen Rechnung – gibt Orientierung und Grenzen – und hilft auch, „Flügel" zu entfalten.

Wurzeln nach unten und Sehnsucht nach oben, das ist des Lebens Spannungsbogen

Abb. 41: Vierte logopädagogische These

Wir sehen die Erdwurzeln, die Sicherheit, Orientierung und Geborgenheit geben, und gleichzeitig die Himmelswurzeln, die sich, dank der geistigen Dimension, frei in den Himmel hinein entwickeln können – immer ihren Möglichkeiten und Anlagen entsprechend, umsorgt von liebender Aufmerksamkeit.

Der geistbegabte Mensch schafft Orientierung durch seine werteverwirklichende Kraft, die seine Würde garantiert.

DER MENSCH IST FREI UND VERANTWORTLICH

Frankls fünfte These über die Person lautet: „Die Person ist existenziell." (Frankl, 1997a, Seite 113)

„Existere" heißt, zu den faktischen Gegebenheiten Abstand nehmen, heraustreten zu können. Der Person als stellungnehmendes Wesen ist es möglich, Seinsollendes wahrzunehmen, sich dafür zu entscheiden und das Gesollte zu verwirklichen. Wofür oder wogegen sich die Person entscheidet, dafür trägt sie die volle Verantwortung.

Fremdbestimmtheit bedeutet, andere Menschen oder Situationen für sich wählen und entscheiden zu lassen. Damit gibt die Person ihre Wahlmöglichkeit um den Preis ihrer persönlichen Gestaltung und Verantwortung aus der Hand, statt selbst zu wählen, was sie leben und verantworten will.

In diesem Kapitel werden die krisenträchtigen Haltungen der Gesellschaft und des Individuums beschrieben, um die trotzdem immer bestehende personale Entscheidungsfreiheit und Verantwortung bewusst zu machen.

Aussagen wie: „... dieser Mensch (Mutter, Vater, LehrerIn, ChefIn) konnte ja nicht anders, weil ..." bedeuten: Die Person war nicht frei, sie hat sich nicht entscheiden können. Das heißt, es wird ihr die freie Wahl und die persönliche Verantwortung abgesprochen und damit die Menschenwürde. Im Klartext bedeutet das: Sie ist kein verantwortlicher Mensch.

Wenn der Mensch um seine persönliche Freiheit und Verantwortlichkeit nicht weiß, fühlt er sich hilflos allen Zeitgeistströmungen der Gesellschaft ausgeliefert. Frankl beschreibt als „Pathologie des Zeitgeistes" vier krisenträchtige Haltungen der Gesellschaft, die bis heute nichts an Aktualität eingebüßt haben.

Die vier krisenträchtigen Haltungen der Gesellschaft

1. Die provisorische Daseinshaltung
2. Die fatalistische Lebenseinstellung
3. Das kollektivistische Denken
4. Der Fanatismus

Wenn viele Menschen in gleicher Weise handeln, dann führt das nicht nur zur Gewohnheit vieler und zum Zeittrend, sondern auch zur Fremdbestimmung, die sich z. B. in folgenden Ausdrücken zeigen kann: Es ist „in", „man" tut „es", es ist „cool", „lässig", „geil".

Frankls These betont, dass der Mensch existenziell und selbstbestimmt agieren kann und soll. Damit kann er selbstverantwortlich auch gegenüber diversen Zeitgeistströmungen entscheiden, ob er diesen Trends folgt oder sie ablehnt.

Es stellt sich dem Suchenden die Frage, woran er sich orientieren kann, da „Instinktsicherheit" und Werte schwinden: „... im Gegensatz zum Tier sagt dem Menschen kein Instinkt, was er *muss*, und im Gegensatz zum Menschen in früheren Zeiten sagt ihm keine Tradition mehr, was er *soll* – und nun scheint er nicht mehr recht zu wissen, was er eigentlich *will*." (Frankl, 1999a, Seite 16 und 184)

Aus diesem Grund handeln heute viele, vor allem junge Menschen, blind und unbedacht, nur „weil es eh alle tun". Es wird nicht mehr hinterfragt, ob dieses Tun das eigene Leben mit Sinn erfüllt, ob diese kollektiven Haltungen und Handlungen dem Menschsein entsprechen oder nicht.

Immer wieder gelingt es jedoch einzelnen Personen, gegen negative Zeitgeistströmungen aufzutreten. Sie nehmen ihren personalen Sinnanruf wahr und sind bereit, Mühen und Schwierigkeiten in Kauf zu nehmen, Opfer zu bringen, Verzichte zu leisten – Wörter, die vielfach aus der Mode gekommen sind.

Wenn es Einzelnen möglich ist, gegen einen Trend, gegen ein gesellschaftliches Diktat aufzutreten, dann können diese Menschen à la longue auch den Zeitgeist beeinflussen. Denken wir an Mutter

Teresa, die als Einzelne eine weltweite Bewegung ausgelöst hat, an Gandhi mit seiner friedlichen Haltung als Antwort auf Aggression. Aber auch an Professor Rat und an jeden von uns in persönlich herausfordernden Lebenssituationen.

Der Mensch, der sich als freies Wesen versteht, horcht nicht so sehr darauf, was der Zeitgeist befiehlt, was „in" ist – z. B. Modediktat, trendige Freizeitbeschäftigung, politische Mehrheitsmeinung, Sporttrends –, sondern wählt mutig seinen eigenen Weg: den Weg, der in der augenblicklichen Situation für ihn als Person und für seine Mitwelt der sinnvollste ist.

Diese Art von Zivilcourage gilt es, zu leben und zu lehren. Es muss wieder bewusst gemacht werden, dass sich der einzelne Mensch gegen krisenträchtige Haltungen der Gesellschaft stellen kann und soll.

Gemeinsam ist den Menschen in krisenträchtigen Fehlhaltungen, dass sie sich nicht als existenziell frei entscheidende Menschen erleben und dadurch keine Verantwortung übernehmen. Sie flüchten fast vor der Verantwortung und scheuen sich, von ihrer Freiheit sinnvoll Gebrauch zu machen. Damit verspielen sie aber die Chancen ihres spezifischen Menschseins, das als mutiges und eigenständiges Entscheiden und Verantworten in Anbetracht individueller Lebenssituationen in Erscheinung treten will.

1. Provisorische Daseinshaltung

Die provisorische Daseinshaltung beschreibt ein unverantwortliches, sorgloses Dahinleben – auch aus Mangel an Urvertrauen. Daraus resultiert ein Zukunftspessimismus, der sich wie folgt anhört: „Wer weiß, wie lange die Welt sich noch dreht. Darum will ich alles genießen, und das sofort, und tue, was ich will und mir gerade angenehm ist. Es ist auch sinnlos, mich für etwas zu engagieren, mich einzusetzen. So mache ich lieber gleich gar nichts."

Nach Frankl ist der Mensch seinen Trieben nicht vollständig ausgeliefert, sondern in der Lage, trotz triebhaften Verlangens dazu geistig Stellung zu nehmen.

„Der Mensch nun, der in den Tag hinein lebt, lebt immer auch aus dem Trieb heraus." (Frankl, 1992, Seite 43)

Geht die Welt dann doch nicht wie erwartet unter, dann hat der provisorisch lebende Mensch den Sinn seines Lebens versäumt und steht mit leeren Händen da. Er hat nichts aufgebaut.

Beispiele zur provisorischen Daseinshaltung:

- Um unseren Luxus zu vergrößern, vergeuden wir die Ressourcen (Wasser, Erdöl …). Das ist eine verantwortungslose Haltung gegenüber der nächsten Generation.
- Der Regenwald wird abgeholzt, egal wie die nächsten Generationen zu Sauerstoff kommen: Heute muss der Gewinn stimmen.
- Wenn Jugendliche vieles im Überfluss bekommen, brauchen sie für ihr Leben nicht zu sorgen und keine Verantwortung zu übernehmen. Dadurch können sie verantwortungsvolles Handeln nicht lernen.
- Daraus erwachsen Beziehungsängste, die immer augenscheinlicher werden. Viele junge Menschen haben Angst, sich zu binden, verbindlich zu sein, sich auf jemanden oder etwas einzulassen, sich etwas vertraut zu machen.
- Umweltverschmutzung durch rücksichtsloses Sichausleben: Schmutz in Klassen, in der Natur, nach Jugendfesten, im Kino …
- Fabriken, die ausschließlich gewinnorientiert und nicht sinnorientiert arbeiten.
- Umweltzerstörung im großen Stil, wie z. B. die Problematik des Ozonloches, Luft- und Wasserverschmutzung, Leerfischen der Meere.
- Luststreben etabliert sich: Ich mache, was mich befriedigt, hier und jetzt. Die Folgen: Die Konsequenzen werden nicht bedacht, z.B. Sucht- und Gewaltproblematik, Depression, Pornografie, Pädophilie, Euthanasie.

Der Berater, Erzieher kann gegen die provisorische Daseinshaltung steuern, indem er das „existere“ bewusst und folgende Begriffe aus der Logopädagogik zum Thema macht:

- Sinn des Augenblicks aufzeigen
- die Not-Wendigkeit des Einzelnen für die Gesellschaft bewusst machen

- Du formst dich mit dem, was von dir ausgeht
- ein Stück zu heilende Welt in die Hände legen
- Verantwortung zumuten
- für den Appellcharakter des Lebens sensibilisieren

2. Fatalistische Lebenseinstellung

Die fatalistische Lebenseinstellung beschreibt die vermutete Vorherbestimmung des Menschen durch höhere Mächte und ist eine Absage an seine Gestaltungsmöglichkeit: „Ich kann auf der Welt nichts ausrichten, weil eh alles Schicksal ist." – „Ich bin Skorpion und darum reagiere ich so …" Damit wird jede Verantwortung abgeschoben. Der Mensch macht sich abhängig von äußeren Mächten.

„Der Mensch hat entweder einen Glauben oder einen Aberglauben. Und je weniger vom Geist die Rede ist, umso mehr wird von Geistern gesprochen." (Frankl, 1998, Seite 80)

Diese Haltung führt dazu, dass Menschen sich nicht mehr vom Leben angefordert erleben, sondern, sich fremdbestimmt fühlend, die Hände in den Schoß legen.

Beispiele zur fatalistischen Lebenseinstellung:

Wissenschaften und Pseudowissenschaften, die willkürlich interpretiert werden und dadurch ungerechtfertigt Gewalt über den Menschen gewinnen.

Zum Beispiel:

- Esoterik, wenn sie das Leben durch Vorherbestimmung beeinflusst und damit den Menschen fremdbestimmt. Beispiel aus der Schule: Ein Schüler hat seinen „Bravstein" zu Hause vergessen und rechtfertigt damit sein schlechtes Benehmen.
- Astrologie, wenn Sternkonstellationen allein das Leben diktieren.
- Psychologie, wenn der Mensch allein durch psychisch Unbewusstes, Typologien oder das Über-Ich gesteuert wird.
- Soziologie, wenn Gruppendruck und die Macht der Peers überbewertet und dadurch das Individuum und seine Selbstgestaltung nicht berücksichtigt werden.

Der Berater kann gegen den Fatalismus steuern, indem er das „existere“ bewusst macht und folgende Begriffe aus der Logopädagogik zum Thema macht:

- Fremdbestimmungen entlarven und zur Selbstgestaltung auffordern
- Haltung korrigieren, wo das Leben Unabänderliches abverlangt
- vermitteln, dass der Mensch niemals Opfer, sondern immer Gestalter der Umstände sein kann – durch Handlung oder Haltung
- Sinnmotive anleuchten
- Urvertrauen stärken durch den Glauben an einen alles umfassenden Über-Sinn

3. Kollektivistisches Denken

Kollektivistisches Denken findet seinen Ausdruck in Verallgemeinerungen und / oder Pauschalierungen. Sie können rasch zu Verurteilungen, Abwertungen und zu menschenverachtenden Sichtweisen führen wie z. B.: „Alle Ausländer sind Schmarotzer …“, „Die Jugend ist egoistisch …“, „Alle Männer / Frauen sind …“

„Das kollektivistische Urteilen dient letztlich nur dazu, den Menschen der Verantwortung persönlicher Meinungsbildung zu entheben. So kommt es, dass die meisten Menschen von heute überhaupt keine Meinung haben: Die Meinung ‚hat‘ *sie*.“ (Frankl, 1998, Seite 195)

Aus dieser Haltung entwickeln sich schnell Feindbilder und Leidketten werden in Gang gesetzt.

Beispiele zum kollektivistischen Denken:

In den kollektivistischen Vorurteilen manifestieren sich Sehnsüchte nach „einfachen Lösungen“, die simple Denkmuster gegen den gesellschaftlichen Frieden mobilisieren:

- bessere und schlechtere Gruppen – führt zu Überheblichkeit
- junge und alte Menschen – führt zu Generationenkonflikten
- Schwarze und Weiße – fördert den Rassismus
- Menschen, mit denen man reden kann bzw. nicht reden kann – führt zu Ausgrenzung

- Flamen – Wallonen, Basken – Spanier, Tutsi – Hutu, Kurden – Iraner / Iraker / Türken – Menschen werden in Volksgruppen eingeteilt und werten sich gegenseitig ab: Feindbilder entstehen
- ein starkes Klammern aneinander – dadurch entstehen Subkulturen, z. B. im Sport, in der Musik, in Lebenseinstellungen, die zu eigener Kleidung, Sprache, Gehabe verführen und ein Stück Entpersönlichung einleiten können

Verallgemeinerungen wie „eh alle", „eh nur", „nie", „immer" oder „nur" müssen ErzieherInnen, BeraterInnen auffallen und durch Differenzierungsübungen sofort eine Korrektur erfahren, da sie den Menschen zu einem Massewesen reduzieren und der Realität nicht entsprechen. (Siehe Frankls zweite These, Masse – Gemeinschaft, S. 77)

Der Berater kann kollektivistischem Denken gegensteuern, indem er das „existere" bewusst macht und folgende Begriffe aus der Logopädagogik zum Thema macht:

- lernen, von Person zu Person zu individualisieren und zu differenzieren
- bewusste Änderung unreflektiert übernommener Gewohnheiten einleiten
- Wertschätzung des Einzelnen vorleben und einüben
- Respekt vor der Andersartigkeit des Mitmenschen und Freude an der Vielfalt aufzeigen
- Individualität durch Betonung der Einmaligkeit und Einzigartigkeit der Person stärken

4. Fanatismus

„Der kollektivistisch denkende Mensch ignoriert die eigene Persönlichkeit, indem er in der Masse aufgeht – oder, besser gesagt: in ihr untergeht. Der fanatische Mensch ignoriert nicht die eigene Persönlichkeit, sondern die Persönlichkeit des Anderen, des Andersdenkenden." (Frankl, 1998, Seite 195)

Der Fanatismus gefährdet das Zusammenleben weltweit. Der fanatische Mensch setzt einen subjektiven Wert als absolut und geht dafür über Leichen. Es kommt zu Gedanken wie:

- „Unsere politischen Ziele rechtfertigen Bomben auf Unschuldige…“
- „Alle, die nicht so denken wie wir, sind am falschen Weg…“

Dem fanatisch eingestellten Menschen sind alle Mittel zur Erreichung seiner Ziele recht.

Beispiele zum Fanatismus:

- Terrorismus auf der ganzen Welt
- alle Formen von Diktaturen und totalitären Regimen, die sich aus dem Fanatismus speisen
- streng autoritäre Erziehungsstile ohne Rücksicht auf persönliche Entwicklungen
- alle Systeme, die dem „existere“ der Person nicht gerecht werden bzw. es nicht respektieren, wie radikale Gruppierungen

Der Berater kann gegen den Fanatismus steuern, indem er das „existere“ bewusst macht und folgende Begriffe aus der Logopädagogik thematisiert:

- Wertesichtigkeit fördern und persönliche Wertesysteme erweitern
- einen wertschätzenden Blick auf die Welt schulen und globale Zusammenhänge aufzeigen
- positive Neugierde für das Fremde wecken
- Respekt vor der Andersartigkeit vorleben
- Freude an der Vielfalt und die persönlichen Entwicklungschancen aufzeigen
- Gemeinsames über Trennendes stellen, Toleranz üben

Wenn wir es nicht für möglich hielten, gegen negative Zeittrends anzutreten, dann wären wir selbst Fatalisten. Eltern, BeraterInnen, LehrerInnen, ÄrztInnen, JuristInnen, alle sind aufgefordert, Vorbild zu sein, als Vorbild zu sprechen, zu schreiben und zu leben.

Frankl formuliert, dass der Mensch nicht verantwortlich ist für die Zeit, in der er lebt, aber dass er sehr wohl verantwortlich dafür ist, wieweit er die Zeitströmungen seiner Zeit mitprägt oder ihnen entgegenwirkt.

Wie kann den vier krisenträchtigen Haltungen entgegengewirkt werden?

In den Salzburger Nachrichten vom 12. Juli 2010 meint der österreichische Physiker und Buchautor Prof. Dr. Fritjof Capra in einem Interview unter dem Titel „Die Jungen sind die große Hoffnung" und dem Untertitel „Finanzkrise und Ölpest können die Initialzündung für die Wende von der Umweltzerstörung zur Ökologie sein" auf die Frage des Reporters Martin Stricker: „Wenn eine große Gesellschaft wie die amerikanische, deren „way of life" auf der Überzeugung beruht, dass Energie nichts kosten darf, sich ändern sollte, würde das doch sehr, sehr lang dauern?"

Capra: „Nicht unbedingt. Gesellschaftliche Änderungen können von einem kleinen „Trigger" ausgelöst werden. Wir haben in der wissenschaftlichen Komplexitätstheorie gelernt, dass kleine Ereignisse große Wirkungen haben können. Es braucht keine Mehrheit in der Bevölkerung, es braucht eine bedeutende Minderheit. 10 oder 20 Prozent genügen oft schon, vor allem wenn das System so kritisch ist." (Capra, 2010)

Diese Worte eines bedeutenden Wissenschafters machen Mut, gegen die gefährlichen Fehlhaltungen der Gesellschaft auch als einzelne Person anzutreten.

Einige Möglichkeiten, diesen krisenträchtigen Haltungen entgegenzuwirken:

- Nicht das System bestimmt den Menschen, sondern der Einzelne hat Mitsprache im System. Die Trotzmacht des Geistes wird geweckt.
- Aufruf zum Verantwortungsbewusstsein des Menschen. Es geht darum, vom selbstbewussten zum sinnbewussten Sein hinzuführen. Weltoffenheit ist angesagt. Weg vom Egoismus hin zur Aufgabe in der Welt führen.
- Dem Einzelnen ist klarzumachen, dass er jeweils auch eine bessere Möglichkeit wählen und leben kann. Es sind die Wahlmöglichkeiten aufzuzeigen.

- Jede Veränderung im Kleinen wie im Großen hängt vom Einzelnen ab. Die Entscheidungsmöglichkeit liegt im je eigenen Freiraum.
- Den SchülerInnen, KollegInnen etc. ist die je eigene, individuelle Bedeutung bewusst zu machen: Differenzierungsübungen sind dabei hilfreich.
- Betroffenheit wecken für die Folgen dieser Zeitströmungen sowie Nachdenklichkeit und Kreativität zum Widerstand fördern.

Im folgenden Fallbeispiel werden zum besseren Verständnis alle vier krisenträchtigen Fehlhaltungen hervorgehoben.

Wie die Mutter, so die Tochter?

Eine Logotherapeutin berichtet:

Lena, ein 18-jähriges Mädchen, zeigt totale Leistungsverweigerung und „null Bock auf nix". Sie raucht, nimmt Drogen, trinkt zu viel Alkohol, und der einzige Wert in ihrem Leben ist „Breakdance" in allen Formen. Diesen Sport betreibt sie fanatisch und gefährlich. (**Fanatismus**)

Die Schullaufbahn ist am Scheitern. Ihre Eltern, die sehr bemüht sind, sie trotz Schwierigkeiten durch die Schule zu bringen, sind mit Provokationen und Grobheiten konfrontiert. Ihrer kleinen Schwester gegenüber zeigt sie keinen geschwisterlichen Einsatz. Sie lebt nur für sich und ihre Bedürfnisse, „weil eh alles keinen Sinn hat, wurscht ist" und sie „sowieso keine Zukunft hat". (**Provisorische Daseinshaltung**)

Aufgrund ihres Betragens droht ein Schulausschluss, der sie weiters nicht bekümmert. (**Fatalismus)**

Sie bestiehlt die Eltern, fälscht Unterschriften, lügt, weil das eh alle so machen, alles ist „scheiße", alle Lehrer ungerecht. (**Kollektivismus**)

Ein Gespräch mit dem Vater bringt Klarheit in Bezug auf Lenas Kindheit: Ihre leibliche Mutter war Alkoholikerin und verunglückte in jungen Jahren tödlich. Der Vater wollte sich schon immer von der Kindesmutter trennen. Sie war nach seinen Schilderungen nur auf Konsum und Mode fixiert, unfähig, mit Geld umzugehen, und bei Schwierigkeiten sofort alkoholisiert. Ihre Eltern unterstützten sie finanziell, solange sie lebte. Nach dem Tod ihrer Tochter investierten sie alle Liebe und Finanzkraft in die Enkeltochter.

Ich ermuntere den Vater, trotz aller Leiderfahrungen die sicher auch vorhandenen guten Seiten seiner damaligen Beziehung zu schildern. Damit soll seine Wertesichtigkeit gehoben und seine Aufmerksamkeit auf die zweite, verborgene Wahrheit über die verstorbene Kindesmutter gelenkt werden. Es fällt ihm nicht leicht, sich daran zu erinnern.

Anfangs zögerlich, aber mit der Zeit immer flüssiger, meint er: Die Mutter von Lena war spontan, fröhlich und sie freute sich auf das kommende Kind. Ihr Traum war es, Medizin zu studieren. Es fehlte ihr jedoch an Disziplin, ihre Ziele zu verfolgen. Bei der geringsten Herausforderung kapitulierte sie aus mangelnder Durchhaltekraft. Er erzählt, wie sie gemeinsam voll Freude für das Baby Spielzeug und Kleidung einkauften. Sie versorgte und pflegte ihr Kind mit Freude. Lena sei ihr ganzer Stolz gewesen.

Nach dem Tod der Mutter bleibt Lena bei ihren Großeltern. Der Vater zieht in die Stadt, beendet sein Studium und lernt seine spätere Lebensgefährtin kennen.

Lena wird ins neue Zuhause geholt und von der Stiefmutter liebevoll aufgenommen, wie die später nachfolgende eigene Tochter. Lena ist fünf Jahre alt, sehr verwöhnt, schwierig und launenhaft. Die Eltern versuchen ihr Möglichstes, ihr mit Aufmerksamkeit und Zuwendung entgegenzukommen.

Ein dauerndes Problem stellen die Großeltern dar, die Lena bei jeder Gelegenheit mit Geld und Geschenken an sich binden wollen und damit die Autorität der Eltern untergraben. Sie wollen die Liebe ihrer Enkeltochter erkaufen, verfehlen den Sinn und stützen damit zweckorientiert eine „Schräglage" bei ihr.

Nach der Geburt der Schwester merkt Lena schnell, dass diese für ihre Großeltern nicht so bedeutend ist wie sie. Sie baut ihren Sonderstatus aus. Die Schwester schaut zu Lena auf, doch diese ist leider kein gutes Vorbild.

Vor dem Hintergrund des Gespräches mit dem Vater arbeite ich mit Lena in logopädagogischer Art sinn- und wertorientiert weiter. Es sind viele Werte da, von denen Lena das erste Mal erfährt.

- Sie wurde von Beginn ihres Lebens an erwartet und geliebt.
- Alle freuten sich auf und über sie.
- Die leibliche Mutter liebte ihr Mädchen sehr.

Was würde Lenas Mutter heute zu ihr sagen? Lena formuliert mürrisch: „Das Leben ist scheiße, bald ist es vorbei, wie bei meiner Mutter! Alles hat keinen Sinn, deshalb tu ich, was ich will, und nehme, was ich kann." Deutlich bricht in dieser Aussage ihre provisorische Daseinshaltung durch.

„Was wird aus dir werden, wenn es nicht so schnell vorbei ist, wie du jetzt vermutest?" Wir eruieren den Wunsch ihrer Mutter, Medizin studieren zu wollen. Lena ist erstaunt, davon zu hören. Ihr Vater hat nie mit ihr darüber gesprochen. Sie vertraut mir an, sich für medizinische Fragen und Forschungsberichte mit dem Thema Muskelaufbau und Trainingsarbeit sehr zu interessieren.

Lenas Mutter hatte also für ihr Leben eine Vision, leider ist es anders gekommen. Warum ihr Leben so früh enden musste und welche Umstände hier mitgespielt haben, werden wir nie erfahren. Tatsache aber ist: Lena kam gesund auf die Welt. Sie hat die eigene, persönliche Wahl, ihr Leben zu gestalten. Sie allein entscheidet, was durch sie gelebt und verwirklicht werden soll.

Diese Sichtweise macht Lena hellhörig. So hat sie sich und ihr Leben noch nie gesehen. Ihre Zukunftsvision war bis jetzt nur die, so zu enden wie ihre Mutter. Lena wählt den scheinbar „bequemsten" Weg und nimmt die Schwächen ihrer Mutter als Ausrede für eigene Unzulänglichkeiten. Lena war auf dem besten Weg, eine Schmarotzerin im Sinne des Bandwurmes (Hüther) zu werden, wie oben beschrieben wurde. Damit verachtete sie sich selbst und die Welt.

Alles, was ich vom Vater an Positivem erfahren habe, wird jetzt in der Therapie eingesetzt:

- Sie hat das Glück, in ihrer Stiefmutter eine verlässliche Freundin zur Seite zu haben, die sie voll unterstützt.
- Sie hat einen liebevollen Vater, der noch immer an sie glaubt und bereit ist, trotz aller Vorkommnisse hinter ihr zu stehen.
- Sie hat eine Schwester, die Maß an ihr nimmt, wie es kleinere Geschwister tun, und hat damit eine große Verantwortung.
- Sie hat das Zeug zu lernen und das weiß sie auch. Sie hat einen starken Willen und Durchsetzungsvermögen. Sie stellt diese Fähigkeiten in ihrem Sport eindrucksvoll unter Beweis. Hier werden Ressourcen sichtbar wie Konsequenz und Disziplin.

- Sie weiß jetzt, dass ihre leibliche Mutter Ärztin werden wollte, ein fröhlicher Mensch war, der das Leben und ihre kleine Tochter liebte und die ihr möglicherweise das medizinische Interesse weitergegeben hat.

Durch das Bewusstmachen ihrer Stärken wird der Selbstwert gehoben und Energie kann fließen.

Warum ihre leibliche Mutter verunglückt ist und warum Lena diese Lebensbedingungen zu meistern hat, das sind falsch gestellte Fragen, wie wir im Gespräch herausarbeiten. **Wozu** dieser tragische Unfalltod ihrer Mutter Lena heute herausfordern kann, das ist und bleibt die Lebensfrage an sie. Was will sie – jetzt erst recht – wählen? Was soll gerade von ihr, mit ihren Anlagen und Fähigkeiten, gelebt und verwirklicht werden? Welche Vision hat sie für ihr Leben? Die Sinnentdeckungshilfe wird eingeleitet.

In diesen Fragen steckt ein klarer Auftrag, ein Appell, eine Herausforderung, sich ihrer Lebensaufgabe zu stellen: „Existere". Sie ist frei in ihrer Antwort. Sie kann ihr Leben in den Sand setzen, indem sie nur die Schwächen ihrer Mutter als Ausrede nimmt. Sie kann in der provisorischen Daseinshaltung verharren, oder sie kann jetzt erst recht mit Disziplin und Selbsterziehung, mit der Spontaneität und Fröhlichkeit, die sie von ihrer Mutter geerbt hat, ihre Fähigkeiten und Interessen gestalten und auf ein Berufsziel ausrichten. Es bleibt ihre Wahl und damit auch ihre Verantwortung. Die Trotzmacht des Geistes ermöglicht ihr ein Immer-auch-anders-werden-Können.

Lena ist die Tochter ihrer Mutter: Sie ist genetisch gefährdet zur Sucht, aber auch alle positiven Eigenschaften sind vorhanden. Diese genetischen Anlagen und ihre gegenwärtige Lage sind ihr Schicksal. Welchen Prägungen sie den Vorzug gibt, welche Wahl sie trifft, welche Entscheidungen sie treffen wird, liegt ganz allein in ihrer Hand. Diese geistige Stellungnahme ermöglicht die dritte Dimension. Sie eröffnet den persönlichen Freiraum.

Die junge Dame entschließt sich, mit der Direktorin ihrer Schule zu reden, um ihren neuen Lebensplan vorzustellen. Sie bekommt eine Chance buchstäblich im letzen Augenblick und sie ergreift sie: Lena schafft die Matura neben einer Teilzeitarbeit, um ihre Schulden bei den Eltern abzuzahlen. Sie entscheidet sich, aus den von ihr gelebten krank machenden Fehlhaltungen trotz genetisch schicksalhafter Determinanten und Zeitgeistströmungen auszusteigen, um ihr Leben selbstverantwortlich und sinnorientiert auszurichten.

Vier krisenträchtige Fehlhaltungen des Individuums

Neben den vier krisenträchtigen Haltungen der Gesellschaft beschreibt Frankl auch vier krisenträchtige Fehlhaltungen des Individuums. Dabei handelt es sich um falsche Lebensbewältigungsstrategien der einzelnen Person, die sich jedoch leichter im Dunstkreis der negativen Zeitgeistströmungen einschleichen und festsetzen.

Frankl lehrt, dass alles „zu sehr" ein Hindernis für gelingendes Leben darstellt:

1. Etwas zu sehr vermeiden wollen
2. Gegen etwas zu sehr ankämpfen
3. Etwas zu sehr erzwingen wollen
4. Zu sehr über sich selbst nachdenken (Nach Lukas, 1989, Seite 117)

1. Etwas zu sehr vermeiden wollen

„Ich kann dieses Thema leider nicht ansprechen, weil es eventuell Unfrieden auslösen könnte." – „Ich kann meiner Tochter ihre Wünsche nicht abschlagen, weil sie dann ausrastet." Bei diesen Haltungen geht es darum, dass der Mensch unangenehmen Lebenssituationen um jeden Preis ausweichen will. Die „Ich-kann-nicht-Hypothese" ist besonders „hilfreich" dabei. Sie führt zu zunehmender Bequemlichkeit, Unsicherheit und Ängstlichkeit, und es werden Fähigkeiten nicht erlernt, um keine Überwindung und keine Risiken eingehen zu müssen.

Es fehlt die Bereitschaft, sich zu überwinden, den bequemen oder ängstlich vermeidenden „inneren Schweinehund" an die geistige Leine zu nehmen.

Was hilft logopädagogisch bei dieser Fehlhaltung?

- Das Motiv „wofür", muss klar vor Augen stehen, um Schwächen und Ängste zu überwinden und damit Frustrationstoleranz zu heben.

- Wir dürfen uns, den Kindern, unseren Mitmenschen ruhig etwas „zu-muten", um behutsam von der Komfortzone in die Wachstumszone zu gelangen. Diese Intervention hebt den Selbstwert und den eigenen Lebenswert. (Siehe Frankls vierte These, S. 129)

Der Dummstellreflex

Eine ältere Lehrerkollegin sollte in Logopädagogik eine Seminararbeit am Computer verfassen. Sie weigerte sich mit der Aussage: „Ich kann mit dem Computer aber leider nicht umgehen und schreibe die Arbeit mit der Hand." Die unterrichtende Logopädagogin forderte, um dieses forcierte Vermeidungsverhalten zu durchbrechen, die Arbeit online ein. Die Professorin mutet ihr zu, die Aversion zu überwinden, um ihre Kompetenzen zu erweitern, als Vorbild für lebenslanges Lernen zu wirken und auch zur Erleichterung ihrer administrativen Verpflichtungen in der Schule. Die Überwindung der „Ich-kann-nicht-Hypothese" brachte der Kollegin nicht nur den Abschluss des Seminars ein, sondern auch eine große Freude über ihre neuen Kompetenzen.

Bei schwerem Vermeidungsverhalten gekoppelt mit anderen Symptomen ist ein Arzt zu konsultieren.

2. Gegen etwas zu sehr ankämpfen

„Ich hasse es, wenn meine Mitarbeiter inkompetent sind und Fehler machen. Dagegen kämpfe ich um jeden Preis!" Manch einer kämpft mit allen Mitteln gegen eigene Fehler und gegen die Fehler seiner Mitmenschen. Diese werden mit Verbissenheit verfolgt, werden durch ständiges Fokussieren mächtig, schaffen Unzufriedenheit, Feindschaft und verhindern jede konstruktive Zusammenarbeit. „Gegen" etwas kämpfen bedeutet Energieverlust in eine destruktive Richtung.

Es fehlt die Bereitschaft, sich und anderen Fehler zu verzeihen. Diesmal ist der verbissen kämpfende „innere Schweinehund" an die geistige Leine zu nehmen, indem die Aufmerksamkeit auf Pro-Motive gelenkt wird, um damit gewährendes, verzeihendes Verhalten einleiten zu können.

Was hilft logopädagogisch bei dieser Fehlhaltung?

- Zu lernen, sich selbst und anderen gegenüber tolerant, gelassen und großzügig zu sein. „Nobody is perfect!"
- Humorvolles Unterstellen von positiven Motiven entkrampft verfahrene Situationen.
- Das Bewusstsein, dass jede Änderung nur von mir ausgehen kann und ich entscheide, ob ich zu dieser Person in heilsame Distanz gehe oder ob ich ihr Verhalten bis zu einem gewissen Grad akzeptieren will.
- Aufzeigen des schicksalhaften Bereichs und Suchen nach konstruktiven Lösungen im eigenen Freiraum.
- Es gibt auch die Möglichkeit, die Schwächen des anderen auszugleichen. Das ergibt Synergieeffekte, und so besteht die Hoffnung, dass auch meine Unzulänglichkeiten durch andere ausgeglichen werden.

„Wer innere Größe hat, ist nicht kleinlich!" (Lukas, 1989, Seite 122)

Der „psychische Hund"

Ein junger Techniker leitet eine Abteilung in einem großen Unternehmen. Er kämpft täglich verbissen an allen Fronten. Sowohl sein Mitarbeiterstab als auch seine Vorgesetzten machen ihm seiner Meinung nach zu schaffen, weil sie nicht perfekt arbeiten. Der Techniker sucht logopädagogische Hilfe:

„Wenn ich Sie richtig verstanden habe, ist Ihre gesamte Umgebung offensichtlich gegen Sie. Das ist eine schicksalhafte Tatsache, dass Ihre Mitarbeiter nicht so perfekt sind, wie Sie es sich wünschen. Durch Ihr Ankämpfen dagegen scheint sich die Lage für Sie selbst und alle Beteiligten zu verschlimmern. Können Sie sich vorstellen, etwas zu unternehmen, um die schlechte Stimmung in Ihrer Abteilung zu entspannen?"

Der Techniker sieht nach anfänglichem Widerstand ein, dass eine Veränderung nur durch eine eigene Verhaltenskorrektur eingeleitet werden kann und er akzeptieren muss, dass weder er noch seine Mitarbeiter perfekt „funktionieren". Der Fokus wird auf Gutes und Gelungenes, wenn auch nicht Perfektes gerichtet, um das Arbeitsklima sofort zu entlasten.

Der junge Abteilungsleiter nimmt sich vor, die Ressourcen seiner Mitarbeiter zu dokumentieren und bei einem Meeting entsprechend zu würdigen. Damit entspannt sich die Situation erstaunlich.

Zur Selbstdistanzierung zur eigenen Person kann die Metapher des verbissen kämpfenden „psychischen Hundes“ eingesetzt werden, der triebdynamisch reagiert und von seinem Herrn jederzeit energisch an die geistige Leine gelegt werden kann. Diese Einstellungskorrektur hilft dem Techniker, sinn- und wertorientiert zu agieren.

3. Etwas zu sehr erzwingen wollen

„Ich arbeite in einem Büro, habe drei Kinder, muss mich um den Haushalt kümmern und will meine Freizeit genießen, egal wie es den anderen dabei geht. Ich will mir nehmen, was mir zusteht.“ Dieser Frau ist vom Leben viel geschenkt worden, doch leider schätzt sie diese Gaben nicht, weil sie sie als selbstverständlich „konsumiert“. Im Gegenteil, sie will mit aller Macht weitere erzwingen. Geschenke sind aber nicht zu erzwingen, sie werden eben geschenkt.

Da gibt es Zeiten, in denen auch berechtigte Wünsche offenbleiben müssen, weil sie vielleicht „noch nicht dran sind“ oder vom Leben in der konkreten Situation nicht gewährt werden. Kämpft der Mensch verbissen um etwas für sich, das er im Augenblick nicht haben kann, stellt sich Unzufriedenheit in Permanenz ein und raubt die Zufriedenheit über derzeit Geschenktes, vom Leben Gewährtes.

Im Falle des forcierten Erzwingens fehlt die Bereitschaft, auf etwas zu verzichten. Das Leben fordert jedoch immer wieder Verzichte, weil nicht alles, was wir erträumen, realisierbar ist. Diesmal ist der egoistische psychische „Schweinehund“ nur auf sich und seine Wünsche fixiert und muss geistig straff an der Leine geführt werden, um seinen derzeitigen Lebensaufgaben gerecht zu werden.

Manches im Leben lässt sich nicht verwirklichen. Trotzdem sind Engagement und Einsatz gerechtfertigt, aber nicht um jeden Preis. Manches ist zu akzeptieren und manchmal ist es notwendig, sich „vor dem Geheimnis zu beugen“.

Was hilft logopädagogisch bei dieser Fehlhaltung?

- Die gegenwärtigen Geschenke des Lebens anleuchten und bedanken,
- das Leben, so wie es sich gerade darstellt, bejahen und daraus Dankbarkeit und Zufriedenheit schöpfen,
- Tagebuch der guten Stunden führen, um sich die Lebensgeschenke vor Augen zu halten,
- für einen höheren Wert freiwillige Verzichte leisten, um bewusst die Chancen, die das Leben jetzt bietet, erkennen und leben zu können.

Ein Beispiel:
Ein 14-Jähriger fordert mit allem Nachdruck von seinen Eltern Gewaltvideos und -spiele, die erst ab 18 Jahren zugelassen sind. Es ist ihm jedes Mittel des Erzwingens recht. Er geht bis zur Erpressung: „Wenn ich diese Spiele nicht bekomme, brenne ich durch. Alle meine Freunde haben sie und ich will sie auch ..."

Den Eltern kommt die verantwortungsvolle Aufgabe zu, sinnorientiert und leidensfähig gegenzuhalten und damit Orientierung zu geben. In diesem Fall suchten die Eltern Hilfe und Unterstützung von Fachleuten und nahmen sich Zeit, ihrem Sohn in einem Round-Table-Gespräch aus ihrem Verantwortungsbewusstsein die „Not-wendenden" Grenzen konsequent aufzuzeigen. Die entschiedene Haltung der Eltern, sich dem Problem zu stellen, ihre klare Argumentation gegenüber den sinnwidrigen Wünschen eines Pubertierenden wurden zwar unter Protest, aber letztlich doch akzeptiert. Durch die überzeugende Haltung der Eltern bekommt der Junge die Chance, Verzichtbereitschaft zu lernen, auch wenn er den Sinn vielleicht erst später erkennen kann.

4. Zu sehr über sich selbst nachdenken

„Wer weiß, was die anderen nach meinem Besuch gestern über mich reden. Ich bin sicher wieder nicht gut angekommen. Vielleicht hätte ich das über die Nachbarn lieber nicht sagen sollen. Die Freundin hat mich so komisch angeschaut ..." Der Mensch ist krankhaft auf sich fixiert, meist wenn er mit sich selbst unzufrieden ist. Es entsteht eine übertriebene Selbstbeobachtung, Selbstinterpretation und eine falsch verstandene Selbstverwirklichung.

In diesem Fall läuft der „innere psychische Schweinehund" im Kreis. Er hat durch die Selbstbespiegelung das Ziel außerhalb von sich aus den Augen verloren und braucht eine starke geistige Führung, um seine Aufgaben in der Welt wieder wahrzunehmen.

Bei jungen Menschen ist das Selbstbild noch in Entfaltung. Es ist ganz natürlich, dass sie sich intensiv mit sich beschäftigen, um ihr wahres Selbstbild zu finden. Bei Erwachsenen sollte sich der Blick vom Ich lösen, um Aufgaben in der Welt wahrnehmen zu können.

Ein gesundes Selbstbild erfüllt zwei Kriterien:

- Es ist realistisch. Der Mensch hat über sich keine Illusionen. Er hat keine „rosarote Brille" auf. Er kennt seine Stärken und weiß um seine Schwächen.
- Es ist positiv. Ein bisschen Zuneigung und Wertschätzung auch sich selbst gegenüber sind durchaus angebracht. Diese Haltung wirkt sich auf eine wohlwollende Betrachtung der Mitmenschen aus. (Vgl. Lukas, 1989, Seite 124)

Ist die Zuneigung zur eigenen Person jedoch überzogen und der Mensch kreist nur noch um sein Ego, wird der Blick für seine eigentlichen Lebensaufgaben, die in der Welt auf ihn warten, eingeschränkt und es kommt zur Krise.

Was hilft logopädagogisch bei dieser Fehlhaltung?

- Die Rückbesinnung auf eine Sache oder eine Person.
- Etwas realistisch Positives ins Leben holen und die übertriebene Selbstbeobachtung löst sich wie von alleine.
- Ein humorvolles Korrektiv kann helfen: „Nimm dich nicht so wichtig. Die Welt dreht sich weiter!"

Der Literat

Ein verbitterter alter Herr im Pensionistenheim macht durch lautes Klagen über sein böses Schicksal aufmerksam. Nichts ist ihm geblieben, keine Freunde, die Familie kommt zu wenig zu Besuch, das Essen tut ihm nicht gut, der Arzt hört ihm nicht zu, die PflegerInnen haben zu wenig Zeit. Er versinkt im Lamento um seine Person.

Eine Logopädagogin erfragt seine früheren Interessen und entdeckt sein literarisches Talent. Sogleich wird die depressive Selbstbeobachtung unterbrochen und heute schreibt der alte Herr mit Begeisterung Artikel für die Zeitung des Pensionistenheimes, zur Freude aller, die sie gerne lesen. Das Lamento ist kein Thema mehr, denn sein Blick ist auf Gelungenes, Schönes und Bereicherndes gerichtet.

Frankl hat diese vier ungesunden Haltungen herausgegriffen, da sie die Sinnausrichtung des Menschen verhindern und den Willen zum Sinn blockieren. Sie führen, wenn sie forciert, überzogen ausgelebt werden

- zu menschenunwürdigen Verhaltensweisen,
- zu konfliktreichen Beziehungen und
- zur Entwicklung unschöner menschlicher Eigenschaften,

weil jeweils der Bogen überspannt und das gesunde Ausmaß an Energieeinsatz in destruktiver Form überschritten wird.

Gemeinsam ist diesen Haltungen, dass aus der zweiten Dimension heraus reagiert wird und die geistige Dimension, das „existere“, nicht berücksichtigt wird. Es ist ein psychisches Wollen und kein Sollen vor dem persönlichen Gewissen.

Der Mensch von heute leidet an einem „Zuviel“, an einer Überdosis von allem: Alles Zuviel, seien es Gefühle, Gedanken oder Taten, zu viel Fernsehen, zu viel kritisieren, zu viel Geld ausgeben oder anderes, macht abhängig, ist krank machend und sinnwidrig. Ein freiwilliger Verzicht für einen höheren Wert kann solche Entwicklungen stoppen.

Schon in der Vorhalle des Tempels von Delphi stand: „Medèn agán“. Das heißt etwa: „Nichts zu sehr!“ Achte auf das Maß! Könnte das nicht ein Lebensmotto, ein Mantra für unsere Gesellschaft sein? Die moderne Fassung könnte lauten: „Weniger ist mehr!“

Prof. Leopold Neuhold von der Universität Graz sagt treffend: „Wir leben heute in einer „Zuvielisation“. Ein wichtiger logopädagogischer Auftrag in unserer Zeit lautet daher, die Stoppkompetenz zu trainieren, um den Blick für den Sinn des Augenblicks frei zu halten.

Zur Entscheidungsfähigkeit und Willenskraft des Menschen

Bei vielen Störungen und krisenträchtigen Haltungen sind Entscheidungsschwächen und „scheinbare Willensschwäche“ im Spiel. Die Entscheidungsfähigkeit ist etwas spezifisch Humanes, gehört zur seelischen Gesundheit, zur Stabilität und Souveränität eines Menschen und setzt Freiheit und Wahlmöglichkeit voraus: Was ist wert und würdig, gewählt zu werden?

Eine Willensschwäche gibt es beim gesunden Menschen nach Frankl nicht, da der Wille zum Sinn zu seiner Grundausstattung gehört und als Motivationskraft den Menschen zur Sinnverwirklichung zieht. Das „Es“ aus der zweiten Dimension treibt den Menschen. Es sind seine Ängste, Wünsche und Triebe. Das „Ich“ kann durch die dritte Dimension wählen, entscheiden und sich am Sinn ausrichten. Der Mensch ist existenziell, d. h., er ist frei und verantwortlich für seine Wahl, für seine Entscheidung.

Abb. 42: Die Steuerfrau, der Steuermann

„Das Schiff fährt so, wie man die Segel setzt, und nicht so, wie der Wind bläst.“ (Quelle unbekannt, aus einem Kalender) Wenn ein Segler die Segel setzt, dann hat er sich für einen Zielhafen, den er anpeilen will, entschieden. Selbst wenn der Mensch die Segel seines Lebensschiffes bewusst „einzieht“ und sich treiben lässt, so entscheidet er sich dafür. Geschieht dieses „Einziehen“, dieses „Auslassen“ seines Lebensschiffes willkürlich, ohne Sinn-Motiv, ist es dem Menschen nicht adäquat. Es passt nicht zum menschlichen Leben und wird auf Dauer seine Existenz bedrohen. Fälschlicherweise wird diese Haltung als Entscheidungs- oder Willensschwäche interpretiert.

Von der Entscheidung des Menschen hängt viel ab, weil er sich damit selbst prägt und sein Umfeld gestaltet. So ist jede Entscheidung, unabhängig davon, ob sie willentlich oder wissentlich getroffen wird, eine Selbstentscheidung und Selbstgestaltung mit Konsequenzen für die Person und das Umfeld.

Nach Frankl ist jede unserer Entscheidungen willentlich, aber sie müssen nicht immer wissentlich getroffen werden. Damit ist gemeint, dass Gewohnheiten aus immer wieder gleich getroffenen Entscheidungen resultieren, die jedoch auf einer vorerst bewusst getroffenen Wahl basieren.

Es sind das also keine triebhaften, sondern reflexhafte, „selbstverständliche“ Entscheidungen, die zu einer Gewohnheit geworden sind. Aber auch dann ist es eine Leistung, so gehandelt zu haben, gerade diese Selbstverständlichkeit des Handelns ist die Leistung.

Selbstverständlich?

In der ersten Zeit der Aidsgefahr wurden in Österreich in jeder Schule im Apothekenkasten griffbereit Einweggummihandschuhe aufbewahrt. Es gab den Erlass, dass diese im Fall einer Verletzung eines Kindes unbedingt verwendet werden müssten.

Als eine Lehrerin, nach einer Rauferei in einer Klasse, einen stark blutenden Schüler am Boden liegen hatte, lief sie nicht zuerst zum Apothekenkasten, holte ihre Handschuhe und versorgte dann das Kind. Ohne zu denken, ohne zu überlegen wollte sie dem Kind sofort helfen. Es war spontan, aus ihr heraus, „selbstverständlich“, so zu handeln, weil das ihrer einmal getroffenen Grundentscheidung entsprach: Menschen, die Hilfe brauchen, wird sofort geholfen.

Sie prägt sich mit dieser reflexhaften, in diesem Augenblick nicht wissentlich getroffenen Entscheidung zu einem hilfsbereiten Menschen.

Wie oft kann man nach einer geglückten Lebensrettung in der Zeitung lesen: „Aber das war doch keine Leistung. Das war doch selbstverständlich!“

Doch die grundsätzliche Einstellung zur Erhaltung des Lebens, die erste Entscheidung zum Lebenretten muss bewusst getroffen werden, sonst kann sich diese selbstverständliche Gewohnheit nicht entwickeln.

Ein negatives Beispiel für eine Gewohnheit:
Ich habe ein Problem und entscheide, zum Alkohol zu greifen. Dadurch bekomme ich vermehrt Probleme, die ich wieder durch Alkoholkonsum versuche in den Griff zu bekommen. Eine negative Spirale nach unten etabliert sich.

Ein positives Beispiel:
Ich sehe eine Not und entscheide mich zu helfen. Diese Haltung wiederholt sich und das hilfsbereite Agieren wird zur positiven Gewohnheit.

So entstehen Gewohnheiten, für die der Mensch sehr wohl verantwortlich zeichnet. Um logopädagogisch eingreifen zu können, ist das Bewusstmachen der trotzdem immer freien Wahl und des Sinnappells der jeweiligen Situation gefordert. Der Vorteil der Gewohnheit ist, dass sie Menschen in Alltäglichkeiten entlastet. Es muss nicht alles im Leben immer wieder neu und bewusst entschieden werden. Je öfter etwas getan wird, desto unreflektierter wird es, und der Mensch kann sich auf etwas anderes, Neues konzentrieren. Das bringt Zeitersparnis durch Automatismen. Daraus ist abzuleiten, wie wichtig es ist, grundlegende gute Gewohnheiten und Rhythmen in der Tagesstruktur bewusst anzulegen.

Ein Beispiel:
Beim Läuten der Schulglocke wissen die Kinder, dass der Unterricht beginnt und sie in der Klasse auf ihren Plätzen auf die Lehrperson warten müssen. An einer Schule wurde einmal versuchsweise die Glocke abgestellt. Sowohl die Kinder als auch die Lehrpersonen mussten sich auf die neue Situation einstellen. Es gab viele Pannen auf beiden Seiten.

Nachteil der Gewohnheit ist, dass der Mensch durch sie weniger flexibel ist. Er ist starr und wünscht, dass alles so bleibt, wie es ist. Er will sich nicht umstellen und immer in gleicher Weise handeln. Jede Veränderung, Umgewöhnung kostet Energie, Kraft und bedeutet Aufwand und ist ohne Sinn-Motiv schwer umzustellen.

Wieder ist es der Sinnaspekt, der die Qualität eingespielter Gewohnheiten prüft.

Gefährlich ist es, wenn wir blindlings aus der psychischen Dimension – je nach Lust und Laune – unreflektiert immer nach den gleichen Gewohnheiten handeln. Dann sind wir fremdbestimmt.

Präventiv und sinnzentriert arbeitende BegleiterInnen oder FreundInnen können helfen, neue Möglichkeiten zu sehen und zu wählen, zu entscheiden und damit das Leben zu erleichtern. Die Trotzmacht des Geistes kann aktiviert werden:

- bei Süchten mit dem notwendigen Sprung in die Abstinenz
- bei Ängsten mit dem notwendigen Sprung in den Mut
- bei Faulheit mit dem notwendigen Sprung in die Aktivität

Dazu braucht der Mensch Halt am Geistigen:

- Leistungsfähigkeit, um die neue Haltung zu trainieren. Ein „Wofür“ muss sichtbar sein.
- Liebesfähigkeit, um dem Motiv treu zu bleiben. Das „Für-wen“, „Für-was“ ist erforderlich.
- Leidensfähigkeit, um die Änderung durchzuhalten. Das „Wozu“ gibt Kraft dafür.

Gewohnheiten – Segen oder Fluch?

Eine 28-jährige Studentin kommt zur Beratung. Sie lebt noch bei ihrem Vater, weil sie nicht in der Lage ist, ihr Studium abzuschließen. Es fehlen noch einige mündliche Prüfungen, zu denen sie nicht antreten kann, da sie unter Prüfungsangst leidet. Die junge Frau riecht stark nach Zigarettenrauch, wirkt müde, blass und nervös. Das erste Mal trat die Angst bei der mündlichen Matura auf, in Form von sichtbarem Knieschlottern. Sie wird diese Blamage nie mehr vergessen und möchte sich auch keiner ähnlichen Situation mehr aussetzen müssen. Die schriftlichen Arbeiten sind alle eingereicht. Die mündlichen blockieren den Abschluss.

Die Tagesstruktur der Klientin verläuft chaotisch. Sie surft unkontrolliert in der Nacht im Internet, schläft bis Mittag, trifft am Nachmittag ihren Freund, um mit ihm über ihren Zustand Klage zu führen.

Die logopädagogische Intervention gilt zunächst der Frage nach dem Sinn ihres Lebens: „Wofür wollen Sie Ihr Studium abschließen?" Die Antwort kommt schnell: „Ich will eigenständig leben, Geld verdienen und in meinem Beruf innovative Ideen verwirklichen. Mir gefällt meine Ausbildung, nur die Angst lähmt mein Leben."

Ohne die Angst zu fokussieren, wird zunächst der Schwerpunkt auf die körperliche Befindlichkeit gelegt. Ein Rhythmus durch einen Tagesplan wird gemeinsam erarbeitet: Morgendliches Lauftraining, ein gesundes Frühstück, fixe Lernzeiten, bewusst entschiedene Freizeit und selbst verordnete Regenerationszeiten werden von der Klientin als notwendig erkannt und beschlossen. Die Zeiten am Computer werden sinnorientiert auf das Studium bezogen und so reduziert.

Sie erkennt, dass die Beziehung zu ihrem Freund durch bewusste Gestaltung aufgewertet werden kann. In einem Brainstorming entdeckt sie viele Möglichkeiten für ein aufbauendes Miteinander: gemeinsame Ausflüge, Picknicke, Konzertbesuche, gemeinsamer Sport etc. Die Liebesfähigkeit bekommt eine neue Ausrichtung.

Nach einigen Wochen konsequenter Einhaltung der getroffenen Entscheidungen entwickelt sich eine gesunde Dynamik: Das exzessive Rauchen wird aufgrund von Atemnot im Sport reduziert. Eine Teilzeitbeschäftigung bringt zusätzliche Struktur, finanzielle Erleichterung und hebt ihren Selbstwert. Die Studentin wirkt körperlich fit, psychisch stabiler und erkennt, dass noch eine Entscheidung ansteht. Sie fühlt sich zunehmend in der Lage, der Angst, die in der psychischen Dimension sitzt, etwas entgegenzusetzen und zur längst fälligen Prüfung anzutreten. „Es kann doch nicht sein, dass ich von meinen psychischen Zuständen am Abschluss meines Studiums gehindert werde. Ich habe in den letzten Wochen so viele alte Gewohnheiten verändert, dass auch dieser Schritt gelingen wird."

Durch die regelmäßigen Lernzeiten entwickelt die Studentin Sicherheit und Mut, sich den Prüfungen zu stellen. Allerdings muss sie sich in Geduld üben, da sie gezwungen ist auf einen Termin dafür zu warten. So wird aus einer Flucht, sich Entscheidungen zu stellen, ein Ersehnen der früher so gefürchteten Prüfung.

Der Mensch schafft Veränderungen, wenn sie von ihm als sinnvoll erkannt werden. Gewohnheiten einfach wegzulassen, ist schwierig. Leichter können sie in kleinen Schritten gegen neue als sinnvoll erkannte Handlungen ausgetauscht werden: Ist jemand zum Beispiel gewohnt, am Abend beim Fernsehen Chips und andere Knabbereien zu essen, fühlt sich jedoch wegen seines zunehmenden Gewichts nicht wohl, kann er als ersten kleinen Schritt entscheiden, diese Gewohnheit durch eine gesündere, schlank machende Kost zu ersetzen, wenn es ihm wichtig ist, weniger Gewicht zu haben: Knabbern von Trockenfrüchten, Trinken von Tee etc.

Essenziell ist nicht nur die Entscheidung für eine neue Möglichkeit, sondern auch deren Umsetzung in die Tat, sonst bleibt sie uneingelöste Möglichkeit und wir erleben die typischen „Morgen-Diäten" („Morgen, morgen, nur nicht heute"). Eine Entscheidung, die nicht durchgetragen wird, wird zu einer Krise in Permanenz: Der Mensch verliert seine Selbstachtung und er vertraut sich selbst nicht mehr.

Empfehlungen:

- Nie zu viele Gewohnheiten auf einmal austauschen, denn das geht sicher schief – wie bei den selten eingehaltenen Vorsätzen zum Jahreswechsel.
- Auch ganz kleine Details verändern in Summe das Leben und werden relevant: z. B. einmal in der Woche auf Fernsehen verzichten zum Wohle der Kinder.
- Mit jeder kleinen positiven Änderung gestalte ich mich und die Welt neu.

Es ist empfehlenswert, sorgsam zu entscheiden, denn die eine Möglichkeit, die ich wähle, hat Veränderungscharakter in positiver oder negativer Sicht. Sie entscheidet, was der Mensch im nächsten Augenblick sein wird. Kommt es zu Fehlentscheidungen, soll daraus ein Lernerfolg erzielt werden. Mutig kann sich der Mensch den neu entstandenen Situationen stellen. Diese Haltung ist gesünder, als nicht zu entscheiden. Nur so funktioniert Entwicklung.

Zu unterscheiden sind Pro- und Kontra-Entscheidungen.

Pro-Entscheidung

Eine sinnorientierte Pro-Entscheidung ist ein echtes Ja zu einem erkannten Wert. Auch unter außergewöhnlichen Lebensbedingungen ist der Mensch dazu in der Lage, wie im folgenden Beispiel von einer Logotherapeutin geschildert wird.

Ein unerwarteter Schicksalsschlag trifft Jugendliche mitten in der Pubertät und veranschaulicht die Kraft sinnorientierter Ausrichtung und Entscheidung. Die allgemeine Meinung lautet, dass Pubertierende vielfach nach Lustkriterien entscheiden. Weit gefehlt:

Helden

Ein Vater sucht unter dramatischen Umständen eine Beratung auf. Seine Frau ist völlig überraschend schwer erkrankt und ein Pflegefall geworden. Sie ist körperlich durch Lähmungen schwer behindert. Das Sprachzentrum ist beeinträchtigt. Psychisch ist sie entsprechend gezeichnet, aber geistig davon gänzlich unbeeinträchtigt. Sie versteht alles, was um sie vorgeht und nimmt regen Anteil am Leben ihrer Familie.

Das Problem des Mannes ist aber zu meinem großen Erstaunen nicht primär der Zustand seiner Frau, sondern seine große Sorge gilt den Kindern im Alter von 12 und 13 Jahren. „Das Unglück, das unserer Familie widerfahren ist, ist schon groß genug. Es darf einfach nicht noch etwas passieren. Aber wie soll ich den Kindern die Mutter ersetzen? Sie hatte die Familienkultur und die Erziehung fest im Griff, und ich war für die Sicherung der Existenz und für die sportlichen Aktivitäten zuständig. Ich habe Sorge, dass mein Sohn und meine Tochter aufgrund des Ereignisses den Halt verlieren und damit z. B. in die Suchtproblematik abgleiten könnten."

Die Familie ist mit einer außergewöhnlich schweren Lebenssituation konfrontiert. Nun gibt es zwei starke Motive, die Menschen leiten können. Dominiert das Angstmotiv, wären alle Ängste des Vaters begründet. Warum? Weil einerseits nur mehr aus der zweiten Dimension gehandelt würde: Werteblindheit, Misstrauen, Angst, Ohnmachtsgefühle, die Spirale nach unten dreht sich psychisch; andererseits „feuert" der Mandelkern im Gehirn biologisch. Die geistige Dimension kann nicht durchdringen.

Das alles wären eindeutige Ursachen, weshalb Kinder im Angesicht solcher Herausforderungen entgleisen könnten; psychologistisch gedacht, durchaus verständlich; erleben sie doch Einbußen in vielen Bereichen:

- plötzlich veränderte Lebensumstände,
- Sorgen wegen des schlechten Zustandes der Mutter,
- tägliche Spitalsbesuche,
- Haushaltsmithilfe,
- Verzicht auf gemeinsame Reisen, Urlaube etc.

Dominiert hingegen das Liebesmotiv, haben wir es mit einem Pro-Motiv zu tun. Wofür, für wen gilt es sich einzusetzen? Wozu fordert diese schwere Situation heraus? Was könnte unsere beste Antwort darauf aus Liebe zur Ehefrau bzw. zur Mutter sein?

Genau um diese Fragen geht es auch, als der Vater noch am selben Tag mit beiden Kindern zur Beratung kommt. Die Kinder sind fantastisch. Es ist, als ob Schleusen der Liebe aufgehen, und die konstruktiven Ideen sprudeln nur so: Die Schulsorgen wollen sie ab sofort dem Vater abnehmen, damit er den Kopf frei für andere notwendige, wichtige Entscheidungen hat. Tanzvorführungen, Sportereignisse, Zeichnungen, Düfte, Lichteffekte, weiche Tücher und Schals sowie Öle für Massagen, Lieblingsfilme und Bücher werden für ihre Mama geplant.

Diese neue Haltung der Familie erfordert größte geistige Trotzmacht und eine radikal neue Einstellung. Der Mensch als Gestalter leidvoller Lebenssituationen wird hier von zwei Jugendlichen mitten in der Pubertät einprägsam vorgelebt. Der Appellcharakter der Situation fordert die Kinder geistig heraus. Der Vater ist in Anbetracht dieses Einsatzes entlastet und kann sich mit voller Aufmerksamkeit seinen Aufgaben widmen.

Gleichzeitig wird die Hirntätigkeit extrem gefordert und angeregt: „Diesen anderen, mühsamen Weg geht niemand freiwillig, der sich nicht dazu verpflichtet fühlt. Er lässt sich auch nur beschreiten, indem man seine Haltungen und seine Einstellungen gegenüber sich selbst und all dem, was einen umgibt, immer wieder überprüft. Am besten gelingt das, indem man sich fragt, ob das, was man für besonders wichtig hält, wirklich so wichtig ist.

Unsere einmal entstandenen Haltungen und Einstellungen sind uns meist ebenso wenig bewusst wie die Macht, mit der sie uns zu einer ganz bestimmten Art der Benutzung unseres Gehirns zwingen. Unachtsamkeit beispielsweise ist eine Haltung, die nicht viel Hirn beansprucht. Wem es gelingt, künftig etwas achtsamer zu sein, der wird automatisch bei allem, was er fortan wahrnimmt, was er in seinem Gehirn mit diesen Wahrnehmungen verbindet (aktiviert) und was er bei seinen Entscheidungen berücksichtigt, mehr „Hirn" benutzen als jemand, der weiterhin oberflächlich oder unachtsam mit sich selbst umgeht und mit all dem, was ihn umgibt.

Achtsamkeit ist daher eine ganz wesentliche Unterhaltungs- und Wartungsmaßnahme für ein menschliches Gehirn." (Hüther, 2007, Seite 122)

Die Hirnforschung ist heute in der Lage, mit modernen bildgebenden Verfahren den Unterschied zwischen dem Gehirn eines achtsamen und dem Gehirn eines unachtsamen Menschen sichtbar zu machen.

Der Wille zum Sinn steht somit höher als die Entlastung, das Verwöhntwerden und Geschontwerden. Wir brauchen einen Grund zum Glücklichsein. In unserem Fall ein Glücklichsein durch Verzicht, durch Überwindung um eines höheren Wertes willen: aus liebender Sorge um die leidende Mutter und den belasteten Vater. Die Kinder erkennen spontan ihren persönlichen Sinnanruf. Durch das Aufzeigen ihrer freien Wahl und der eigenen freien Entscheidung wird nicht nur deren Selbstwert gehoben, sondern auch der maximale Lebenswert dieser leidvollen Situation abgerungen. Eine Heldentat, die nur der menschlichen Spezies vorbehalten ist. Die Kinder erleben sich selbst als zutiefst sinnvoll, einzigartig und unersetzbar in dieser Situation. Diese Leidspanne in ihrem Leben trägt ihre bestmögliche, sinnvolle Handschrift auf immer verwirklicht und gelebt. Dies wird die Kinder ein Leben lang begleiten und sie auszeichnen, und es tritt als „Nebeneffekt" eine neue Vernetzung im Gehirn ein. Durch ihre persönliche Stellungnahme zu ihrem Schicksal werden sie zu sinnvitalen, kreativen Persönlichkeiten.

Kontra-Entscheidung

Entscheidungen gegen etwas werden aus Unlust, Angst oder Feigheit getroffen, weil sich der Mensch etwas ersparen will. Diese Art der Entscheidung kommt aus der zweiten Dimension, von dort, wo Angst, Lust, Gier etc. sitzen, und können deshalb meist nicht auf längere Sicht durchgehalten werden.

- Eine junge Frau entscheidet sich nur deshalb für weitere Kinder, um nicht in ihren ungeliebten Beruf zurückgehen zu müssen.
- Ein Schüler wechselt die Schule, um in der neuen, „leichteren" Schule weniger lernen zu müssen.
- Ein Mann sucht sich eine Freundin, nur um nicht alleine den Haushalt führen zu müssen.

Wie kann der Wille zum Sinn, das Ausrichten am Logos, gestärkt werden, um gesunde Pro-Entscheidungen zu forcieren? Der Wille zum Sinn erwacht, wenn ein Sinnmotiv aufleuchtet wie im obigen Beispiel „Helden", wenn ein Grund für ein Sollen aufscheint.

Abb. 43: Das Hindernis

Verliert der Mensch den Sinnanruf aus den Augen, weil sich ein „Hindernis" zwischen der geistbegabten Person (Nous) und dem Sinnanruf in der Welt (Logos) aufbaut – Sorgen, Krankheit, Arbeitslosigkeit und das gewählte Wertobjekt dahinter verschwindet – ‚dann muss dieses Wertobjekt wieder ins Blickfeld gehoben werden.

Abb. 44: Der Blick wird frei

Je stärker Wertobjekte angeleuchtet und wenn notwendig von FreundInnen, LehrerInnen oder Eltern gehoben werden, je stärker Sinnerkenntnis gefördert wird, desto stärker wird die Sehnsucht nach den Werten und deren Realisierung bewusst gemacht. Der Fokus ist auf die Begabungen, Interessen, Vorlieben, Hobbys der Einzelnen zu richten, um gezielt Wertobjekte als Motivatoren hervorzuheben. (Vergleich Professor Rat, Frankls zweite These, S. 80 ff.)

Für jede Werteverwirklichung muss ein „Preis“ gezahlt, muss eine Leistung investiert werden, auch wenn die Anerkennung des Einsatzes für den Wert durch andere nicht erfolgt. Der Wert ist „in sich“ und „an sich“ gut. Ein Gewinn für die eigene Person kann sich vielleicht als Nebeneffekt einstellen.

Oft sind durch jahrelange Routine im Beruf unsere Ideale des Anfangs nicht mehr deutlich erkennbar. Wir haben sie aus den Augen verloren. Dennoch sind sie genauso wertvoll wie zu Beginn. Es ist möglich, alte, verschüttete Sinnspuren wieder aufleben zu lassen und die anfänglichen Ideale wieder neu zu entdecken. Genauso ist es möglich, erst mit der Zeit diesen Wert erfassen zu können, wie zum Beispiel den Wert eines neuen Jobangebots, einer Mutterschaft etc.

Wenn wirklich Sinnorientierung anvisiert wird, dann

- geht der Blick in die Zukunft, damit ist Beständigkeit, Aus- und Durchhalten gewährleistet;
- ist der Mensch bereit, Verantwortung zu übernehmen,
- kann das, was einmal begeistert hat, wieder aufleben.

Willenskraft und Entscheidungsfähigkeit (Vgl. Frankl, 2005a, Seite 140) wachsen aus

- klarer Zielerkenntnis – Erkennen von Sinn;
- einem ehrlichen Entschluss bei einem lauteren Motiv – Wille zum Sinn;
- einem ehrlichen Ja zu allen Konsequenzen – Verantwortlichkeit;
- einem gewissen Training, damit eine Gewohnheit entsteht; darin liegen die Chancen für Prävention und pädagogische Intervention.

Regeln zur Entscheidungsfindung

(Vgl. Lukas, 1989, Seite 88 f.)

Regel Eins:

Existenziell wichtige Entscheidungen sollen nicht mehr als nötig hinterfragt oder zu rasch infrage gestellt und neuen Entscheidungen zugeführt werden. Sie kommen aus der Tiefe des geistig Unbewussten. Frankl versteht darunter ein intuitives Erahnen des Gesollten, das nicht ständig hinterfragt werden soll, z. B. Partnerwahl, Berufsentscheidungen, Entscheidung für ein Kind ...

Diese Entscheidungen müssen für eine Zeit lang Gültigkeit haben: „Jetzt ist es so und es soll auch für eine gewisse Zeit so bleiben." Der Mensch braucht Beständigkeit und Konstanz in der Wertorientierung. Haben wir keine konstanten Werte, dann kommen wir ins Rutschen und verlieren den Halt.

Ein Beispiel:

Entscheidung für den Lehrberuf: Diese existenzielle Entscheidung ist einmal gefallen und soll nicht bei jedem Konflikt, bei jeder Herausforderung infrage gestellt werden. Dies zieht Kraft ab, die zur Bewältigung der Lebensaufgaben als LehrerIn gebraucht werden.

Regel Zwei:

Schwerwiegende, verantwortungsvolle Entscheidungen sollen auf das Sinnorgan Gewissen horchend und nicht dem fremdbestimmten Über-Ich gehorchend entschieden werden.

Über-Ich und Gewissen können sich decken oder auseinanderklaffen. Es ist aber unbedingt dem Gewissen zu folgen, weil es die eigene Entscheidung ist, nach bestem Wissen und Gewissen für den / die Betroffene(n) und alle Beteiligten.

Ein Beispiel:
Eine Mutter mit Kleinkindern in knappen Wohnverhältnissen steht vor dem Problem, ihre alten Eltern neben ihrer beruflichen und familiären Situation pflegen zu wollen. Ihr Über-Ich sagt klar: Man sorgt sich um die alten Eltern und nimmt sie zu sich, um sie dankbar zu pflegen. Ihr Gewissen jedoch sagt: „Was ist in deiner konkreten Situation dein Gesolltes, dein Bestmögliches für dich und für alle Beteiligten? Die Wohnungsgröße entspricht genau deiner Familie. Deine Kraft ebenso. Große Energiereserven sind nicht vorhanden. Ist es nicht verantwortungsvoller, für die Eltern ein gutes Pflegeheim zu suchen und die Kräfte für regelmäßige, erfrischende Besuche bei ihnen zu nützen?"

Die Frau wird in Anbetracht der persönlichen Gewissensentscheidung die Leidensfähigkeit besitzen, mit eventuellen Angriffen von außen souverän umzugehen bzw. ihre Wahl sinnvoll zu argumentieren und umzusetzen.

Regel Drei:

Für alle einmal getroffenen Entscheidungen im Leben soll die Verantwortung bei einem selbst bleiben. Auch sollen die Folgen nicht auf andere abgewälzt werden. Es ist nicht korrekt, rückwirkend Erklärungen zu suchen, um die Verantwortung abzuschieben.

Ein Beispiel:
Ein Schüler kommt am Montag in der Früh zur Lehrerin: „Frau Lehrerin, ich habe überhaupt keine Zeit gehabt, die Aufgaben zu machen, weil meine Mutti den ganzen Tag mit ihrem Freund bei uns war." Jetzt gilt es zu hinterfragen: Wie war das wirklich?

- „Hattest du tatsächlich das ganze Wochenende keine Zeit, weil deine Mutti und ihr Freund in der Wohnung waren?
- Oder hast du dir für die Hausübung keine Zeit nehmen wollen, weil du bei ihnen sein wolltest?
- War es für dich vielleicht ganz bequem, keine Hausübung zu schreiben?
- Hast du darauf vergessen?“

Es geht nicht darum, Schuld zu- oder abzusprechen und zu verurteilen, sondern sorgsam dem Kind seine Entscheidungsfreiheit aufzuzeigen und die Verantwortung dafür zuzumuten.

Regel Vier:

Es ist nicht sinnvoll, anderen Menschen Entscheidungen abzunehmen oder aufzwingen zu wollen. Es ist die Würde des anderen zu respektieren, da Entscheidungen personal sind.

Manipulation kann vorgebeugt werden, indem entsprechende Fragen zu der notwendigen Entscheidung gestellt werden, die bei der Entscheidungsfindung helfen können. Es sind Argumente und Möglichkeiten aufzuzeigen, zu denen die Person in Freiheit auch Nein sagen kann. Daraus ergibt sich, dass man zuschauen muss, wenn der autonome Mensch sich anders entscheidet, als man es sich für ihn gewünscht hätte. Die letzte Entscheidung fällt der Mensch selbst und er muss die Konsequenzen dafür tragen. Je näher dieser Mensch uns steht, umso schwieriger und schmerzhafter wird das Zuschauen.

Ohnmacht

Ein begabtes 18-jähriges Mädchen, begeisterte Tänzerin, beschließt, nur noch fleischlos und in sehr geringen Mengen zu essen, um noch leichter und schwebender über das Parkett zu tanzen. Sie verliert zunehmend an Gewicht und die Gefahr einer Anorexie steht im Raum.

Die besorgten Eltern wollen ihre Tochter zu einer gesunden Lebensweise animieren, diskutieren, kochen Leibspeisen etc. Sie müssen jedoch zur Kenntnis nehmen, dass ihre Tochter autonom über ihren Lebensstil entscheidet und ihr die Heilungswilligkeit anvertrauen. Letztlich nehmen sie die unvermeidbare ärztliche und therapeutische Hilfe für ihre Tochter in Anspruch und müssen zuschauen, wie sie im Krankenhaus zwangsernährt wird.

Würde und Macht der Einzigartigkeit einer Person kommen in diesem dramatischen Beispiel zum Ausdruck. Beides muss trotz allem der Tochter anvertraut und zugesprochen werden, weil sie letztlich auch die Konsequenzen allein zu tragen hat.

Konsequenzen durch Entscheidung und Verantwortlichkeit für die Pädagogik

Wie kann sich Sinnvitalität durch Entscheidung und Verantwortlichkeit im alltäglichen Leben, im Unterricht auswirken?

Je kleiner die Kinder sind, umso mehr muss die sinnvitale ErzieherInnen-Persönlichkeit durch verhaltenspädagogische Maßnahmen die „Verwurzelung" fördern: Liebende Sorge, Wertschätzung der Person und das Wissen um die Einmaligkeit und Einzigartigkeit jedes Schülers wird der Boden sein, auf dem durch klare Sprache altersadäquate Gebote, Grenzen, Verbote und Konsequenzen ausgesprochen werden. Diese Haltung vermittelt Wärme, Rhythmus und Konstanz und es werden damit sinnvolle Gewohnheiten von Beginn angelegt.

Den Kindern wird durch diese Vorgehensweise

- ihr Freiraum aufgezeigt, aus dem heraus sie in Sicherheit entscheiden können und
- die persönliche Verantwortung dafür zunehmend bewusst gemacht.

So führt der Weg von anfänglich verhaltenstherapeutischen Maßnahmen wie Lob und Strafe hin zur personalen Selbstgestaltung durch autonome Entscheidungen und dem konsequenten Übernehmen der daraus erwachsenden Verantwortlichkeit.

Kindern soll altersadäquat etwas zugemutet werden, um ihnen die Bedeutung, die Würde ihrer Existenz aufzuzeigen. Ein paar Ideen und Gedanken dazu:

- Ständiges geistiges Präsenthalten von Wertobjekten hilft, Entscheidungen durchzutragen.
- LogopädagogInnen sind ehrlich an den Werten ihrer SchülerInnen interessiert, indem sie immer wieder nachfragen, sich davon erzählen lassen, sich belehren lassen. Dadurch sind die Kinder wertgeschätzt, fühlen sich ernst genommen und ihr Engagement erhöht sich. Das gibt neue Freude und Kraft für den notwendigen schulischen Einsatz.
  Zum Beispiel wurde durch solches Interesse eine unsportliche Kollegin zur Fußball-Fachfrau.
- Eine „wertfreie“ Pädagogik ist eine wertblinde Pädagogik. Der wertorientierte Pädagoge ist zwar nicht das Maß aller Dinge, doch in seiner Wertesichtigkeit kann er sich ehrlich mitfreuen und sich für die Werte seiner SchülerInnen interessieren. Das eröffnet auch ihm neue Perspektiven.

Ein Beispiel:
Auf einer heilpädagogischen Abteilung mit schwer psychosozial beeinträchtigten Kindern wird folgender Kompromiss für den Unterricht vereinbart: „Wenn ihr mir aufmerksam zuhört und mitarbeitet, dann dürft ihr mir am Ende der Stunde ‚Hardrock‘ vorführen und ich kann von euch die Tanztechnik lernen.“

- SchülerInnen sind eher motiviert, wenn es um einen echten Wert geht, der außerhalb ihrer Person liegt und so das Ich übersteigt (Flow), während ein „rückgebogenes“ Ego-Motiv in die Enge treibt.
- Ich-Motive erzeugen Angst und fixieren das Problem.
- Sinn-Motive nehmen die Angst, machen frei für aktive Lösungen, für autonome Entscheidungen und schenken Mut, die Konsequenzen zu tragen.

Entscheidungen können immer nur „halb sicher, aber von ganzem Herzen“ (Frankl) getroffen werden. Ist ein Beschluss von vornherein halbherzig getroffen worden, dann ist das Scheitern miteinkalkuliert und hemmt die Durchsetzung. Begeht der Mensch den Fehler und denkt schon vor der Aktion, dass dieser neuerliche Versuch ohnehin wieder misslingen wird, so wird sich diese Vorahnung erfüllen, weil er sich nicht selbst in den Rücken fallen will (self fullfilling prophecy).

Sieht der Mensch hingegen seine Prioritäten klar vor Augen, dann kann er jedes „Ja, aber” gleich weglassen und muss nicht immer wieder neu bis ins Detail die Sinnhaftigkeit seiner Entscheidung ausdiskutieren. Es werden z. B. die Hausübungen täglich gewissenhaft erfüllt und es wird darüber nicht mehr diskutiert. Der Pädagoge stellt diese Entscheidung nicht mehr infrage.

Dieser kategorische Imperativ entspringt der Wertorientierung des Lehrers aus der geistigen Dimension und bietet den Kindern Orientierung, Sicherheit und einen Handlauf. Der Lehrer hält als Vorbild seine sinnvollen Entscheidungen aufrecht – inklusive aller notwendigen Konsequenzen.

In herausfordernden Lebenssituationen und unter schwierigen Umständen hinter einmal getroffenen Entscheidungen mit ganzem Herzen zu stehen, setzt Energie frei, um sinnvoll erkannte Vorhaben durchzuziehen. Unabhängig davon, wie die nächste Stunde sich gestaltet und wie andere sich darüber äußern.

Hier spüren wir die Entscheidungsmacht der Person und die daraus resultierende Autonomie und Verantwortung.

Was bringt’s mir? Wozu fordert es mich heraus?

Wir sehen, dass die Logopädagogik eine andere Fragestellung bei der Entscheidungsfindung ins Spiel bringt. Weg von der Frage: Was bringt es mir?, hin zu der Frage: Wozu fordert es mich heraus? Was spricht dafür, dass ich mich so entscheide? Nicht der persönliche Vor- oder Nachteil, sondern der Wert an sich ist entscheidend und bietet die Motivation für die Kraftanstrengung. Erinnern wir uns: Der Wille zum Sinn ist die Motivationstheorie der Logopädagogik und der zweite Fundamentstein des Menschenbildes.

Wenn Eltern Motivationsprobleme mit ihren Kindern haben, stellt der Logopädagoge zunächst Fragen nach deren spezifischen Werten:

- Was kann Ihr Kind gut?
- Was macht Ihnen an Ihrem Kind Freude?
- Was braucht Ihr Kind in seiner Besonderheit?

Mit diesen Fragen wird die Aufmerksamkeit von den Problemen auf die Werte gelenkt. Damit verschwindet das Problem zwar nicht, aber es bekommt den richtigen Stellenwert. Denn das Kind selbst IST nicht das Problem, sondern es HAT ein Problem.

Der Logopädagoge bleibt nicht ausschließlich an den Problemen hängen, sondern er glaubt an die Einzigartigkeit jedes Menschen und vermittelt diese Haltung im Gespräch den Eltern. Das Problem wird zur gemeinsamen Herausforderung von Kind, Eltern und PädagogIn.

Diese Haltung gleicht einem spannenden Abenteuer und ist in allen Berufsfeldern einsetzbar.

Die fünfte logopädagogische These

Logopädagogik mutet altersadäquat Freiheit zu und konfrontiert mit der daraus resultierenden Verantwortlichkeit.

Abb. 45: Fünfte logopädagogische These

Hier sehen wir rechts im Bild den souverän die Lebensfragen entscheidenden Menschen, der sich nicht als Opfer der Umstände und Zeitgeistströmungen sieht, sondern als selbst entscheidender und damit verantwortlicher Homo sapiens.

Der Mensch ist existenziell, gestaltet sich durch diese Begabung selbst und trägt dafür auch die Verantwortung.

DER MENSCH WÄHLT SELBSTBESTIMMT, WIE ER AGIERT

Frankls sechste These über die Person lautet: „Die Person ist ‚ich-haft', nicht ‚es-haft'." (Frankl, 1997a, Seite 114)

Bloßes „es-haftes", unbewusstes Reagieren heißt getrieben sein, und damit versäumt der Mensch die ihm mögliche Selbstbestimmung. Die „ich-hafte", geistbegabte Person jedoch kann pro-agieren, d. h., sie kann für Werte eintreten, hoffnungsvermehrende Wege wählen und dadurch Leidketten sprengen. Sie ist, im Gegensatz zum Tier, in der Lage ihre psychischen Energieschübe sinnorientiert für sich selbst und ihr Umfeld zu transformieren.

Alle geistigen Phänomene sind ich-haft und können aus Konflikten herausführen:

- Sinnorientierung statt Zweckorientierung,
- Möglichkeiten aus dem Freiraum wählen,
- Selbstdistanz,
- Selbsttranszendenz,
- höheren Wert wählen,
- Selbstgestaltung,
- finale Vorleistung (Vertrauensvorschuss ohne Erwartungshaltung),
- Ich-Botschaft statt Beschuldigung,
- Humor …

In diesem Kapitel soll das souveräne Agieren des Menschen auch in herausfordernden Situationen beschrieben werden.

Von der Konfliktfähigkeit zur Friedensfähigkeit

Die Erziehung zur Friedensfähigkeit muss ein Menschheitsanliegen sein, da dadurch Konflikten vorgebeugt wird. Sie ist damit tiefgreifender als jede Konfliktbewältigung, welche allein die auftretenden Symptome bearbeitet.

Der Einzelne ist mehr als bloße Funktion eines Systems, da er als „ich-hafte" Person fähig ist, innerhalb eines Systems gestaltend zu wirken. Die Person ist entscheidend und verantwortlich für ihre Taten und nicht nur bloßer Symptomträger. Sie hat ihren persönlichen Beitrag für das System zu leisten, und den kann sie sinnvoll oder sinnwidrig leisten und damit Systeme wie Familie, Schule, Klasse zum Guten oder zum Schlechten verändern.

Friedrich Glasl definiert in seinem Phasenmodell der Konflikteskalation neun Stufen (Glasl, 2008, 98 ff.), von denen wir die ersten drei Stufen logopädagogisch im Detail bearbeiten, um präventiv erzieherische Interventionen zu setzen, die weitere Eskalationen verhindern:

1. Verhärtung
2. Debatte mit Polemik
3. Taten statt Worte

1. Verhärtung

Am Anfang steht eine Meinungsdifferenz. Das ist zunächst grundsätzlich nichts Negatives. Die Vielfalt der Meinungen ist etwas Wunderbares, Spannendes. Jede Person ist durch ihre Einmaligkeit und Einzigartigkeit eine Bereicherung für jede Gemeinschaft. Es können sich jedoch daraus auch Meinungsdifferenzen entwickeln, die dazu führen, dass sich Standpunkte verhärten und aufeinanderprallen. Ausrutscher und Verkrampfungen in der Kommunikation verstärken bestehende Spannungen.

Auf dieser Stufe können die Spannungen noch über konstruktiv geführte Gespräche gelöst werden, wenn die Konfliktparteien bemüht sind, nicht rein emotional, sondern vom Geistigen her zu agieren. Da es noch keine starren Parteien und Lager gibt, ist die Kooperationsbereitschaft meist noch größer als das Konkurrenzdenken.

2. Debatte mit Polemik

Auf der zweiten Stufe wird im Denken, Fühlen und Wollen polarisiert, und ständig wechseln Kooperationsbereitschaft und Konkurrenzdenken. Aus einer Meinungsdifferenz wird erst dann ein Konflikt, wenn eine Person einer anderen ihre Meinung aufdrängen, deren Meinung ändern oder diese nach eigenen Vorstellungen modellieren will. Bis zu dieser Stufe geht es noch um die Streitsache an sich.

Ein Konflikt ist noch keine Tragödie, sondern stellt eine Anregung dar, die verschiedenen Meinungen zu prüfen und sich darüber auszutauschen. Es kann sich eine positive Neugier für die Werte des anderen entwickeln und damit auch für alle Beteiligten eine Bereicherung und Horizonterweiterung entstehen. Das ist ein hoher pädagogischer Wert. Niemand kann die ganze Wahrheit überblicken. Der Einzelne kann nur einen subjektiven Ausschnitt der objektiven Wahrheit einsehen. Jeder Mensch hat unter verschiedenen Einflüssen gelernt und glaubt an sein Gelerntes. Die Erfahrungshintergründe sind unterschiedlich und müssen abgeglichen werden. Wieder tritt die Einmaligkeit und Einzigartigkeit jeder Person und seine je persönliche Erfahrungskompetenz in Erscheinung. Kommt es beim Austausch der Argumente nicht zu der erwünschten Übereinstimmung, kann man trotzdem in Ruhe auseinandergehen und jeder soll bei seiner Meinung bleiben dürfen.

Wenn jedoch das Leben der beiden Kontrahenten beispielsweise in einer Familie verknüpft und keine Einigung möglich ist, dann muss ein Kompromiss gefunden werden. Es gibt dafür sinnvolle und sinnwidrige Möglichkeiten.

Ein guter Kompromiss kann gefunden werden, wenn jeder der Beteiligten bewusst ein bisschen nachgibt, nicht unbedingt im gleichen Ausmaß, aber es soll das Ganze gewinnen, weil jeder zu einem Verzicht bereit ist.

Bei einem faulen Kompromiss gibt einer der Beteiligten innerlich wütend, zähneknirschend nach, um später bei erstmöglicher

Gelegenheit den anderen mit Vorwürfen zu überschütten. „Ein fauler Kompromiss wirft lange Schatten in die Zukunft." (Lukas)

Ein guter Kompromiss ist ein Kompromiss aus innerer Stärke. Einer der Konfliktpartner entscheidet nachzugeben und sagt Ja, obwohl er dabei nicht ganz glücklich ist. Er steht zu seinem Ja mit allen Konsequenzen. Das Ja gilt nicht unbedingt der Meinung des anderen, sondern es gilt dem Frieden des Ganzen. Damit kann der Konflikt befriedet werden und Ruhe einkehren.

Es kommt zu Streit, wenn die persönlichen Werte eines Menschen

- nicht geachtet und respektiert werden,
- angegriffen werden,
- von ihm absolut gesetzt und mit allen Mitteln verteidigt werden.

So ist jeder Mensch gut beraten, dem anderen seine persönlichen Werte zu gönnen, ohne die eigenen aufgeben zu müssen. Aus der zweiten Dimension, rein emotional, ist einem Konflikt nicht beizukommen. Nur aus der dritten, geistigen Dimension – mit Fokus auf die Werte der beteiligten Personen – ist kreative Stellungnahme möglich.

Logopädagogisch ist dieses Wissen bewusst zu machen, zu trainieren und vorzuleben.

Wenn Menschen in Streitsituationen wirklich böse werden und emotional überreagieren, gilt es, zu bedenken, dass ihre höchsten Werte angegriffen und nun mit allen Mitteln verteidigt werden. Auch mit unlauteren Mitteln, denn jeder verteidigt das, was ihm wirklich wichtig ist. Es kommt zu einem Kampf um Überlegenheit: Wer ist der Stärkere?

So steht jeder Mensch für sein persönliches Wertesystem ein, da es das Fundament der Beweggründe seines Lebens darstellt. Es kann verdeckt, nicht sichtbar sein – aber der/die sinnorientierte BeraterIn, LehrerIn, FreundIn glaubt an den dahinterliegenden Wert. Dem Menschen als frei wählendem Wesen ist sinnvolle und sinnwidrige Wahl möglich. Er wählt, was er lebt.

Der Logopädagoge versucht, das Sinnvolle zu heben, um damit Pro-Agieren zu ermöglichen.

Kopf hoch!

Situation in einer Hauptschule: Ein völlig „missratener" Schüler verbringt jede Pause stehend vor dem Konferenzzimmer, weil er sonst „Mist baut" und es zu Übergriffen auch auf SchülerInnen kommt. Er lebt aus seinen Trieben und Gefühlen: es-haft. Vor dem Konferenzzimmer stehend, wird er vom vorbeirauschenden Lehrkörper ignoriert oder verspottet. Die Religionslehrerin, die auch unter seinem Verhalten leidet, richtet im Vorbeigehen das eine oder andere freundliche Wort an ihn: „Die Pause ist gleich vorbei.", „Kopf hoch!"

Am Ende der vierten Klasse kommt dieser Schüler unvermutet zum Abschlussgottesdienst. Die Religionslehrerin befürchtet das Schlimmste. Aber es kommt nicht dazu. Am Ende der Messe gibt er ihr die Hand und erklärt: „Ich war nur wegen Ihnen da. Danke."

Ein Stück Geborgenheit und der Glaube an das Gute im Konfliktpartner, im obigen Beispiel an das Gute im Schüler, können aus der zweiten Eskalationsstufe noch herausführen, Hoffnung vermehren und Menschen ein Leben lang begleiten.

3. Taten statt Worte

Wenn zwei Überzeugungen kollidieren und kein guter Kompromiss gefunden werden kann, dann kommt es zur Eskalation des Konflikts. Während im Konflikt noch miteinander geredet wird, sieht die nächste Stufe so aus: Ab der dritten Stufe geht es nicht mehr um die Sache selbst, sondern nur noch um das Rechthaben, und die Konkurrenz ist größer als die Kooperationsbereitschaft. Reden hilft nicht mehr – also müssen Taten gesetzt werden, und der Kontrahent wird vor vollendete Tatsachen gestellt, die zu Fehldeutungen führen. Außerdem kommt es durch die pessimistische Erwartung, die aus dem Misstrauen heraus entsteht, zu einer Konfliktbeschleunigung. Das Einfühlungsvermögen in den anderen geht ab der dritten Stufe verloren. Der Mensch kann seiner eigenen Wahrnehmung nicht mehr trauen.

Unbewusste emotionale Kräfte (es-haft) überschwemmen die geistige Stellungnahme (ich-haft). Es kommt zum blinden Reagieren aus der zweiten Dimension, und damit ist der Mensch nicht mehr gestaltend.

Ab der dritten Stufe ist nach Glasl Hilfe von außen unbedingt erforderlich, um weitere Eskalationen zu verhindern; darum werden die Stufen vier bis neun hier nicht weiter ausgeführt.

Feindbild

Das sogenannte Feindbild verdichtet sich und erhält ganz bestimmte Züge:

- Dem Feind werden negative Intentionen unterstellt und es gibt für ihn keine Möglichkeit mehr, aus diesem Bild auszusteigen.
- Er wird nur noch als böse definiert, es werden ausschließlich negative Informationen über ihn gesammelt und alles Tun von ihm wird negativ interpretiert, als Scheinheiligkeit, als böse Absicht, als Betrug ausgelegt.
- Das Menschsein wird dem Feind abgesprochen. Seine Vorteile und Werte werden nicht mehr gesehen. Er wird zum Feind reduziert.

Diese Verzerrung der Sicht stimmt in den allermeisten Fällen nicht. Es handelt sich um einen puren Irrtum: Verschwörungstheorien sind am Werk. Wieder sehen wir hier die enorme Macht des Einzelnen und sein Wirken in beide möglichen Extremrichtungen: Hoffnung vermehrend zu agieren oder Leid vermehrend zu reagieren.

Das Unterstellen von bösen Motiven, die gar nicht da sind, verletzt einen Menschen tief. Damit wird der Feind erst richtig ins „Feindsein“ hineingetrieben und kann sich daraus kaum noch befreien.

Logopädagogische Interventionen gegen Feindbilder

(Vgl. Lukas, 2008, Seite 124 f.)

In allen Interventionen ist das Einfühlen in den Konfliktpartner eine hilfreiche Grundhaltung, um pro-agieren zu können:

- *Daran denken:* „Hilf mir, dich zu verstehen."
- *Daran denken,* den geistigen Freiraum aufzuzeigen, um die Möglichkeiten, agieren zu können, sichtbar zu machen.
- *Daran denken,* dass der Feind verletzt sein könnte.
  In den seltensten Fällen will der „Feind" verletzen. Häufiger ist der Fall, dass der Feind selbst verletzt ist und aus seiner Verletzung heraus reagiert, weil er meint, nicht anders zu können.
- *Daran denken,* dass der Feind so reagiert, weil er selbst Schmerz haben könnte und damit nicht fertig wird, z.B. eine Altlast, eine Krankheit, momentane Sorgen.
- *Daran denken,* dass der Feind Angst haben könnte.
  Angst, aus der zweiten Dimension, blockiert lösungsorientiertes Denken, führt weg vom Sinn und wirft den Menschen auf sein gehirnphysiologisches Notfallprogramm im Hirnstamm zurück: Flucht, Kampf, Erstarrung. Ein Denken und Einfühlen ist laut Hüther nicht mehr möglich.
- *Daran denken* und sachlich überlegen: Was ist wirklich mein Problem? Durch Selbstdistanzierung kann die geistige Person bei gleichzeitigem Stopp der unreflektierten Emotion Klarheit über die Situation gewinnen.
- *Daran denken,* dass es sich um Eifersucht handeln könnte, die eine Form von Angst ist, aus einem schwachen Selbstbild resultiert und eine rein emotionale Reaktion ist.
  Welche logopädagogische Intervention wirkt präventiv gegen Eifersucht? Es gilt, Freude an der Mitfreude zu kultivieren. Diese Haltung muss im „Trockentraining", außerhalb von Konflikten geübt und präsent gehalten werden. Sie stärkt nicht nur den Selbstwert und hebt das Selbstbild, sondern vermehrt die eigene Freude und die Freude im gesamten Umfeld.
- *Daran denken,* dass die Kommunikationsfähigkeit geschult werden kann.
  Eltern, LehrerInnen, ErzieherInnen, Vorgesetzte haben die Aufgabe, zu lehren, dass sich junge Menschen sprachlich so ausdrücken können, damit sie nicht zuschlagen müssen, sondern formulieren können, was in ihnen vorgeht. Dann wird Sprache zum friedenserhaltenden Element.

- *Daran denken*, dass der Feind in einer Sinnkrise stecken könnte und ihm daher alles egal ist. Er lebt in einer Gleichgültigkeit. Er beabsichtigt das Böse zwar nicht, aber er verhindert es auch nicht. Er lässt sich gehen, und lässt somit Böses zu. Der Mensch lebt seine Gestaltungsfähigkeit nicht aus und versäumt damit seine Lebensaufgabe.
  Zu bedenken ist, dass böses Verhalten auch im Nicht-Tun des Guten besteht.
  Die Sinnkrise drückt sich in „null Bock auf nix“ und „mir ist alles egal“ aus.
  Sinn- und wertorientiertes Ausrichten ist notwendig, um der in einer Sinnkrise steckenden Person ihre Einzigartigkeit bewusst zu machen, sodass sie den Appell des Lebens, sich friedensstiftend einzubringen, wieder wahrnehmen kann.

Das Bewusstsein, dass der „Feind“ negativ sendet und sich damit selber prägt und sich ein Negativdenkmal setzt, erweckt Mitleid mit dem Angreifer und kann kopernikanische Wenden einleiten und das Beschreiten weiterer Eskalationsstufen verhindern.

Durch Selbstdistanz schafft sich der Angegriffene dem „Feind“ gegenüber einen neuen Standpunkt: Ich bin frei, der Stimme des Gewissens zu folgen, und dadurch offen, trotz Angriffs sinnvolle Perspektiven ins Auge zu fassen. Lasse ich mich emotional überschwemmen, bin ich nicht empfänglich für die Gewissensstimme.

Dem Menschen ist die Friedensfähigkeit als geistige Stellungnahme bewusst zu machen. Dadurch ist der Angegriffene nicht gezwungen, auf das aggressive Niveau des Angreifers hinunterzusteigen. Er kann sich trotz des Angriffs für einen menschenwürdigen Umgang entscheiden. Das ist Friedensfähigkeit: Einer spielt im Spiel der Eskalation nicht mit.

Der „Feind“ attackiert und verletzt. Der Angegriffene reagiert nicht „es-haft“ und durchbricht die Leidkette, indem er „ich-haft“ agiert und einen bewussten geistigen Akt setzt.

Friedensfähigkeit zu praktizieren wird immer erst dann zum Thema, wenn ein Mensch, eine Gruppe von Menschen, ein Volk von anderen attackiert wird.

Das bedeutet: Friedensfähig sein heißt, das Prinzip „Wie du mir, so ich dir" ein für alle Mal abzulegen, denn sonst stellt sich der Angegriffene auf dieselbe Stufe wie der Aggressor und es gibt Endlosketten und der Konflikt eskaliert.

Es geht darum,

- sich dem Konflikt bewusst zu stellen und ihn auszuhalten.
- zu versuchen, den Konflikt aufzuklären.
- mit dem „Feind" zu reden.
- Abstand zu halten, um Handlungsspielraum zu gewinnen, der verhindert, dass die Kette „Wie du mir, so ich dir" weitergeknüpft wird.
- für den Schutz Unschuldiger einzustehen, sich schützend vor Unschuldige zu stellen, auch dann, wenn es unangenehm werden könnte und Angriffe drohen.

Einen entscheidenden Beitrag zum Frieden stellt die „Finale Vorleistung" nach Lukas dar.

„Finale Vorleistung"

Die „finale Vorleistung" ist ein wichtiges Kriterium der geistigen Stellungnahme in Konfliktsituationen und als Ausdruck geistigen Potenzials jedem Menschen möglich. Sie ist die nobelste Art, angespannte Situationen zu beruhigen. Ihr Prinzip beruht darauf, den Mut zu haben, ganz bewusst ein „Plus", etwas Positives, an den Angreifer auszusenden, obwohl man von diesem Menschen ein „Minus", etwas Negatives, erhalten hat. (Frankls dritte These, S. 107 ff.)

Der Mensch gestaltet sich und sein Umfeld mit dem, was von ihm ausgeht. Er ist nicht Opfer der Aggressionen seines Gegenübers.

Das Aggressionsmodell

Wir haben über Faktoren gesprochen, die helfen, ich-hafte, proaktive Entscheidungen treffen zu können. Vor diesem Hintergrund wenden wir uns dem Aggressionsmodell von Dollard und Miller zu. Es handelt sich dabei um eine intrapsychische Konfliktbewältigung, die von Elisabeth Lukas nach logopädagogischen Gesichtspunkten erweitert wurde.

Das Wort „Aggression" bedeutet in seiner neutralen Form „angehen". Etwas, jemanden angehen, etwas bewältigen. Um das Leben mit seinen vielfältigen Anforderungen bewältigen zu können, braucht jedes Lebewesen ein gewisses Potenzial an Aggression.

Eine andere Deutung sieht Aggression als ein Angriffsverhalten, eine feindselige Haltung eines Menschen oder eines Tieres als Reaktion auf einen persönlichen Angriff.

Wie kommt es zu Aggressionen?

Meistens durch eine erlittene Frustration. Wer oder was aber kann frustrieren?

- **Personen** wie ein ungerechter Chef, eine anmaßende Kollegin, schwierige Mitschüler …
- **Schicksalsschläge** wie plötzliche Krankheit, ein Todesfall, Verlust des Arbeitsplatzes …

In solchen Fällen fühlt sich der Mensch ohnmächtig, bedroht, angegriffen – und Aggressionen sind ein mögliches Reaktionsmuster.

Solche Frustrationen lösen einen gewaltigen Energieschub aus, das heißt, der Betroffene bekommt auf körperlicher Ebene einen Kraftzuwachs, weil der Körper vermehrt Adrenalin ausstößt. Diese Kraft, diese Energie kann sich in Wut, Ärger, Gebrüll, Angriff, Arbeitswut, Gewalt, Zorn, Flucht, Resignation usw. ausdrücken.

Betrachten wir diesen Mechanismus zuerst im Tierreich:

Eine Gans wird „frustriert", weil sie von einem hungrigen Fuchs angegriffen wird. Sie macht eine frustrierende Erfahrung und ihr Körper setzt die natürliche Aggressionsenergie frei, die ihr die Kraft gibt, davonzulaufen oder davonzufliegen, was für sie die höchste Überlebenschance darstellt.

Wenn Tiere gesund sind, dann reagieren sie immer richtig, weil sie von ihren Instinkten und Trieben adäquat geleitet werden. Sie haben keine Wahlmöglichkeit und können nicht anders reagieren, als sie „programmiert" sind: Flucht oder Kampf. Die Evolution hat das

Programm entwickelt und festgeschrieben, um die größte Aussicht auf Überleben zu sichern.

Ähnliches geschieht auch, wenn ein Mensch frustriert wird. Es gibt aber einen großen Unterschied zum Tier: Der Mensch ist nicht festgeschrieben. Er muss nicht re-agieren, sondern er kann wählen, wie er mit der von der Natur geschenkten biologischen Energie umgehen will. Er ist nicht auf ein Programm festgelegt, das einfach abläuft.

Der Mensch kann genauso wie das Tier nicht wählen, ob ihn etwas kränkt oder ärgert, angreift oder verletzt. Es geschieht schicksalhaft. Kraft seiner geistigen Dimension kann er sich jedoch darauf einstellen, seine Haltung frei wählen und dafür Verantwortung übernehmen.

Wir wissen schon, was diese Dimension ausmacht: Der Mensch verfügt über Freiheit und Verantwortlichkeit, Würde, Kreativität, Wertesensibilität, Humor, Religiosität, Liebesfähigkeit, und das wiegt schwerer als seine schicksalhaften Erfahrungen.

Wenn also ein Mensch, wodurch auch immer, frustriert wird, dann kann er wählen, wie und was er in die Welt hinein abschickt, ob er ein Minus weitergeben will oder ob er kraft seiner Geistbegabung das empfangene Minus in ein Plus transformiert und positiv sendet. Sowohl durch ein abgesandtes Minus als auch durch ein abgesandtes Plus prägt er seine eigene Identität und die Situation.

Der Mensch kann aus vier Wegen wählen. Es stehen ihm drei ungesunde, krank machende Wege zur Verfügung, durch die das Leid für ihn und sein Umfeld noch vermehrt wird, und ein spezifisch humaner Weg. Dieser ist zwar schwieriger zu gehen, dafür jedoch hoffnungsvoller und vor allem friedvoller.

Die vier Wege sind uns bekannt und wir haben sie alle auch schon ausprobiert.

1. Autoaggression
2. Projektion
3. Aggressive Konfrontation
4. Der hoffnungsvermehrende Weg

1. Autoaggression

Der Mensch wendet die kostbare Lebens- bzw. Überlebensenergie gegen sich selbst. Eine Logopädagogin fragt zu diesem Punkt ihre Schüler, was sie machen, wenn sie frustriert sind. Eine Antwort war: „Na, da sauf ich oder kiff ich mich nieder." Diese Vorgehensweise sehen wir oft in Filmszenen: Ein Filmheld wird von jemandem geärgert, vom Schicksal frustriert. Was ist seine erste Reaktion? Er zündet sich eine Zigarette an, greift zum Whiskeyglas und betrinkt sich. Er fügt sich und mit den Folgen seines Tuns auch seinen Mitmenschen neuerliches Leid zu, kann aber sein Problem damit nicht lösen.

Andere essen im Frust so viel Schokolade, dass ihnen zu all dem Ärger noch übel wird. Das Leid hat sich um die Magenschmerzen vermehrt. So könnte sicher jeder eigene Strategien nennen, wie er die Energie bei Frustration autoaggressiv und damit sinnwidrig umsetzt.

Manche Menschen verletzen sich selbst, produzieren Krankheitssymptome, um auf sich und ihren Ärger oder Kummer aufmerksam zu machen, um andere zu erschrecken, zu verunsichern. Andere „fressen" alle Frustrationen in sich hinein. Auch diese Haltung vermehrt das Leid und löst keine Konflikte.

Die aggressivste Form der Autoaggression und damit Ausdruck totaler Lebensverneinung ist Selbstmord.

Wählt der Mensch den Weg der Autoaggression und lässt die wertvolle, ihm in Notzeiten zuwachsende Energie brachliegen, dann vermehrt er das eigene Leid und zieht andere mit hinein: Leidketten entstehen.

2. Projektion

Die kostbare Energie wird hier an etwas Unbeteiligtem oder an einem Unbeteiligten ausgelassen. Bei den nach Lösungsstrategien befragten Schülern drückte sich das so aus: „Dann würge ich meine Katze, zerkratze Autos oder steche Reifen auf."

Dieser Weg wird in vielen Konflikten häufig gewählt. Das Handlungsmuster ist immer das gleiche, die graduelle Abstufung bewegt sich von relativ harmlosen bis zu dramatischen Auswirkungen:

- Wenn wir im Zorn Türen zuknallen, obwohl die Tür „nichts dafürkann".
- Wenn, wie es die Schüler gesagt haben, die Wut über etwas an einem unschuldigen Tier ausgelassen wird, es getreten, geschlagen, getötet wird.
- Wenn ein unbeteiligter Kollege, Nachbar unbedacht angebrüllt wird.
- Die aggressivste Form der Projektion drückt sich im Terrorismus aus.

Bei Projektionen auf Unbeteiligte wird emotional es-haft reagiert bzw. abreagiert. Die Möglichkeit, auf geistiger Ebene zu agieren, wird nicht gelebt.

Wieder entscheidet der Mensch, wie er agieren will – unabhängig von den erlittenen Frustrationen durch Menschen oder das Leben.

3. Aggressive Konfrontation

Aggressive Konfrontation meint, sich mit dem Angreifer auf gleicher Ebene in destruktiver Weise auseinanderzusetzen. Aussage der Schüler: „Wenn mir einer blöd kommt, komm ich ihm auch blöd. Verprügelt mich einer, prügle ich zurück."

Beim dritten Weg stellt sich der von der Aggression Betroffene eine entscheidende Frage:
- Woher kommt der Schmerz?
- Wer oder was verursacht ihn?

Er stellt sich gezielt der Ursache des Schmerzes, schaut dem Verursacher oder dem Schicksal mutig in die Augen und richtet die freie Energie nur gegen die angreifende *Person* oder das ungerechte *Schicksal.*

Gegen die angreifende Person

Richtet sich die Aggression gegen die verursachende Person, antwortet der Betroffene mit einer **Gegenaggression**. Wir kennen alle das Bibelzitat: „Aug' um Aug', Zahn um Zahn." Diese Reaktion trifft zwar den Aggressor, kann jedoch eskalieren, weil sie Leidspiralen auslöst.

Was sind Leidspiralen und wie entstehen sie?
Zwei Menschen stehen einander gegenüber. A sendet an B einen Minuspfeil und B antwortet A ebenfalls mit einem Minuspfeil.

Wie geht diese Auseinandersetzung weiter?
Hier wird nach dem Prinzip „Aug' um Aug', Zahn um Zahn" gehandelt, was aber die Welt nicht friedlicher, sondern die Menschen blind und zahnlos macht.
Das Negative, das gesendet wird, fällt auf die Person zurück, ebenso das Positive. Jeder kennt dieses Phänomen. Droht eine Situation zu entgleisen und es gelingt trotzdem, positiv zu senden, entsteht ein herrliches Gefühl in einem selbst und die Auseinandersetzung wirkt entkrampfend für alle Beteiligten.

Gegen das „ungerechte" Schicksal
Ist nicht ein Mensch der Leidverursacher, sondern ein Schicksalsschlag, so ist **Hader** eine häufig gezeigte Reaktion. Der vom Schicksal getroffene Mensch zeigt sich unversöhnlich und will sich nicht in das Unabänderliche fügen. Schnell wird ein Sündenbock gesucht. Dadurch entstehen Leidketten, wie sie auch bei den anderen leidvermehrenden Wegen entstehen können.

Ein Beispiel:
Wenn in einem Krankenhaus ein Kind an einer unheilbaren Krankheit stirbt, ist das ein unfassbares Leid, das schicksalhaft auf alle Beteiligten hereinbricht. In der verständlichen emotionalen Erschütterung versuchen die Eltern, mit ihrem Schicksal hadernd, verzweifelt Gründe für das Geschehene zu suchen. Sie weisen blind Schuld zu: Versäumnisse in der medizinischen Versorgung, Fehlurteile der ÄrztInnen, Versäumnisse in der Pflege werden dafür genannt.

Wie entstehen solche Leidketten?
A schickt seinen Minuspfeil an B. Dieser reagiert und schickt ihn an einen Unschuldigen, nämlich an C, weiter. C möchte mit diesem Minuspfeil nicht leben und beschuldigt D, den nächsten Unschuldigen. So geht es leidvermehrend weiter, bis ein Mensch kommt und das

Minus freiwillig, bewusst entschieden aushält und damit die Leidkette zum Stillstand bringt.

Abb. 46: Leid-Kette

Abb. 47: Stoppen einer Leid-Kette

Dieses Potenzial besitzt jeder Mensch in seiner geistigen Dimension.

4. Der hoffnungsvermehrende Weg

Der hoffnungsvermehrende Weg ist vom Menschen wählbar, indem er sich pro-aktiv für einen Wert entscheidet. Mit dem Sinnmotiv vor Augen ist er in der Lage, von der körperlichen und psychischen Dimension auf die geistige Dimension „umzuschalten".

Nach der erlittenen Frustration, die eine Aggression auslösen kann, muss sich der Mensch für einen der zur Verfügung stehenden Wege entscheiden. Er kann aus leidvermehrenden Mustern auf den einzigen „ich-haften" Weg umsteigen.

Die Richtung der Konfrontation ist die richtige, aber bevor wir in die Gegenaggression oder in den Hader abrutschen, ist unsere menschliche Kreativität, die stellungnehmende Instanz gefragt.

Was hilft nach einem emotionalen Ärger, wieder geistig klar zu werden, wieder klar zu denken, sodass trotz der Frustration eine menschenwürdige Auseinandersetzung – geistig, frei und verantwortlich – mit dem Problem möglich wird?

Wir zeigen einige Anregungen für „Erste Hilfen" bei Aggression und Stress auf: „Erste Hilfen" sind immer individuell und jeder Mensch muss die richtigen Strategien für sich selbst entdecken. Sie bringen zwar keine Lösung des Problems, stellen aber eine konstruktive Hilfe dar, um von der körperlichen und psychischen Ebene auf die geistige Ebene „umschalten" zu können. Dann kann die Person für den eigentlichen Lösungsprozess frei werden:

Sich einen Zeitpuffer schaffen
Steht für die Lösung des Problems nur wenig Zeit zur Verfügung, z. B. bei Konferenzen, Diskussionsrunden, in Schulklassen: bewusst durchatmen, Fenster öffnen, Wasser trinken, sich bewusst aufrichten, Stoßgebet …

Steht mehr Zeit zur Verfügung: darüber schlafen, Zeitfenster einfordern, um zu schnelles, unreflektiertes, unkontrolliertes Reagieren zu verhindern. Zum Beispiel: „Ruf mich in 10 Minuten wieder an.", „Ich melde mich morgen bei dir.", „Ich will jetzt nicht antworten. Ich brauche Zeit, darüber nachzudenken."

Körperliche Anstrengung
Manche Menschen müssen etwas tun, wenn sie geärgert, frustriert werden, wenn schicksalhafte Veränderungen zum Agieren herausfordern. Zum Beispiel: Rad fahren, joggen, klettern, Hausputz.

Entspannung
Entspannen bei Musik, in der Natur, bei autogenem Training, um wieder zur Ruhe zu kommen, Selbstdistanz zu erlangen, die Relationen wiederherzustellen.

Mit jemandem darüber sprechen
Eine Schulter zum Ausweinen, eine Klagemauer suchen. Dabei handelt es sich um einen wertvollen, leidverhindernden Freundschaftsdienst, wenn man „emotionale Ladungen" anhört, ohne sie weiterzuerzählen.

Rückzug in die Stille
Am Berg, im Wald, in einer Kapelle Stille suchen. Sich in die eigenen

„vier Wände“ zurückziehen, um die trotzdem vorhandene Autonomie wieder zu spüren.

Gesellschaft suchen
Freunde, Familie um sich versammeln, um die Werte zu relativieren.

Humor
Über sich selbst, die Situation, die Menschen lächeln können, nicht alles tierisch ernst nehmen: Selbstdistanz!

Verzicht auf jede Reaktion
Er soll nur aus freier Entscheidung für einen höheren Wert geleistet werden und nicht aus Feigheit, Angst oder Hoffnungslosigkeit.

Welche dieser Hilfen gewählt wird, ist eine personale Einstellung. So wird ein Ringen um Hoffnung, ein Ringen um das trotzdem Gute und Sinnvolle begonnen. Wird nicht nur triebhaft, evolutionsprogrammiert reagiert, sondern die spezifisch humane Möglichkeit wahrgenommen und die Energie sinnvoll eingesetzt, können sogar Friede, Freude und Liebe der Situation abgerungen werden.

„Der Mensch ist nicht frei von seinen Bedingungen, aber frei, wie er sich ihnen gegenüber verhalten will.“ (Frankl, 1999a, Seite 53)

Der hoffnungsvermehrende Weg der sinnorientierten Konfrontation führt zur **Klärung mit der Person**, die den Schmerz verursacht hat. In der sinnorientierten Auseinandersetzung mit dem Schicksal, das den Schmerz verursacht hat, ist es die **Akzeptanz dieses Schicksals,** die durch geistige Einstellung die Hoffnung vermehren kann.

Der Kreis schließt sich. Die kostbare Energie, die der Körper in Stresssituationen freisetzt, kann von der Person selbst und bewusst, also selbstbewusst in eine heilsame Richtung gesteuert werden.

Entscheidend ist, nicht auf die Stufe des Aggressors abzusinken, um nicht zum Opfer des Angreifers zu werden. Wenn das gelingt, sind wir aus der Leidspirale herausgetreten und setzen Akzente unserer Wahl. Das ist die höchste, anspruchsvollste Gestaltungsmöglichkeit, die nur dem Menschen vorbehalten ist.

„Wow, das hat mir schon einmal wer gesagt!“

Eine Logopädagogin ist zur Beobachtung eines Schülers in einer Klasse und berichtet davon: In einer Sonderschule bearbeitet ein schwer verhaltensauffälliger Schüler, 15 Jahre alt, während des Unterrichts seinen Schreibtisch mit einem Stanleymesser. Er spielt nebenbei Karten, benimmt sich äußerst destruktiv und stört permanent den Unterricht.

Plötzlich öffnet er das Fenster. Es ist Februar und draußen ist es klirrend kalt. Ich überlege, ob ich diesen wilden jungen Mann, zu dessen Beobachtung ich gebeten wurde, nun ansprechen soll oder nicht. Es wird in der Klasse immer kälter. Ich wähle, sehr bewusst, eine diskrete, wertschätzend formulierte Bitte an Mario und schenke damit Vorschussvertrauen, um keine Gegenaggression zu provozieren, nicht wissend, wie er damit umgehen wird. Ich flüstere ihm zu: „Mario, kannst du so lieb sein und für mich das Fenster schließen? Mir ist so kalt."

Marios Reaktion war für mich überraschend: „Ja gerne!" Er schließt das Fenster und versucht nun auf seine Weise, sich am Unterrichtsgeschehen zu beteiligen. Mario wählt eine für alle unerwartete positive und liebenswürdige Antwort und nützt meinen Vertrauensvorschuss.

Am Ende der Stunde bitte ich ihn um ein paar Minuten Zeit, obwohl er schon mehrmals das Heimgehen lautstark urgierte. Wieder zu meiner Überraschung bleibt er und hört mir zu. „Ich wollte mich bei dir bedanken, denn ich habe heute einen sehr liebenswerten und liebenswürdigen jungen Mann kennengelernt." – „Wow, das hat mir schon einmal wer gesagt!" – „Ja, weil es auch stimmt. Dieser liebenswerte junge Mann bist du – auch. Aber ich habe noch einen anderen Mann, eine andere Seite von dir kennengelernt. Weißt du, welche ich meine?" Mario senkt die Augen und sagt; „Ja, ich weiß eh." – „Sag mir, wer entscheidet, welche Seite von dir gerade sichtbar ist?"

Nach einigem Zögern: „Na, ich natürlich." – „In welcher Rolle fühlst du dich wohler, als der liebenswerte junge Mann oder als das Ekel, das alles ruiniert?" Mario lacht verlegen und ich gebe ihm die Hand zum Abschied: „Ich wünsch dir, dass es dir immer öfter gelingt, den liebenswürdigen Mario zu zeigen, dann wird das Leben für dich und durch dich lebenswerter."

Mario gibt unaufgefordert beiden LehrerInnen freundlich die Hand und wünscht ein schönes Wochenende. Für einen Augenblick dürfte ihm seine Selbstgestaltung durch seine eigene Wahl bewusst geworden sein.

Es ist für unsere Selbstachtung, für unser Wirken in der Welt nicht allein entscheidend, was wir im Leben empfangen: Freud oder Leid, Zuwendung oder Abweisung, Lob oder Tadel, Liebe oder Vernachlässigung – das sind die Gegebenheiten und Geschenke, das ist unser Schicksal, das wir nicht ändern können.

Entscheidend ist stets, wie wir auf diese Lebensfragen antworten und was von uns ausgeht. Wesentlich sind Haltung und Handlung, die wir wählen. Damit verwirklichen, verewigen wir uns selbst, gestalten unser eigenes Denkmal und unsere Umwelt.

Es gibt beeindruckende Zeugnisse von Menschen, die an einer ihnen zugefügten Frustration nicht zerbrochen, sondern dadurch über sich selbst hinausgewachsen sind und so ein erlittenes „Leid in Leistung transformiert“ haben. (Frankl)

Kaum jemand ist je an einer Frustration allein „zerbrochen“, aber viele haben sich und andere mit negativen Reaktionen auf Frustrationen schon unglücklich gemacht.

Konsequenzen durch Pro-Agieren für die Pädagogik

Wir wissen, dass unsere SchülerInnen heute verbal große Mängel aufweisen. Die Logopädagogik empfiehlt dagegen aktive Schulung der Kommunikationsfähigkeit als Streitprävention:

- Ich-Botschaften trainieren heißt, dass die Person nur bei sich selbst bleibt, bei ihrem Gefühl, ihrer Befindlichkeit, ihren Zuständen und diese anspricht. Damit ist sie authentisch. Ihr Gegenüber kann Stellung nehmen, ohne sich angegriffen zu fühlen, z. B: „Ich habe das Gefühl, dass ich …“ – „Ich fühle mich nicht wohl, wenn ich …“ – „Sag der Klasse, was in dir vorgeht, wenn du …“ – „Ich fühle mich nicht ernst genommen, verletzt, verachtet etc., wenn ich …“
- Durch Wortschatzübungen soll die Ausdrucksfähigkeit erweitert werden, um sich gut verständlich machen zu können. Kann sich eine Person verbal nur schlecht ausdrücken, nicht wehren, kommt

es eher zu Tätlichkeiten und Angriffen. Sprache erzählt, wie es einem geht, das führt zu zwischenmenschlichem Verständnis. Heute sind Menschen vermehrt der Bildsprache durch Fernsehen, Computerspiele etc. ausgesetzt. Zunehmende Differenzierungsschwäche ist die Folge.

- Entweder-oder-Fragen fordern den Menschen zu differenzierter Stellungnahme in seinem Freiraum heraus. Es gibt immer mehr Wahlmöglichkeiten, als im Augenblick der Aggression wahrgenommen werden: Entweder du explodierst jetzt, oder hast du noch andere Möglichkeiten, darauf zu reagieren?
- Auf ein bewusst gemachtes Mantra wie „Faust einstecken – Mund aufmachen!" kann in brenzligen Situationen zurückgegriffen werden.
- Lernen, sich über bildnerisches Gestalten, Werken, Musizieren etc. auszudrücken. Das sind geistige Fähigkeiten, die die Kreativität und Beziehungsfähigkeit fördern und kultivieren.
- Informieren, dass nur im Tierreich der Stärkere siegt und dass dieses Prinzip vom Menschen geistig überhöht werden kann. Es geht nicht primär um Konkurrenz, sondern um Kooperation.

Diese faszinierenden neuen Erkenntnisse beschreibt der Neurobiologe und Psychiater Prof. Joachim Bauer in seinem Buch „Prinzip Menschlichkeit, Warum wir von Natur aus kooperieren". (Bauer, 2008)

Er bestreitet die weitverbreitete These, dass der Mensch primär egoistisch und konkurrenzierend agiert. Von neurowissenschaftlichen Erkenntnissen ausgehend legt er dar, dass Handeln meist durch Zuwendung und Wertschätzung motiviert ist. „Kooperation als Erfolgsgeheimnis der Evolution" ist die Kernthese des Buches.

Joachim Bauer bekräftigt und bestätigt somit Viktor E. Frankls These vom „grundlegenden Tatbestand, dass das Menschsein immer über sich selbst hinaus auf mitmenschliches Sein verweist", dass also die Sehnsucht des Menschen nach dem DU in der geistigen Dimension „eingeboren" ist.

Der Appell zum Bewusstmachen der geistigen Ausrichtung des Menschen ist von pädagogisch hoher Brisanz.

Heute sind jedoch in Schulklassen und in Gemeinschaften anderer Berufsrichtungen neue Formen der Aggression im Zunehmen. Stellvertretend für Formen wie Mobbing, Cybermobbing etc. greifen wir das Gruppenphänomen „**Bullying**" heraus. Die logopädagogischen Interventionsmaßnahmen greifen deshalb bei diesen Prozessen, weil immer die personale Verantwortung der je handelnden Personen im Vordergrund steht. Vom Gruppenprozess „Bullying" spricht man, wenn eine Person über einen längeren Zeitraum wiederholt negativen Handlungen eines oder mehrerer TäterInnen ausgesetzt ist. Wesentlich dabei ist das Ungleichgewicht der Kräfte. Durch eine körperliche, psychische oder soziale Unterlegenheit kann sich das Opfer nicht verteidigen und ist hilflos den Schikanen der TäterInnen ausgeliefert.

Bullying kann körperlich, verbal oder indirekt erfolgen und von EinzeltäterInnen oder von Gruppen ausgeführt werden.

Bullying als Gruppenphänomen betrifft auch die scheinbar „Unbeteiligten" am Geschehen – Schon allein dadurch, dass sie in der Gruppe präsent sind und nicht eingreifen, um der Schikane ein Ende zu bereiten.

Folgende Rollen im Prozess werden identifiziert: Wenn der Einzelne um seine Individualität und sein humanes Potenzial weiß, kann er Möglichkeiten erkennen, um einzugreifen. Dieses Wissen ist jedoch zu wenig bekannt. Der Mensch fühlt sich weniger als Individuum in einer Gemeinschaft, sondern vielmehr als Teil der Masse. Dadurch wird die Masse als Pool „entpersönlichter Wesen" zur unkontrollierbaren Lawine, die das Opfer überrollt.

Gehen wir von einem **Opfer** aus, dem schicksalhaft Leid von außen zugefügt wird, das von einem **Täter** körperlich, psychisch, verbal, direkt oder indirekt angegriffen wird. Der Täter ergreift aktiv die Initiative und führt das sinnwidrige Verhalten an. Damit macht er sich schuldig. Unterstützt wird er dabei von sogenannten **Assistenten**, die zwar auch aktives, aber eher nachfolgendes Verhalten aufweisen, das unreflektiertem, nachahmendem Verhalten entspricht.

Die **Gruppe der Verstärker** unterstützt und ermutigt die TäterInnen und AssistentInnen durch Lachen, Zusehen oder aufhetzende Zurufe. Sie reagieren fremdbestimmt und zweckorientiert, um zur Gruppe dazuzugehören.

Die **Verteidiger** versuchen, das Opfer zu unterstützen und zu trösten, und zeigen aktiven Einsatz und Bestrebungen, dem zerstörerischen Verhalten ein Ende zu bereiten. Aufkeimende Zivilcourage ist in diesem Gruppenverhalten zu beobachten.

Die **Gruppe der Außenstehenden** steht passiv außerhalb des Geschehens oder sie verlässt den Raum. Das Sinnversäumnis des Einzelnen ist klar ersichtlich.

Präventionsmaßnahmen gegen Aggressionsverhalten in Gruppen

Aus logopädagogischer Sicht wirken folgende Präventionsmaßnahmen gegen Aggressionsverhalten in Gruppen:

- Jede Person ist als Novum im Gruppenverband unersetzbar in ihren Stärken und Schwächen und deshalb wertzuschätzen.
- Jede Person trägt die Verantwortung für das, was sie pro-aktiv oder destruktiv in die Gruppe einbringt oder verabsäumt zu investieren.
- Jede Person ist für das Gelingen der Gruppe mitverantwortlich, indem sie sich persönlich für ein friedliches Miteinander starkmacht.
- Sinnwidriges Verhalten stellt einen Appell an jeden Gruppenteilnehmer dar, es mutig zum Wohl der Gruppe zu thematisieren.
- Junge Menschen sind in herausfordernden und stürmischen Entwicklungsphasen über ihre Einzigartigkeit und Mächtigkeit in der Mitgestaltung einer Gemeinschaft zu informieren und zu begleiten.

Der Klassenbeste

Eine erwachsene junge Frau sucht bei einer Logotherapeutin Rat und erzählt, dass in ihrer Schulzeit ihr Selbstwert durch einen Mitschüler in Mitleidenschaft gezogen worden ist. Die psychische Gewalt durch permanente, aggressive Angriffe ging von einem Schüler aus und wurde von den übrigen MitschülerInnen beobachtet, scheinbar toleriert und mitgetragen.

Bei dem Täter handelte es sich um den dominanten Klassenbesten, der diese Vormachtstellung rücksichtslos ausnützte.

Die Klientin sah sich damals gezwungen, die Klasse zu wechseln, da sie psychisch nicht in der Lage war, die Situation durchzuhalten, und schwer unter dem Gruppendruck litt.

In der Beratung wird der jungen Frau bewusst gemacht, dass sie heute die Fäden für ihre Lebensgestaltung und ihre eigene persönliche Bewertung fest in der Hand hat. Sie lernt schrittweise, sich aus dieser schicksalhaften psychischen Umklammerung zu befreien, und erfährt, dass sie als Opfer keinen Grund hat, ihren Selbstwert infrage zu stellen. Im Gegenteil, sie hat jede Möglichkeit, zu den damaligen Vorfällen souverän Stellung zu nehmen, indem sie dem Täter dessen eigene Gestaltung zu einem „traurigen Denkmal" zur Gänze überlässt. Die Klientin erkennt, dass sie heute die Macht hat, entweder diese leidvolle Erfahrung psychisch wachzuhalten oder geistig zu „überfliegen" und die daraus gewonnene Erfahrungskompetenz für ihre weitere Lebensgestaltung zu nützen. Zur Stützung sind dazu logotherapeutische Interventionen notwendig.

Der Aggressor jedoch hat sich durch sein Verhalten zu einem Täter geprägt. Er muss mit dieser Prägung leben und fertigwerden.

Wie das Leben so spielt, kommt durch Zufall auch der Täter mit einer schweren Schuldproblematik zur selben Logotherapeutin. Es bestätigt eindrucksvoll, „dass man Menschen ihre Schuld weder ein- noch ausreden kann". (Lukas) In den Beratungsstunden ringt der Täter um Möglichkeiten der Wiedergutmachung (Siehe Frankls zehnte These, S. 313 ff.) und hat eine wesentlich höhere Anforderung, mit seiner Vergangenheit fertigzuwerden, als das Opfer.

Zusammenfassend lässt sich sagen, dass der Mensch wie das Tier Aggressionen haben können. Der Mensch kann jedoch entscheiden, die Aggressionsenergie für das Leben einzusetzen, und hält damit ein großartiges Friedenspotenzial in Händen. In jeder Gruppe kann so die Friedensfähigkeit kultiviert werden.

Die sechste logopädagogische These

Logopädagogik zeigt in Aggressionssituationen hoffnungsvermehrende Möglichkeiten der „Energietransformation" auf.

Hast du zu viel Aggressionsenergie?
Pro-Leben verwandle sie!

Abb. 48: Sechste logopädagogische These

Im Bild sehen wir einen ohnmächtig beobachtenden, den drei leidvermehrenden Wegen ausgelieferten Pädagogen dargestellt. Ihm gegenüber wird aktiv gestaltend auf den hoffnungsvermehrenden Weg verwiesen.

Der „ich-hafte" Mensch kann durch seine Fähigkeit, mit Geistigem in Resonanz zu treten, pro-agierend die Welt verändern.

DER MENSCH STREBT NACH SOUVERÄNITÄT

Frankls siebente These über die Person lautet: „Die Person stiftet die leiblich-seelisch-geistige Einheit und Ganzheit." (Frankl, 1997a, Seite 115)

Die Person verbindet kraft ihrer geistigen Dimension das Körperliche und Psychische zu einer Ganzheit, dem Wesen „Mensch" und begründet und garantiert dessen Souveränität auch in der Liebe.

Der aufrechte, sinnorientierte Mensch stellt sich in Souveränität den anstehenden Lebensfragen. Aktives Verhalten ist auf ein Du ausgerichtet, selbst gestaltend und unabhängig von inneren und äußeren Bedingungen.

Im ersten Kapitel haben wir beschrieben, dass schöpferische Werte in Form von Leistungen verwirklicht werden. Diese personalen Leistungen sind auf die Gemeinschaft bezogen und bringen so die Einzigartigkeit und Einmaligkeit der Person zur Geltung. Über die Leistung wird der individuelle Aufgabencharakter der Person – je nach deren Begabungen – für die Welt sichtbar. Hat eine Person die Begabung, gut mit alten Menschen umzugehen, kann sie diese Fähigkeit für die Gemeinschaft als Altenpflegerin einbringen. Dasselbe gilt für LehrerInnen, ÄrztInnen, Reinigungskräfte etc. So kann sich jede Person sinnstiftend in eine Gemeinschaft einbringen. Aber auch die Gemeinschaft ist auf das je individuelle menschliche Schaffen angewiesen und dadurch sinnstiftend.

Der Mensch ist nicht nur als Schaffender, sondern auch als Erlebender auf Gemeinschaft hin ausgerichtet. Er lebt in seiner Hingabe an andere Menschen, an die Schönheit von Natur oder Kunst dieses Potenzial. Er kann sich souverän für diese Hingabe entscheiden und dadurch Sinnfülle erleben.

In diesem Kapitel wollen wir aufzeigen, dass die Erlebniswerte in einer ganz besonderen Weise in der Zweisamkeit erfahren werden, in der Liebe zu einer anderen Person.

Souveränität in der Liebe

Ich kann immer lieben und damit liebender Mensch sein. Liebe ist das Erleben des anderen Menschen in dessen Einzigartigkeit und Einmaligkeit, wobei hier nicht ausschließlich an partnerschaftliche Liebe gedacht werden darf, sondern an Liebe als Lebensprinzip.

Liebe ist Gnade (Frankl)

Es gibt zu dem aktiven Weg des Liebens auch eine passive Seite, auf der all das, was sich der Mensch im Allgemeinen erst erwerben muss, ihm gleichsam in den Schoß fällt: das Geliebtwerden. Ohne eigenes Hinzutun, ohne eigenes „Verdienst" wird Liebe geschenkt.

„Liebe ist kein ‚Verdienst', sondern Gnade. [...] In der Liebe wird der geliebte Mensch wesentlich als das in seinem Da-sein einmalige und in seinem So-sein einzigartige Wesen erfasst, das er ist; er wird als Du erfasst und als solches in ein anderes Ich aufgenommen." (Frankl, 2005a, Seite 179)

Ein neugeborenes Kind kommt mit dem Urvertrauen und der Sehnsucht, geliebt zu werden, auf die Welt. Wie wir wissen, kann sich in der Entwicklung des Kindes die geistige Dimension entsprechend dem Wachstum der Psychophysis zunehmend ausdrücken. So ist das Geliebtwerden für den Menschen – und auch für unsere SchülerInnen, je kleiner sie sind – existenziell notwendig, um sich in ihrer leiblich-psychisch-geistigen Einheit gesund entwickeln zu können.

Auch durch die moderne Gehirnforschung wird diese alte Weisheit bestätigt: „Es ist experimentell nachgewiesen, was aus dem Gehirn des Menschen wird, wenn man dessen Ausbildung allein den genetischen Anlagen überlässt. Um herauszufinden, welche Ursprache das Gehirn aus sich selbst heraus entwickelt, ließ der Stauferkaiser zwei Kinder von Ammen aufziehen, denen er verboten hatte, mit den Kindern auch nur ein einziges Wort zu sprechen. Für den Kaiser war der Ausgang dieses unmenschlichen Versuchs recht unerwartet. Die Kinder begannen nicht, wie er vermutet hatte, aramäisch, auch nicht griechisch oder lateinisch zu sprechen, sondern sie blieben in ihrer gesamten Entwicklung zurück und starben schließlich. Wie sich ihr

Gehirn unter diesen Bedingungen entwickelt hatte, wurde damals nicht weiter untersucht. Es kann nur eine Kümmerversion dessen gewesen sein, was daraus hätte werden können. [...]

[...] Parallel dazu sind diese Erkenntnisse heute auf Computerfreaks umzulegen, die von Kindesbeinen an so intensiv auf den Tastaturen ihrer PCs herumhacken und sich in eigenen Computerwelten bewegen, dass sie später als Erwachsene außerstande sind, ein direktes Gespräch zu führen, Beziehungen einzugehen." (Hüther, 2007, Seite 61–63)

Liebe ist Zauber (Frankl)

Um sich von der anfänglich biologisch notwendigen Abhängigkeit, geliebt zu werden, weiterentwickeln zu können, ist es wichtig zu erfahren, dass der Mensch nicht nur Liebe bekommen muss, sondern dass er auch selbst imstande ist zu lieben.

Er kann immer auf andere zugehen, ohne wiedergeliebt werden zu müssen. Das ist die autonome, souveräne Liebesfähigkeit der reifen Person, die geschult und gestärkt werden soll, damit sich die Beziehungsfähigkeit zu Menschen und zur Welt voll entfalten kann.

Bei einem SchülerInnenworkshop im VIKTOR FRANKL ZENTRUM WIEN wurde über die Liebe diskutiert. Im Brennpunkt stand die Frage: „Was macht ein Mensch, der sich ungeliebt und abgelehnt fühlt? Der muss ja verzweifeln an sich und dem Leben." Das ist eine gängige Sichtweise, die eine große Falle darstellt, weil sie den Menschen entmündigt.

Der reife Mensch kann sich in jeder Situation souverän für die Liebe entscheiden. Er ist nicht abhängig davon, geliebt zu werden. Er kann immer liebender Mensch sein, sei es gegenüber Personen, der Natur oder einer Sache, die er zur seinen macht. Deshalb lautet der Appell: Es ist nicht wichtig, viele Freunde zu haben, sondern, den Anspruch zu haben, bester Freund, beste Freundin zu sein.

Durch diese Haltung können die Werte in der Welt klarer wahrgenommen werden. Liebende Menschen sind charismatische Menschen mit Ausstrahlung. Sie bringen ihre Fähigkeiten aktiv in die Welt ein, tun Gutes und tun gut. Nicht nur einzelne großartige, berühmte und herausragende Persönlichkeiten sind damit gemeint, sondern alle Menschen, die sich täglich einsetzen und nach ihren Möglichkeiten lieben.

„Der ganze Kosmos wird für ihn [den Liebenden] weiter und tiefer an Werthaftigkeit, er erglänzt in den Strahlen jener Werte, die erst der Liebende sieht; denn bekanntlich macht Liebe nicht blind, sondern sehend, wertsichtig." (Frankl, 2005a, Seite 179)

Das Wunder der Liebe

„Neben die Gnade des Geliebtwerdens und den Zauber des Liebens tritt nun als ein drittes Moment an der Liebe das Wunder der Liebe. Wird doch durch sie das irgendwie Unbegreifliche vollbracht, dass – auf einem Umweg über das Biologische – eine neue Person ins Leben tritt, ihrerseits voll des Geheimnisses der Einzigartigkeit und Einmaligkeit ihrer Existenz: das Kind!" (Frankl, 2005a, Seite 179)

„Ein bisschen Mama, ein bisschen Papa und ganz viel Wunder." (Quelle unbekannt)

So entsteht über das partnerschaftliche Lieben das Wunder neuen Lebens – in Gestalt einer neuen geistigen Person. Nicht Vater und Mutter werden um etwas Geist ärmer, sondern die Welt wird um eine geistige Person reicher.

Und aus dem Lieben in die Welt hinein – auch einer einzelnen Person – kann ein neues, nämlich ein „geistiges Kind" werden: Kunstwerke, Musikstücke, SOS-Kinderdorf-Bewegung, Greenpeace – alle Initiativen pro Leben. Es kommt durch die Liebe das Gute, Wahre und Schöne auf und in die Welt.

Neben der partnerschaftlichen Liebe, die aber nicht alle Menschen gleichermaßen betrifft, gibt es die geschwisterliche Liebe und die Liebe zwischen Eltern und Kindern. Darüber hinaus verschenkt sich der Mensch an einen oder mehrere Menschen, an eine Sache oder an eine Idee – und alles ist Liebe.

Für jeden Menschen ist die Beziehung zwischen Eltern und Kind relevant. Sohn oder Tochter wird man nicht einfach durch die elterliche Weitergabe von Genen, denen man sein „Existenzminimum" (Frankl) verdankt.

„Den Namen Sohn oder Tochter muss man sich erst noch erwerben. Erwerben in einem noblen Rückgabe-Doppelakt gegenüber den Eltern, nämlich in der

- Vergebung ihrer Erziehungssünden und in der
- Belobigung ihrer Erziehungsleistungen.

Wer seinen Eltern nie verziehen hat, wer ihnen nie gedankt hat, ist nie Sohn oder Tochter gewesen." (Lukas, 2003a, Seite 82)

Der Mensch kann nur in Frieden leben, wenn er die Erziehungsfehler seiner Eltern verzeiht und die erbrachte Erziehungsleistung dankend anerkennt. Fühlt ein Mensch nichts Bedankenswertes, so ist zumindest die Tatsache zu bedanken, das Leben geschenkt bekommen zu haben. So kommt es zu Souveränität, zu höchster nach innen und außen gerichteter Entscheidungsmächtigkeit.

Die Tochter

Dorina ist schon verstorben und für viele Menschen, die sie kannten, ein Vorbild für gelebte Liebe.

Ihre früheste Kindheit war geprägt von Gewalt, ausgeübt von der Großmutter und der Mutter. Sie wurde von Beginn an abgelehnt, ihre Halbschwester hingegen verehrt. Ein bleibender Gehörschaden war die Folge brutaler Gewaltanwendung. Sie litt ihr ganzes Leben unter ständig wiederkehrenden schweren Ohrenerkrankungen, Kopfschmerzen und Gleichgewichtsstörungen und musste mehrere Operationen über sich ergehen lassen. Da der Vater nie ausfindig gemacht wurde, machte sie sich, nachdem sie bis zum 15. Lebensjahr zu Hause ausgenutzt und misshandelt worden war, alleine auf den Weg ins Leben. Sie hatte das Glück, bei lieben Menschen im Haushalt mithelfen zu dürfen und gleichzeitig eine Bürolehre zu absolvieren.

Man würde annehmen, dass diese Frau hadernd und misstrauisch dem Leben gegenüber geblieben ist. Doch weit gefehlt. Sie unterstützte mit ihrem kleinen Gehalt gehörgeschädigte Kinder. In ihrer Freizeit bot sie ihre Hilfe kinderreichen Familien an, erzählte selbst erfundene, spannende Geschichten bei kranken Kindern und setzte ihre handwerklichen Fähigkeiten dafür ein, Kindern bei der Gestaltung von Geschenken behilflich zu sein.

Diese Frau hat niemals ein böses Wort über ihre Kindheit gesprochen, im hohen Alter jedoch wiederholt ihr Bedauern darüber ausgedrückt, dass es ihrer Mutter nicht möglich war, ihre Mutterschaft positiv zu leben. Als religiöse Frau galt ihre Sorge vielmehr dem Schuldig-geworden-Sein ihrer Mutter und Großmutter, weshalb sie beide bis zu ihrem Tod in ihre Gebete einschloss. Stolz und Dankbarkeit erfüllte sie über ihren Namen. Dorina bedeutet: Geschenk Gottes, und als solches hat sie sich ein Leben lang gefühlt.

Trotz schwieriger schicksalhafter Lebensfragen gelang es dieser Frau durch ihre verzeihende Haltung und Liebe, ein zufriedenes Leben souverän zu gestalten und ein einmaliges Vorbild zu leben. Sie ist trotz aller Widrigkeiten ihres Lebens „Tochter" gewesen.

Dorinas Haltung ist ein Vorbild; darf aber nicht als Maßstab bei ähnlichen Lebensgeschichten eingefordert werden. Heldentum darf der Mensch nur von sich selbst fordern und niemandem abverlangen. (Vgl. Frankl)

Wie kann Liebe – in diesem weiten Verständnis – für junge Menschen transparent gemacht werden?

Die drei Stufen der Liebe

(Vgl. Frankl, 2005a, Seite 178)

Den drei Dimensionen der menschlichen Person, Körper, Psyche, Geist, entsprechen drei mögliche Einstellungen in der Liebe:

1. **Die sexuelle Einstellung:**
   Sie betrifft primär die körperliche Ebene, also die erste Dimension des Menschen. Die körperliche Erscheinung des Partners reizt zu sexuellem Begehren und löst Triebgefühle aus.
   Begegnen einander zwei Menschen auf dieser Ebene, erleben sie vielleicht ein sexuelles Abenteuer, einen One-Night-Stand, aber noch keine humane Liebe.

2. **Die erotische Einstellung:**
Sie meint die „Verliebtheit", den „Flirt" und zielt auf die psychischen Eigenschaften des Partners ab, auf die zweite Dimension des Menschen. Die jeweiligen Charakterzüge gefallen und regen an – nicht mehr nur sexuell, sondern auch emotional. Dadurch entsteht Sympathie: durch die Art, wie er / sie auf ihn / sie zugeht, ihn / sie anredet, sich kleidet, duftet, sich bewegt etc.
Der Verliebte wird durch die „eigen-artige" Psyche des Partners angeregt, nicht aber durch seine Einzigartigkeit. Er ist noch mit einem ähnlichen Partner austauschbar, der mit gleichen oder ähnlichen Charaktereigenschaften ausgestattet ist. Man liebt nicht „den" Menschen, sondern einen Typus: blond, groß, muskulös, schüchtern etc.
Begegnen einander zwei Menschen auf der zweiten Ebene, erleben sie emotionale Empfindungen, „Schmetterlinge im Bauch", vielleicht einen Flirt, aber noch keine humane Liebe.

3. **Die eigentliche Liebe:**
Sie wird auch mit dem griechischen Wort „Agape" bezeichnet, übersetzt „Hingabe", und ist der dritten Dimension des Menschen zuzuordnen.
Es ist ein In-Beziehung-Treten mit dem Partner als geistige Person. Das bedeutet die tiefste und höchste Form von Partnerschaft und ermöglicht die größte geistige Nähe zwischen zwei Menschen, die jedoch nicht räumlich gedacht werden darf. Diese geistige Nähe zum geliebten Menschen wird auf sexueller Ebene ausgedrückt. So soll menschliche Sexualität Ausdruck geistiger Liebe sein.
Die Liebenden sind nicht nur
   - in der eigenen Körperlichkeit erregt oder
   - in der eigenen Emotionalität angeregt, sondern
   - in ihrer geistigen Tiefe berührt, berührt vom personalen Kern des Partners.

Sie sind ganz eingestellt auf die geistige Person des geliebten Menschen, auf die Person in ihrer ganzen Einzigartigkeit und Einmaligkeit. Die Liebenden sehen durch das physische und durch das psychische Haben auf das Sein der geistigen Person.

Eleonore Frankl wird bei einem Workshop von SchülerInnen im Viktor Frankl Zentrum Wien gefragt: „Was hat Sie an Ihrem Mann begeistert?“ Frau Frankl: „Begeistert? Begeistert hat mich eigentlich gar nichts. Ich hab ihn einfach nur geliebt!“
Bei einem anderen Workshop über die Liebe sagt Eleonore Frankl: „Was ist schon Sexualität, das macht doch jedes Tier. Aber wenn ein alter, blinder Mann seine alte Frau vor 3000 Menschen auf die Stirne küsst, dann ist das Liebe.“
Diese Szene spielte sich nach der Verleihung des Ehrendoktorates an Frau Eleonore Frankl 1993 in Chicago, USA, ab und hatte Standing Ovations der anwesenden Jugend zur Folge.

Es ist nicht mehr der körperliche Typus, der reizt, nicht mehr der Charakter, der Verliebtheit auslöst, sondern es geht um den Personenkern des Menschen, um den Partner als unvergleichliche und unaustauschbare Person.

Hier liegt nach Frankl die Unauflösbarkeit der Ehe begründet. Wenn ich einen Menschen in dieser Dimension „erkannt“ habe, dann ist der Partner nicht mehr mit einem anderen austauschbar. Liebe und Erkennen werden im Hebräischen mit dem gleichen Wort ausgedrückt: „Ich habe dich erkannt“, bedeutet auch „Ich liebe dich“.

Vor diesem Hintergrund wird klar, dass die Entwicklung und Reifung der Sexualität jeden Pädagogen herausfordert, dem natürlichen Sexualverlangen, dem sexuellen Interesse und später der bloßen Verliebtheit seiner SchülerInnen die Dimension der Agape, der echten Liebe, immer wieder vor Augen zu halten.

Eine pädagogische Hilfe ist es, zu wissen, dass die Liebe nicht nur erschaut, was tatsächlich ist, sondern gleichzeitig vorwegnimmt, was bestenfalls noch werden kann: nämlich das, was der geliebte Mensch an noch unverwirklichten positiven persönlichen Möglichkeiten in sich bergen mag: Das Sein in seiner besten Gestalt. Damit kann das Beste aus dem Menschen „herausgeliebt“ werden.

Die Liebe erschaut ein Positiv-werden-Könnendes, ein Sein-Könnendes. Aus dieser Haltung entwickelt sich Sinnorientierung, ein Liebesmotiv und angstfreie Beziehung in allen zwischenmenschlichen Interaktionen.

Und auch unserer geistigen Kapazität tut die Liebe gut: „Wer sein Gehirn auf umfassende Weise nutzen will, muss also lieben lernen!" (Hüther, 2007, Seite 124) Die geistige Ausrichtung, die sinnorientierte Selbst- und Weltgestaltung stärkt die Hirnkapazität und macht das Umfeld lebenswert.

Der Mensch ist entscheidendes Sein, darum verlangt auch die Liebe eine Entscheidung. Sie braucht ein JA, ein Ja zu einem Du, sie braucht Verbindlichkeit. Es geht um eine Entscheidung des Ich für die Einzigartigkeit eines Du oder einer Sache in der Welt.

„Und nur in dem Maße, in dem ein Mensch solcherart sich selbst transzendiert, verwirklicht er auch sich selbst; im Dienst an einer Sache – oder in der Liebe zu einer anderen Person. Mit anderen Worten: *Ganz Mensch* ist der Mensch eigentlich nur dort, wo er aufgeht in einer Sache, ganz hingegeben ist an eine andere Person. *Und ganz er selbst* wird er, wo er sich selbst – übersieht und vergisst." (Frankl, 2005a, Seite 215)

Es geht darum, den „goldenen Ball", ein Synonym für die Liebe in einem Gedicht von Börries von Münchhausen, weiterzugeben. Die Eltern geben den goldenen Ball den Kindern, und die Kinder reichen ihn weiter an ihre Kinder. Das Gleiche gilt auch für LehrerInnen. Nie darf man erwarten, dass der Ball zurückkommt. Dann würde er in die falsche Richtung gehen. Die Liebe soll und muss ja weitergegeben werden. Was die Kinder an Liebe bekommen haben, soll an die nächste Generation weitergegeben werden. Das Wissen um die gesetzte Tat im richtigen Augenblick für die richtige Person ist unsere schönste Belohnung – unser Denkmal.

Der Zustand der Verliebtheit soll jedoch auf gar keinen Fall abqualifiziert werden. Falsch ist es jedoch, ihn als das Endziel der Liebe darzustellen, wie es heute medial leider oft geschieht. Verliebtheit ist ein wichtiges Übergangsstadium im Rahmen von Entwicklungsprozessen. Ein zu langes Verharren in diesem Zustand ist jedoch problematisch, weil es durch die Abhängigkeit von dem, was der andere „hat", die stärksten Stützpfeiler guter Partnerschaften unterhöhlt:

- Die Unaustauschbarkeit des Liebespartners durch Erkennen des Geliebten, wer er „ist", und
- die Dauerhaftigkeit der Liebesbeziehung.

Viel Leid resultiert aus diesem falsch interpretierten Liebesbegriff, nicht zuletzt für die junge Generation. Auch emanzipierte und fortschrittliche Menschen haben kein wirkungsvolles Rezept dagegen und leiden unter der Beliebigkeit und Austauschbarkeit der PartnerInnen.

Jeder nimmt sich, was er will

Ein 18-jähriges Mädchen kommt völlig verstört zur Beratung: „Ich will in dieser Welt nicht leben. Jeder nimmt sich, was er will. Es gibt keine Grenzen mehr. Mein bester Freund schläft mit meiner besten Freundin. Da kann ich doch nicht mehr vertrauen und nichts mehr ernst nehmen? Und das Schlimmste ist, unsere Eltern machen es genauso. Die Partner werden ausgetauscht und niemand kann sich mehr auf den anderen verlassen."

Woher hat dieses Mädchen die Sehnsucht nach Vertrauen, Ehrlichkeit, Verlässlichkeit, Liebe und Treue? Genau das wird zu unserem Thema: „Das, was du wahrnimmst und erlebst, was dich verletzt und kränkt, ist traurig, und ich kann dich gut verstehen. Aber da du wahrnimmst, dass sich diese Lebensweise mit deinen Vorstellungen von Liebe nicht deckt, steckt die Rettung bereits in dir. Im Wahrnehmen der Krise liegt die kostbare Korrektur. Du kannst aus deinem Freiraum wählen und autonom entscheiden, wie du selbst Liebe gestalten willst."

Im konkreten Fall erkennt das Mädchen, dass es durch sein Verhalten eine Wende in seinem Freundeskreis einleiten kann, indem es mutig seine Sichtweise argumentiert und lebt. Sie darf darauf vertrauen, dass es genug Menschen gibt, die sie in dieser Haltung bestärken und unterstützen.

Wir besprechen auch, dass jeder Zeitgeist zu persönlicher Stellungnahme herausfordert.

Junge Menschen haben Sehnsucht nach humaner Liebe, und es ist eine allgemeinpädagogische Aufgabe unserer Zeit, mitzuhelfen, dass sie über die Stadien rein sexuellen Interesses und bloßer Verliebtheit hinaus zur Liebesfähigkeit heranwachsen und reifen können. Wo immer dies geschieht, werden Treue und Beständigkeit möglich, und ein gesundes Sexualleben ergibt sich – unter diesen menschlichen Bedingungen – ganz von selbst.

Sichtkorrektur mit Folgen

Junge Eltern kommen kurz vor Weihnachten in die Beratung, um mit einer Logotherapeutin ihre Scheidung nach mehrjähriger Ehe zu besprechen.

Beide Eheleute erklären, dass sie nur geheiratet haben, weil das erste Kind unterwegs und deshalb nur die Schwangerschaft der Grund für ihr Beisammenbleiben war. Beide Eltern des Paares haben ihre Verbindung von Anfang an boykottiert und die drei Enkelkinder nie anerkannt. Das Paar ist immer auf sich allein gestellt gewesen.

Beim Sohn ist ein Aufmerksamkeitsdefizitsyndrom mit Hyperaktivität (ADHS) diagnostiziert worden, das von der Mutter mit großer Hingabe begleitet worden ist. Ein zweiter Sohn hat im fünften Lebensjahr eine lebensbedrohliche Krankheit überstanden und ist nun wieder genesen. Die Tochter wächst unproblematisch auf. Doch jetzt sind sie mit ihrer Liebe am Ende. Es muss von Anfang an alles falsch gelaufen sein. So weit die psychische Befindlichkeit und die Leidsituation des Paares.

Durch die logopädagogische Betrachtungsweise wird dem Paar der Blick für die geistige Liebe geöffnet, die in ihrem Leben zwar gelebt, aber nicht gewusst und dadurch übersehen wurde. So wurde keine Beratung für eine Scheidung notwendig, sondern eine Krisenintervention in Form einer neuen Einstellung zu schon verwirklichten Werten, um mit den Kindern Weihnachten feiern zu können.

Sichtkorrektur:

- Die Schwangerschaft hat zwischen den jungen Leuten den Beschluss, Ja zueinander zu sagen, ausgelöst.
- Die Widerstände der Schwiegereltern sind in bewundernswerter Weise durchgetragen worden – und das Paar hat trotz Kränkungen und Verletzungen dieser Familiensituation seine Beziehung gelebt.
- Das schwer kranke Kind ist ohne Hilfe und Beistand der Großeltern vom Paar alleine begleitet worden: Das ist ein vorbildliches Zeichen von Zusammenhalt, Verantwortlichkeit und Liebe.
- Die immer wieder stattfindenden Arzt- und Psychologenkonfrontationen aufgrund der Erkrankung des älteren Sohnes sind von beiden Elternteilen mitgetragen und ausgehalten worden.

Das Paar ist durch das Aufzeigen der Wahrheit seiner Lebens- und Liebesleistung beeindruckt und gerührt. Sie hätten auf eine erprobte Liebe zurückschauen können, die sie jedoch nicht als solche erkannt haben, weil sie Liebe nur auf der ersten und zweiten Dimension definiert und dadurch reduziert haben.

Das Paar spürt sehr genau, dass jetzt der Appellcharakter des Lebens neue Haltungen fordert. Nicht die Scheidung sollte es sein, sondern die Entwicklung der erprobten Beziehung in die dritte Dimension. Dankbarkeit und Wertschätzung für die gelungene gemeinsame Lebensgestaltung bis jetzt und für das Sein des jeweiligen Partners lässt Liebe auf der geistigen Ebene erfahren, sodass das einmal gegebene Ja mit Freude erneuert werden kann. Das Weihnachtsfest ist gerettet und die noch anstehenden Probleme können nach den Feiertagen in Ruhe bearbeitet werden.

Eine geänderte Einstellung, ein neuer Blick auf die Verhältnisse hilft durch Krisen: „Du musst den Geist, deine Einstellung ändern, nicht das Klima.“ (Senecas philosophisches Werk über den Animus, den Geist) Das „Klima“, die Bedingungen, sind schicksalhaft, und die geistige Haltung und Einstellung des Menschen ist frei zu gestalten, um das Beste daraus zu machen. Das ist ein Beispiel für eine kopernikanische Wende aus der zweiten in die dritte Dimension.

Denken wir auch daran, dass geistige Liebe nicht nur in Paarbeziehungen Ausdruck findet, sondern auch in der Liebe zum Nächsten, zur Gemeinde, zum Schüler etc.

Von diesen unverzichtbaren Einsätzen wird in unserer Gesellschaft zu wenig gesprochen, weil alles, was gelingt, selbstverständlich ist. Dabei stecken hinter jedem Gelingen, gerade auch im Alltag, souveräne persönliche Entscheidungen und Leistungen, die nicht genug gewürdigt werden können.

Der griechische Philosoph und Autor Alexander Pattakos schreibt dazu: „Nachzuverfolgen, wo Liebe und Gewissen in unser Leben getreten sind, ist nicht immer leicht, aber wenn wir innehalten und unsere Entscheidungen überdenken, werden sie geradezu deutlich: Wir schuften nachts, um unsere Kinder morgens vor der Schule zu sehen, wir bauen biologisch-dynamisch Gemüse an, damit die Leute etwas

Gesundes zu essen haben. Wir betreiben ein kleines Geschäft, damit drei Menschen ein Jahr lang in einem schwierigen wirtschaftlichen Umfeld Arbeit haben. Wir schreiben Gedichte und schicken sie unseren Freunden. Wir beraten andere, damit sie besser mit dem Stress umgehen können. Wir bringen Kindern aus sozialen Brennpunkten das Segeln bei. Wir leiten ein Unternehmen und legen Wert auf ordentliche Löhne für Arbeitnehmer im Ausland. Wir nähen Quilts für obdachlose Familien. Wir arbeiten in einem ungeliebten Job, um Zeit zu haben für das, was wir lieben. Wir organisieren bezahlbaren Wohnraum in unserer Gemeinde. Wir spenden einem gemeinnützigen Verein im Stadtviertel 1000 Dollar. Wir legen einen Dollar in eine bittend ausgestreckte Hand. Wir bauen Niedrigenergiehäuser. Wir kellnern, um den Sprung zur Bühne zu schaffen, wir ziehen Kinder groß, füttern den Hund, bezahlen die Stromrechnung. Letztlich geht es um Liebe und Gewissen. Und wenn wir diese Verbindungslinien in unserer Welt ziehen können, dann wissen wir, warum, dann kennen wir den Sinn." (Pattakos, 2005, Seite 115)

Es ist in unserer Gesellschaft üblich, mehr über Versäumnisse zu klagen und sie zu hyperreflektieren, als über gelungene alltägliche Einsätze wertschätzend zu berichten. Das gilt für Schule, für Unternehmen, Büros, Krankenhäuser – wohl wissend, wie gut jedem ein anerkennendes Wort, ein Bewusstmachen des Geleisteten oder nur ein zustimmendes Lächeln tun würde.

Auch hier gilt, dass nicht die Eigenschaften, die jemand hat bzw. haben sollte, die Liebe bestimmen dürfen, sondern das In-Beziehung-Treten in einem tiefen, freundschaftlichen Band, das den ganzen Menschen an sich meint, das, was er ist, und nicht bloß etwas an ihm.

Wie sich Liebe in die Welt hinein ausdrückt, ist unendlich vielfältig, denn dem Ausdruck der Liebe sind keine Grenzen gesetzt. Viel Fantasie wird dafür eingesetzt. Über verschiedene Symbole und Zeichen kann sich Liebe ausdrücken. Das setzt voraus, die geliebte Person wahrzunehmen, hinzuschauen, hinzuhören, und das ist schon Ausdruck der Liebe an sich, ist liebendes Interesse und ermöglicht ihr, ihre besten Seiten zu entwickeln.

Nicht erst ein Geschenk, das ich für jemanden aussuche, ist Ausdruck meiner Liebe, sondern die Gedanken, mit denen ich beim geliebten Menschen bin, wenn ich über ein Geschenk nachdenke. Geschenke wie auch Sex können absolut leer bleiben, wenn diese Liebe fehlt.

Die Sprachen der Liebe

Nicht immer können wir die Sprache der Liebe richtig deuten und dadurch kommt es zu Missverständissen.

Voll Liebe zeichnet z. B. ein dreijähriger Bub bunte Kopffüßer auf die neue weiße Lieblingsbluse seiner Mutti. Die Mutter schreit entsetzt auf, als sie die Liebesgabe des Kindes entdeckt. Sie schimpft mit dem kleinen Sohn, der die Welt nicht mehr versteht. Es kommt zu einem Konflikt zwischen Mutter und Sohn.

Probleme stellen sich ein, wenn die Sprache der Liebe falsch gesprochen, falsch verstanden oder falsch interpretiert wird. Auch der kleine Mann wird lernen, dass das Bemalen der weißen Bluse mit rotem Filzstift keine adäquate Liebeserklärung für seine Mutter darstellt.

Zum Verstehen und Sprechen der verschiedenen Ausdrucksweisen der Liebe gehört viel Feingefühl und Empathie auf beiden Seiten. Eine hilfreiche Methode im Verstehen des anderen ist es, ihm positive Motive zu unterstellen.

Ein Beispiel negativer Unterstellung:
Ein Ehemann kehrt den Hof. Seine Frau schimpft aus dem Fenster: „Ich hatte halt noch keine Zeit, den Hof zu kehren." So, wie die Frau es verstanden hat, war die Aktion vom Partner vielleicht gar nicht gemeint. Sie unterstellt ihm sofort ein negatives Motiv, nämlich, dass er ihr nur mit seiner „Hilfsbereitschaft" ihr Versäumnis unter die Nase reiben wollte. So entstehen Missverständnisse und Kränkungen, nicht nur unter Ehepartnern.

Ins Positive gewendet sagt die Frau zu ihrem Mann: „Ich hatte noch keine Zeit, den Hof zu kehren. Ich danke dir sehr, dass du mir diese Arbeit abnimmst." Hat er aus Hilfsbereitschaft gehandelt, hat sie die Sprache der Liebe gut verstanden. Vielleicht kehrte der Ehemann den Hof aber doch, um ihr zu zeigen, dass sie es verabsäumt hat, dann hilft sie ihm durch die Unterstellung des positiven Motivs aus der Mängelrüge.

Die Sprache der Liebe drückt sich verschieden aus: über körperliche Zärtlichkeit, Hilfsbereitschaft und Hof kehren, über stilles Da-sein, über viel Geld verdienen, Unterstellung positiver Motive, über große Geldgeschenke (Auto), über kleine Zuwendungen, über ein liebevoll gestaltetes und gepflegtes Heim, über gutes Kochen, zärtliche Gespräche, symbolische Geschenke, Verzicht auf ein böses Wort, Respekt vor der Andersartigkeit usw.

Fehleinstellung zur Liebe: „Alles haben müssen"

Sensibel zu machen für die Vielfalt der Ausdrucksmöglichkeiten der Liebe und auch dafür, sie richtig ausdrücken zu helfen, ist eine pädagogische Herausforderung und sie wird erschwert durch die heute so verbreitete Haltung, „alles haben zu müssen". Von daher kommt es auch zu einer Fehleinstellung zur Liebe, die sich durch den Habenshorizont nicht einfangen lässt.

Durch das viele Konsumieren sind wir gewöhnt auszusuchen, und in ähnlicher Weise will man nun Menschen aussuchen: Er muss diese oder jene Eigenschaft haben, und wenn er nicht passend ist, dann wird er ausgetauscht, umgetauscht.

Wie bei Mama – oder gar nicht!

Ein junges Paar harmonierte auf körperlicher Ebene ideal. Die beiden konnten aber keine Ehe eingehen, weil die Anspruchshaltung des Mannes auf psychischer Ebene überzogen war. Er war durch seine Mutter rundum versorgt mit Unterkunft, Wäsche und Verpflegung, sodass er sich außerstande sah, bei seiner dadurch kultivierten Schlamperei und Faulheit Abstriche zu machen. Seine Charakterdisposition wurde durch die Überversorgung seiner Mutter gestützt, sodass er, um diese Anspruchshaltung aufrechtzuerhalten, von seiner Freundin den gleichen Einsatz einforderte. Sonst sei „Liebe" für ihn nicht möglich. Seiner Freundin wurde in der Beratung klar, dass er unter Liebe nur die erste und zweite Dimension lebte und offensichtlich zu wenig humane Liebe für sie empfand. Wäre es echte Liebe, könnte der junge Mann seine Anspruchshaltung jederzeit korrigieren.

Wenn sich, wie im Fallbeispiel, die Liebe auf das Konsumieren von Annehmlichkeiten reduziert, geht es nicht darum, wer die geliebte Person ist, sondern was sie/er für den/die andere(n) anzubieten hat. Daher kommt die Idee der Austauschbarkeit: „Was ich von dir nicht kriege, das hole ich mir anderswo." Die Person wird durch den Habenshorizont zu einem Bedürfnisbefriedigungsobjekt degradiert. Das ist ein falscher Anspruch an einen Partner, weil dieser als Mittel zum Zweck missbraucht wird.

In Beratungsgesprächen hört man immer wieder:

- „Der andere tut nicht, was er soll bzw. was ich will."
- „Sie liefert mir nicht zu, was ich brauche."
- „Wenn er anders wäre – ja, dann ginge es mir gut!"

Diese Erwartungshaltung ist heute sehr verbreitet. Jedoch: Je mehr jemand von seinem Partner erwartet, umso weniger wird erfüllt. Daraufhin reagiert dieser enttäuscht, macht sich abhängig von seinen Erwartungen an den anderen und es kommt zur Anklage, die meistens im Selbstmitleid endet.

Doch: Erwarten kann ich nur etwas von mir. Das dafür aber immer! Diese Lebensweisheit unterstreicht die Souveränität des Menschen durch die Geistbegabung. Es liegt jeweils an der betroffenen Person selbst, wie sie mit Herausforderungen umgeht. Den Partner kann ich nicht ändern – mich selbst aber immer wieder. Auf unsere Fallstudie umgelegt hat der Mann die Möglichkeit, aus der Klagerolle auszusteigen und souverän durch Selbsterziehung, seiner Freundin zuliebe, in die Gestalterrolle zu wechseln, um die Beziehung zu retten.

Wir sehen, dass nicht nur die Lebensansprüche gestiegen sind, sondern in ähnlichem Ausmaß auch der Anspruch an den Partner in einer falschen Erwartung an den anderen. Verloren gegangen ist vielfach der Geschenkcharakter der Liebe.

Auch hier ist wieder eine kopernikanische Wende vorzunehmen, um dem Menschen von der Erwartungshaltung zu der des souverän Schenkenden zu verhelfen. „Ich kann ohne dich nicht leben." Das ist eine Aussage, die aufzeigt, dass der Partner für eigene Zwecke vereinnahmt und nicht wirklich geliebt wird. Er fungiert als „Krückstock" für das eigene Wohlbefinden und kann schnell verabschiedet werden, wenn er nicht mehr gebraucht wird. Es handelt sich um ein rückgebogenes Motiv, das mit Liebe wenig zu tun hat.

Oft wird auch über unglückliche Liebe geklagt. Diese kann es gemäß Frankl auf der geistigen Ebene nicht geben, weil das Erschauen des Wertbildes des anderen etwas ist, das auf jeden Fall bereichert. So ist der Ausdruck „unglückliche Liebe" ein Widerspruch in sich selbst. Denn entweder ich liebe wirklich – dann fühle ich mich bereichert durch das Erschauen der Werte des anderen und durch die Erweiterung meines Wertehorizontes, unabhängig davon, ob ich Gegenliebe finde oder nicht. Wie ein Edelweiß in seiner ganzen Schönheit zwischen den Felsen blüht, unabhängig davon, ob es gesehen wird oder nicht.

Trauer als Zeichen von Liebe

Die Erfahrung von Trauer ist ein Zeichen von Liebe. Diese Erkenntnis lässt sich in der Trauerarbeit einsetzen. Denn Trauernde können wir als „reich" bezeichnen, sie haben etwas/jemand zu betrauern, etwas Geliebtes, einen hohen Wert. Sie durften Liebe erleben, und darin besteht der wahre, unverlierbare Reichtum.

„Arm ist derjenige, der nichts und niemals etwas zu betrauern hat. Er kann nichts verlieren, weil nichts da ist, wofür sein Herz schlägt. Er ist der Ärmste von uns allen." (Lukas, 1999a, Seite 17)

Jeder, der sich auf echte Liebe einlässt, die Wärme und Schönheit der Liebe erleben durfte, muss damit rechnen, dass durch die Endlichkeit der Zeit auf einen der Partner die Trauer als „Kehrseite der Liebe" (Lukas) wartet. Diese Tatsache soll uns ermutigen, das Geschenk der Liebe bewusst zu leben und zu gestalten.

Liebe ist also ein Ja zur Person, und dieses Ja gilt für immer, auch wenn die körperlichen Zustände vergehen (erste Dimension), wenn die Gefühle sich verändern (zweite Dimension), der Mensch alt wird und letztlich stirbt. Die geistige Liebe überdauert sich selbst im Hier und Jetzt, weil sie jenseits von Zeit und Raum liegt und damit diese überbrückt. Sie ist ein Funke der Ewigkeit und reicht über die Endlichkeit des Lebens, reicht über den Tod hinaus.

Der Tod kann das Da-Sein eines Menschen vernichten, nicht aber den geistigen Kern der Person. Diesen kann der Tod nicht erreichen, nur seine körperliche Existenz, die Psychophysis, also das Instrument, dessen sich der Geist bedient hat, kann vom Tod vernichtet werden. Nur so ist es zu verstehen, dass die Liebe den Tod eines geliebten Menschen überdauert. Das, was der Liebende im Geliebten erschaut, gehört einem anderen Reich an, ist jenseits von Körperlichkeit und Psyche. Liebe ist mehr als ein Gefühlszustand – ist mehr als ein Gefühl, ist mehr als Verliebtheit, ist mehr als Schmetterlinge im Bauch. Wir sagen dieses Ja zum geliebten Menschen gleichermaßen für die guten und für die bösen Tage. Das ist das Geschenk.

Hermann Hesse drückt es folgendermaßen aus: „Geliebt zu werden, welch ein Glück, doch lieben können – Meisterstück."

Geliebt zu werden ist ein positives Schicksal in guten Tagen, während in schwierigen Zeiten trotzdem Ja zur Liebe sagen souveräne Selbstgestaltung ist, ein Meisterstück!

Einfach Liebe

Nach 67 erfüllten Ehejahren liegt der 89-jährige Ehemann nach langem schwerem Leiden im Sterben. Tagelang wird er von seiner Familie rund um die Uhr liebevoll begleitet und seine 87-jährige Ehefrau zieht sich trotz der Ausnahmesituation immer wieder zurück, um sich zu regenerieren, und überlässt die Pflege vertrauensvoll ihren Kindern und Enkelkindern. Aus diesem bewussten, weisen Zurücknehmen ihrer Kraft wird in Anbetracht der Todesstunde für alle Beteiligten ein meisterhaftes Lehrstück: Die betagte Ehefrau wird aus dem Nachmittagsschlaf geweckt mit der Information, dass die Zeit des Abschieds gekommen sei. Mit großer, würdevoller Ruhe setzt sie sich in Augenhöhe zu ihrem Mann, nimmt seinen Kopf in ihre Hände und spricht ihm in Vertrautheit und Liebe Mut zu: „Atme fest aus. Es wird alles gut. Hab keine Angst. Du machst es so gut. Wir sind geborgen. Ich bin bei dir. Viele liebe Menschen warten schon auf dich: deine Mutter, dein Vater, viele Freunde, dein geliebter Hund. Atme ruhig ganz fest aus."

Ein inniger Blickkontakt verbunden mit einem vertrauten Gebet begleitet den Sterbenden in ein letztes, tiefes Aushauchen.

Die selbstlose und souveräne Haltung der liebenden Ehefrau ermöglicht ihrem Partner ein ruhiges Loslassen. Auch ihr selbst fließt unglaubliche Kraft zu, indem sie das Notwendige zulässt, ohne auch nur eine Sekunde ihre eigene Zuständlichkeit zu beachten. Nach dem Abschiedskuss richtet sie sich erschöpft und erleichtert auf mit den Worten: „Wir können nur dankbar sein für ein langes gemeinsames Leben und jetzt geht es ihm gut."

Diese Liebesszene ganz anderer Art wird ihren Kindern und Enkelkindern ein unvergessliches Vorbild bleiben.

Haltungskorrektur für Krisenzeiten der Liebe

Souveräne Selbstgestaltung in Krisenzeiten der Liebe kann mit folgender Legende und anschließender Haltungskorrektur erfolgreich eingeleitet werden.

Geschichte: Himmel oder Hölle – von den langen Löffeln.
Ein Rabbi bat Gott: „Lass mich doch einmal einen Blick in den Himmel tun und in die Hölle." Gott erfüllte seinen Wunsch und sandte seinen Propheten Elija als Führer.

Der Prophet führte den Rabbi in eine große Halle. In der Mitte brannte ein Feuer und wärmte einen Topf mit einem Gericht, das den ganzen Raum mit seinem köstlichen Duft erfüllte. Um diese verheißungsvolle Speise waren Menschen versammelt, und ein jeder hatte einen langen Löffel an die Hände gebunden. Doch sie sahen hungrig aus, grau, fröstelnd, hinfällig. Denn die Löffel waren viel länger als ihre Arme, sodass sie ihren Mund damit nicht erreichen konnten. Freudlos und missgünstig schweigend schauten sie mit leeren Augen vor sich hin. Erschrocken und aufgewühlt ließ sich der Rabbi von diesem gespenstischen Ort wegführen. Er hatte genug von der Hölle gesehen.

Der Prophet führte ihn nun in einen anderen Raum. Oder war es der gleiche? Alles sah ganz genauso aus: der Kessel mit der duftenden Köstlichkeit über dem Feuer, die Menschen rund um den Herd, die gleichen überlangen Löffel. Nein, es war nicht der gleiche Raum. Die Menschen aßen. Sie sahen glücklich aus, gesund, zufrieden, voller

Leben. Fröhliches Stimmengewirr und herzliches Lachen erfüllten den Raum. Das musste das himmlische Paradies sein.

Doch was machte diesen gewaltigen Unterschied aus? Die Menschen hier wandten sich einander zu. Jeder benutzte seinen riesigen Löffel, um einem anderen die Speise zu reichen. Jeder blieb besorgt, dass ein anderer satt wurde. Und so erhielt auch der Rabbi sein Essen, konnte satt werden und genießen. (Jüdische Legende)

Die Bilder für Himmel und Hölle enthalten identische Inhalte – wie im Leben auch. Das Leben kann Himmel und Hölle sein. Der Mensch entscheidet, was er aus dem Geschenk „Leben" macht. Die köstlichsten Liebesspeisen sind vorbereitet, aber das Hindernis sind die langen Löffel, die schicksalhaft vorgegeben sind. Jetzt kommt es auf den Menschen an, was er daraus macht. Hier entscheidet er, ob sein Leben Himmel oder Hölle sein wird. Die vorbereitete Speise ist die Liebe. Wir können sie uns nicht alleine in den Mund stecken, sondern wir können nur den anderen damit nähren – weil die Liebe ein Gnadengeschenk ist.

Abb. 49: Löffeldreh

Die Hölle ist dort, wo man trotz Liebe verhungert. Den Himmel finde ich nur dann, wenn ich den Löffel drehen lerne. Statt die Liebe mir in den Mund zu schieben, schenke ich sie dem anderen – das ist der Himmel.

Die Partner müssen ihre Löffel drehen lernen und die Liebe, die sie aus dem Pool der Schöpfung herausnehmen, dem anderen in Zuneigung reichen. Das kann für die Menschheit ein Korrektiv sein. Der sogenannte „**Löffeldreh**" leitet eine kopernikanische Wende ein. Mein Fokus ist nicht mehr nur auf mich, sondern auch auf den anderen gerichtet. Das ist die Verwirklichung von Selbsttranszendenz, die den Menschen zum Menschen macht.

Nachfolgend stellen wir eine Anregung Frankls für eine Diskussion zum Thema Liebe vor, vor dem Hintergrund seines Menschenbildes. Wir lassen den Schluss bewusst offen, damit sich jeder individuell seine Gedanken zu diesem ewigen Thema machen kann.

„Betrachten wir die Jugend als Vorbereitungszeit auch im erotischen Sinne, demnach auch für das Liebesleben, dann ergibt sich, dass vom jungen Menschen sowohl gefordert ist, den richtigen Partner zu suchen und zu finden, als auch, es beizeiten zu „lernen", ihm treu zu sein. Diese zweifache Forderung ist nun nicht ohne Antinomie[1]. Denn auf der einen Seite muss der junge Mensch im Sinne der Forderung nach Entscheidungsfähigkeit eine gewisse erotische Menschenkenntnis und erotische Routine zu erwerben trachten. Auf der anderen Seite aber muss er im Sinne der Forderung nach Treuefähigkeit bestrebt sein, über bloße Stimmungen hinweg zu einem einzigen Menschen zu stehen und die Beziehung mit ihm aufrechtzuerhalten. Es kann daher der Fall eintreten, dass er nicht weiß, ob er eine konkrete Beziehung aufgeben soll, um möglichst viele und verschiedene Beziehungen zu erleben und sich schließlich für die richtige entscheiden zu können, oder aber, ob er die konkrete Beziehung nicht lieber möglichst lange aufrechterhalten soll, um möglichst bald das Treusein zu erlernen. In der Praxis empfiehlt es sich nun, den jungen Menschen, der vor dieses Dilemma gestellt ist, im Zweifelsfalle die Frage gleichsam negativ formulieren zu lassen. Er braucht sich dann nur zu fragen, ob er nicht vielleicht nur deshalb aus einer allenfalls wertvollen konkreten Beziehung „ausspringen" will, weil er die Gebundenheit fürchtet und vor der Verantwortlichkeit flüchtet, bzw. ob er nicht vielleicht nur deshalb an einer brüchig gewordenen Beziehung krampfhaft festhält, weil er fürchtet,

[1] Widerspruch eines Satzes in sich oder zweier Sätze, von denen jeder Gültigkeit beansprucht.

ein paar Wochen oder Monate einsam sein zu müssen. Befragt er sich in dieser Weise auf allfällige unsachliche Motive hin, dann wird ihm eine sachliche Entscheidung leicht gemacht.“ (Frankl, 2005a, Seite 196)

Konsequenzen durch Souveränität für die Pädagogik

PädagogInnen können sich ihre SchülerInnen nicht „aussuchen“. Sie werden ihnen zugewiesen und logopädagogisch könnte man sagen, sie sind im schicksalhaften Bereich. Die PädagogInnen können jedoch souverän entscheiden, wie sie ihnen begegnen wollen. Entweder sie nehmen jedes einzelne Kind nur in seiner augenblicklichen Schwäche wahr und reduzieren es darauf, oder sie nehmen es in seiner Personalität ernst und sehen über die augenblicklichen Schwächen hinweg. So können sie durch Liebe und Wertschätzung das Beste aus ihnen „herauslieben“. Diese Haltung aktiviert und motiviert den Schüler in seiner humanen Grundausstattung. (Siehe: Drei Säulen, Frankls erste These, S. 45 ff.)

Die SchülerInnen sind konfrontiert mit der Haltung und der Sprache, welche die LehrerInnen, ProfessorInnen ihnen gegenüber wählen. Wird Kommunikation in einer Sprache der Liebe, der Angst, der Drohung, der Forderung oder der Wertschätzung gewählt, wird die Auswirkung entsprechend sein.

Und wie drücken Kinder ihre Liebe gegenüber Eltern, LehrerInnen, ProfessorInnen aus? Sehr unterschiedlich und manchmal für die Erwachsenen nicht als Liebes- oder Vertrauensbeweis auf den ersten Blick ersichtlich: Manche durch ruhiges, angepasstes und interessiertes Mitarbeiten im Unterricht, andere durch ständiges Auffallen, um mehr Zuwendung zu erfahren. Wieder andere durch unglücklich formulierte Kommentare oder durch unangepasstes Verhalten. So backt z. B. ein Fünfjähriger in der durch seine Aktivität verwüsteten Küche liebevoll eine Geburtstagstorte als Überraschung oder Jugendliche begrüßen den Inspektor mit der für sie vertraulich klingenden Anrede „He Alter“.

In jedem Fall sind Kinder und Jugendliche Appell an Erwachsene, sie altersadäquat, hilfreich, liebevoll und kreativ zu begleiten und nicht in ihrer Entwicklung abzuwerten oder zu bewerten. Welches Ausdrucksmittel in welcher Situation passt oder nicht, wird in einer wertschätzenden Umgebung gefühlt oder muss entsprechend gelehrt, gelebt und einfühlsam korrigiert und zur Sprache gebracht werden.

Der Klassenkasperl

Eine Logopädagogin wird in eine Hauptschulklasse gerufen, in der ein „Klassenkasperl" immer wieder den Unterricht stört und dadurch schon viel Kritik einstecken musste.

Im Vier-Augen-Gespräch erklärt die Pädagogin: „Du hast eine ungeheure Begabung, Menschen zum Lachen zu bringen." Erstaunt hört der Schüler, der wieder eine Standpauke erwartet hat, zu. „Sie meinen das ehrlich?" – „Ja, durchaus. Du kannst mit lustigen Meldungen deine MitschülerInnen aufheitern. Das hast du ja sicher schon gemerkt. Das ist ein Talent, das du bekommen hast. Denke an Komiker, Clowns oder an die Roten Nasen in den Krankenhäusern. Vielleicht wirst du dich beruflich in diese Richtung entscheiden. Begabt bist du." Der junge Mann hört und staunt. So etwas wurde ihm noch nie gesagt.

„Doch was muss der Rote-Nasen-Clown tun, wenn der Arzt in das Krankenzimmer zur Behandlung der Kinder kommt? Was meinst du?" – „Ich glaube, der muss dann still sein und vielleicht auch aus dem Zimmer gehen, oder?" – „Richtig! Siehst du, das fehlt dir noch ein bisschen. Aber wir können das üben. Es geht darum, sich im richtigen Augenblick richtig zu verhalten. Ich schlage vor, dass du jeden Montag in der Früh für deine Klassenkammeraden einen kleinen Sketch vorbereitest und aufführst oder einen Witz erzählst. Dann kannst du dein Talent üben. Danach ist die Lehrerin dran, um mit dir und deinen Freunden zu arbeiten. Wenn du dann einmal vergisst, dich zurückzunehmen, und wieder mitten im Unterricht einen Witz machen willst, dann wird die Lehrerin dir ein Zeichen geben, das dich an unser Gespräch erinnert. Sie wird eine rote Nase auf deine Bank legen. Was meinst du zu diesem Vorschlag?"

Der Schüler hat die liebevolle Korrektur seines Verhaltens mit Dankbarkeit angenommen und sich auf das Experiment „rote Nase" eingelassen.

Es geht bei einem ständig störenden Schüler, der seine Talente auslebt, seinen Unmut kundtut oder um Zuwendung bettelt, darum, den Hintergrund der Störungen wahrzunehmen und mit ihm neue, sinnvolle Strategien zu erarbeiten. Vielleicht muss er auf sein momentanes destruktives Verhalten und seine personalen Wahlmöglichkeiten eines Auch-anders-sein-Könnens aufmerksam gemacht werden, um es korrigieren zu können.

Als kleine Hilfestellung soll dienen: Es muss immer ausgedrückt werden: Ich mag dich! Du bist mir wert, dass ich mich für dich einsetze! Das muss die Intention jedes liebenden Tuns, jeder Handlung, jeder pädagogischen Aktion sein. Dazu sind Feinfühligkeit, Empathie und Liebesfähigkeit notwendig.

Die Nachprüfung

Florian, ein HTL-Schüler, ist wütend über eine seiner Meinung nach ungerechte Nachprüfung, die ihm sein Klassenvorstand für den Herbst angekündigt hat. Er bittet seine Mutter, mit ihm zum Professor zu gehen, um diesen umzustimmen. Er lasse sich von ihm nicht seine Ferien verpatzen.

Im Beisein der Mutter eröffnet der Klassenvorstand das Gespräch: „Liebe Frau M., sie müssen mir glauben, ich habe keine böse Absicht ihrem Sohn gegenüber. Ich würde ihm gerne diese Nachprüfung ersparen. Aber mir ist ihr Sohn zu wichtig, als dass ich ihn billig mit einem Vierer durchkommen lasse. Ich könnte es vor mir nicht verantworten, weil ich mich an Florian schuldig machen würde. Die noch zu lernenden Inhalte könnten für sein weiteres Leben als Ingenieur entscheidend sein."

Diese und weitere Aussagen überzeugen Florian. Er kann die ehrliche und besorgte Aussage seines Professors annehmen. Er versteht die Forderung des Lehrers, weil dieser ihm seine Intention klar vor Augen führt. Das sinnvolle Pro-Motiv wird von Florian als notwendig erkannt, obwohl es schmerzt.

In solchen Gesprächen sind Ich-Botschaften sinnvoll, weil sie die Annahme signalisieren, echte Gefühle ausdrücken und damit Authentizität ausstrahlen, ohne zu werten.

Pädagogische Hilfe durch „doppeltes Erschauen"

Eine liebende Lehrerperson erschaut Doppeltes: Sie sieht den Schüler so, wie er ist, und gleichzeitig in seiner besten Gestalt.

Der Spannungsbogen zwischen Sein und Soll ist dabei hilfreich: Der Logopädagoge sieht die augenblickliche Not (Sein) und gleichzeitig auch die individuellen Entwicklungsmöglichkeiten seiner SchülerInnen (Soll).

Diese Vorwegnahme des Sein-Könnenden ist höchste Pädagogik. Es ist ein wohlwollender Blick auf den jungen Menschen mit der Aussage: „Ich glaube an dich!"

Erziehen kommt aus dem Lateinischen „educare" und bedeutet herausführen. Die jungen Menschen herauszuführen aus Unwissenheit, Trotzhaltungen, Selbstüberschätzung, Gruppendruck, Ohnmacht, Verzweiflung, Selbstwertproblemen, aus Sinnleere hin zu ihren Talenten, Begabungen und Lebensmöglichkeiten, die darauf warten, von ihnen verwirklicht zu werden, zeichnet LogopädagogInnen aus.

Die jungen Menschen sind realistisch zu sehen und dort abzuholen, wo sie im Augenblick stehen. Der Erzieher darf sie ein Stück weit begleiten, herausführen, damit sie dort ankommen, wo ihre Bestimmung liegt, und nicht dort, wo er sie haben will.

Die Liebe sieht das Reale und das Ideale. Aber dieses doppelte Erschauen hat auch eine Kehrseite. Ein reifer Mensch kann in persönlicher Freiheit entscheiden, sich nicht in positiver Weise zu entwickeln, seine Talente brachliegen zu lassen oder einen Lebenswandel zu führen, der seine Gesundheit untergräbt, der ihn ruiniert.

In der Partnerschaft wie in der Pädagogik ist dann das Zuschauenmüssen, wie ein geliebter Mensch sich „fehl-lebt", fehlentwickelt und auf seinen Ruin zugeht, sehr schwer zu ertragen – etwa wie er immer dicker, träger wird und sich selbst gefährdet (Alkohol, Einfluss schlechter Kreise usw.).

Zuschauenmüssen ist eine andere Art von Leid. Nicht so sehr, dass es um eine Enttäuschung geht, sondern es tut einem leid um einen Menschen, der seine positiven Möglichkeiten nicht nützt und damit unter Umständen sein Leben verfehlt. Das ist eine Situation, die für alle Beteiligten sehr schwer auszuhalten ist. Die Verantwortlichen haben alles getan – dann beginnt die „Ohnmacht“, wobei Gebete, gute Gedanken und trotz allem liebende Einstellung immer noch möglich sind.

Man kann den anderen als Person stützen, aber die Freiheit und Verantwortung bleibt bei dem Betroffenen und sie müssen ihm sogar altersadäquat zugemutet werden.

Ein Beispiel:
Die Lehrkraft ist verantwortlich für das Angebot, das sie in ihrem Unterricht den jungen Menschen macht, und für seine Haltung ihnen gegenüber. Er ist aber niemals dafür verantwortlich zu machen, wenn SchülerInnen in ihrer Freiheit dieses Angebot ausschlagen. Das ist eine Tatsache, die vor den jungen Menschen angesprochen werden muss und sie auffordert, Verantwortung für ihre Haltung zu übernehmen. Auch schon kleine Kinder sollen altersadäquat immer in die Verantwortung genommen werden, um sich mitgestaltend und souverän erleben zu können.

Ein weiterer Aspekt echter Liebe ist, dass Geistiges nicht teilbar ist. D. h., wenn eine Mutter drei Kinder hat, so hat doch jedes ihre ganze Liebe. Wenn ein Lehrer für 25 SchülerInnen da ist, so hat jede / r die ganze Liebe des Lehrers / der Lehrerin. Denken wir an Frau Professor Rat. Ein Phänomen der Liebe: Wenn wir sie teilen, wird sie mehr.

Fassen wir zusammen:

- Liebe ich an einem Menschen nur, was er hat, ist eine Krise vorprogrammiert, weil Haben verlierbar und austauschbar ist. Liebe ich an einem Menschen, was er ist, so liebe ich seine Essenz, und diese ist unverlierbar.
- Lieben ist ein Verdienst, dem ein persönlicher aktiver Entscheidungsprozess zugrunde liegt, unabhängig davon, ob ich wiedergeliebt werde. Echte Liebe ist autonom und spricht über den Liebenden. Das ist Souveränität!
- Geliebt werden ist Gnade. Es liegt außerhalb meiner Wahlmöglichkeiten, außerhalb meines Freiraums und ist reines Geschenk.

- Je weniger ein Mensch liebesfähig ist, umso mehr ist er abhängig vom Geliebtwerden.
- Gespräche über das Wesen der menschlichen Liebe sind im Unterricht dringend notwendig, weil eine große Verunsicherung herrscht und wir PädagogInnen die Fehlhaltungen nicht gleichgültig hinnehmen dürfen, da sie dem Menschen à la longue schaden.

  Das Wort Liebe wird heute, auch medial, ausschließlich mit Sex und/oder Verliebtheit gleichgesetzt, und wir haben gesehen, dass es sich dabei um wichtige Vorstufen der personalen Liebe handelt. Sie dürfen aber nie zum Endzweck werden, sondern sollen sich immer auf den anderen beziehen, den anderen meinen. Nur so kann menschliche Liebe erlebt werden – und diese Liebe ersehnt jeder Mensch.

Die siebente logopädagogische These

Logopädagogik unterstreicht den Aufgabencharakter des Lebens und leitet an, sich souverän liebend den Lebensfragen zu stellen.

**Die Opferhaltung ist nicht schlau,
besser auf deine Eigenkraft vertrau**

Abb. 50: Siebente logopädagogische These

Auf der linken Seite des Bildes sehen wir den Mensch ganz verstrickt in die Opferhaltung: Keiner liebt mich. Er nimmt rund um sich nichts mehr wahr, sieht nur noch seine Füße und die unmittelbare Umgebung – keine wirklichen Perspektiven.

Auf der anderen Seite sehen wir die Souveränität und die Autonomie des Menschen, der sich den Aufgaben des Lebens in Liebe stellt, nicht getrieben, sondern entscheidend. Dadurch ist er in der Lage, selbstbewusst finale Vorleistungen einzubringen, unabhängig davon, ob er geliebt wird oder nicht.

Die Person ist auch in den drei Dimensionen der Liebe eine Einheit und kann kraft ihrer geistigen Souveränität sich selbst und der Welt gegenübertreten.

DER MENSCH IST DYNAMISCH UND WELTOFFEN

Frankls achte These über die Person lautet: „Die Person ist dynamisch." (Frankl, 1997a, Seite 116)

Die Geistbegabung der Person ist reine Dynamis, reine Bewegung, und immer in Beziehung zu inneren oder äußeren Gegebenheiten. Aus sich selbst herauszutreten, sich selbst und der Welt gegenüberzutreten, ja sogar entgegenzutreten, ist ein dynamischer Prozess.

Ein Vergleich: Schaut sich der Mensch, im Egoismus gefangen, ausschließlich in einen Spiegel, um sich und seine Befindlichkeit zu betrachten, um seinen „Selbstwert" entdecken zu wollen, wird er statisch und werteblind. Wahrer Selbstwert entsteht durch Weltoffenheit – durch einen Blick durch das offene Fenster hinaus in die Welt. Nur so können persönliche Aufgaben, Sinnanrufe durch vorfindliche Werte wahrgenommen werden und Sinnerfüllung an einer Sache oder an einer Person tiefe Zufriedenheit und Dankbarkeit schenken.

Wieder gehen wir von Frankls These aus, dass der Mensch ein Wesen auf der Suche nach Sinn ist. Daraus leitet Viktor E. Frankl das adäquate Motivationskonzept ab. Wird der „persönliche Sinnanruf" wahrgenommen, wird der Mensch durch die Dynamik der Sinn- und Wertorientierung bewegt. Was heißt das?

In diesem Kapitel widmen wir uns den Werten und den von Frankl entwickelten Wertekategorien, die diese Sinn- und Werteorientierung gewährleisten.

Studierende, die sich z. B. selbst nur passiv als Konsumenten des Lehrplans sehen, sind statisch und lassen sich ohne eigenes aktives Zutun, ohne ihr Wollen durch die Ausbildungen schieben. Das so „Gelernte" tritt mit ihnen nicht in Beziehung und betrifft sie deshalb auch nicht. Solches Lernen entspricht nicht dem Menschen, er wehrt sich dagegen, es kommt zu Widerständen. Dieser Widerstand zeichnet ihn jedoch als Homo sapiens aus, weil er sich als dynamisch gestaltend erleben möchte. Ein weiterer Aspekt: Das Gehirnwachstum wird durch diese Form des Lernens nicht angeregt, denn der

Treibstoff fürs Gehirn (Dopamine) entsteht durch Engagement mit Begeisterung.

Frankl sieht in den Werten die „primäre Motivationskraft" für den Willen zum Sinn, wie wir im Kapitel über Frankls erste These, S. 39 ff. beschrieben haben. Eine Sinn-Entscheidung ist eine Entscheidung für einen Wert, wie folgendes Beispiel illustriert: Kinder entdecken bei einem Schulausflug einen schillernden Käfer im Gras. Begeistert fragen sie ihren Lehrer nach dem Namen und dem Lebensraum des Tieres. Der Lehrer bewundert das kostbare Exemplar, zeigt offensichtliches Interesse daran und bestärkt die Kinder, sich Wissen über ihre Entdeckung anzueignen.

Der Käfer wird fachgerecht in die Schule transportiert. Die Kinder analysieren, beschreiben mit allen zur Verfügung stehenden Lehrbehelfen ihre „Entdeckung" und lernen dabei nicht nur den Rosenkäfer und seinen Lebensraum nachhaltig kennen, sondern erwerben neue Lern- und Lebensstrategien. Der Nebeneffekt sind neue Vernetzungen im Gehirn.

„Sinn" betrifft immer eine konkrete einzigartige Person in einer konkreten einmaligen Situation. Und Sinnerfüllung ist damit eine höchst persönliche Aufgabe. Sie kann und darf niemandem abgenommen werden, weil es sich um *seinen* dynamischen Prozess handelt, der ihn bewegt, sich für einen Wert zu entscheiden und dafür aktiv zu werden. Der Sinn fordert eine konkrete Person auf, ihr Bestmögliches in der konkreten Situation zu verwirklichen. Das ist, so pathetisch es klingen mag, der Prozess der Menschwerdung.

Schon Sokrates hat diese Form der Wissensvermittlung bevorzugt und erfolgreich im „sokratischen Dialog" angewendet, indem er fragend im Dialog die Schüler anregte, selbst die richtigen Antworten zu finden.

Die nach Frankl objektiv in der Welt vorfindlichen Werte meinen etwas Allgemeines, Umfassendes, Abstraktes und können daher vom Individuum nicht „gemacht" werden, weil sie unabhängig von dessen Erkennen und Wahrnehmen gegeben sind. Ein Wert bedarf keiner Bestätigung in irgendeiner Form. Werte sind Werte an und für sich. So wie z. B. ein prachtvoller Sonnenaufgang unabhängig von einer Kenntnisnahme geschieht.

Es gibt eine Verbindung zwischen dem subjektiven Sinn des Augenblicks und den in der Welt vorfindlichen objektiven Werten. Die Brücke zwischen beiden ist ihre Wahrnehmung und die je personale Entscheidung zur sinnerfüllenden Verwirklichung.

Allgemein geltende Wertvorstellungen ergeben sich aus typischen, sich wiederholenden Lebenssituationen. Sie werden zu moralischen und ethischen Prinzipien, die sich im Rahmen der menschlichen Gesellschaft im Laufe der Geschichte herauskristallisieren.

Diese Geschichtlichkeit der objektiven Werte bedeutet nicht, dass sie menschliche Produkte sind, sondern sie weist auf die menschliche Entwicklung hin. Der Einzelne kann sich bei der Sinnsuche an den allgemein geltenden Werten orientieren. Er kann in seiner Freiheit aber auch andere als die herkömmlichen Werte wahrnehmen, weil er sich gegen das bisher Übliche in der Gesellschaft stellen kann.

Beispiele für den Wertewandel in drei unterschiedlichen Bereichen:

1. Früher blieben Frauen bestimmte Berufe verwehrt.
2. Schüler fragen: „Warum müssen wir aufstehen, wenn der Direktor in die Klasse kommt?" – „Warum kann ich nicht mit der Kappe am Kopf in der Klasse sitzen und lernen?" – „Warum darf man nicht essen und trinken, wenn man Lust dazu hat?"
3. Warum werden Männer belächelt, die in Väterkarenz gehen, Frauen gemaßregelt, wenn sie Karriere machen wollen oder „nur" Hausfrauen sind? Warum darf nicht geraucht werden, wann und wo man will?

Ein Auftrag an Beratung und Erziehung ist, zur persönlichen Meinungsbildung anzuregen und sich mutig anstehenden Fragen zu stellen. Das entspricht dem Menschen, der sich motiviert und dynamisch in die Gesellschaft einbringen will. Bezogen auf die obigen Beispiele heißt das:

1. Sinnentleerte „Traditionen" können durch sinnvolle, zeitgemäße ersetzt werden.
2. Vermeintlich sinnentleerte Traditionen sollen diskutiert werden, um sie, wenn notwendig, mit verstehbarem Sinn zu beleben oder bewusst entschieden zu verabschieden.

3. Veränderungsideen sind zu argumentieren, um neuen, sinnvollen Möglichkeiten Raum zu geben. Dazu gehört auch ein Training der Sensibilität und der personalen Stellungnahme zu gesellschafts- und sozialpolitischen Fragestellungen.

Vor allem junge Menschen haben ein Recht darauf, mit erfahrenen Menschen Sinn- und Existenzfragen zu diskutieren und Antworten darauf zu bekommen. So hat nach einem SchülerInnenworkshop im Viktor Frankl Zentrum Wien, bei dem es genau um diese Fragen und Antworten geht, ein sichtlich beeindruckter 15-jähriger Teilnehmer wie folgt ins Gästebuch geschrieben: „He, jetzt kapier ich das Leben!"

Logopädagogik ist bemüht, das Wertebewusstsein des Individuums zu stärken, damit es als personales, frei wählendes und verantwortendes Sein seinen persönlichen Sinn des Augenblicks realisieren kann. Hier spüren wir stark die Dynamik, das „Existere" – das „Aus-sich-selbst-heraustreten-Können", um sich und die Welt aus einer Distanz wahrzunehmen.

Jeder Mensch trägt Verantwortung für die Gesellschaft, und diese soll im beruflichen und privaten Alltag durch bewusst getroffene Entscheidungen ihren Ausdruck finden. Dadurch ist verstehbar, dass sich Wertvorstellungen innerhalb der menschlichen Kultur ändern bzw. auch ganz verloren gehen und andere, neue in den Vordergrund treten. Der historische „Wertewandel" ist diesem dynamischen Prozess ausgesetzt – manchmal durchaus brutal und schmerzhaft (Hexenverbrennung, Sklaverei) – und trotzdem ist die Veränderung zu mehr Humanität ein zutiefst menschlicher Prozess.

Statt Klage über Werteverlust – Ausrichtung am Sinn

Viel wird heute über einen „Werteverfall" und „Werteverlust" diskutiert und geklagt. Aber es geht in der Logopädagogik nicht primär um absolute, geschichtlich definierte Werte, sondern um den individuellen Sinnanruf und dessen Wahrnehmung.

Auch wenn alle Werte wegbrechen, der individuelle Sinn des Augenblicks setzt den Menschen in Bewegung, seinem Sinnappell, seinem Lebensauftrag gerecht zu werden.

„Jedenfalls kann das Leben auch dann sinnvoll bleiben, wenn alle Traditionen der Welt dahinschwänden und kein einziger allgemeiner Wert übrig bliebe." (Frankl, 1997a, Seite 25)

Statt über den Traditions- und Werteverlust zu klagen, ist der Mensch aufgefordert, den personalen Sinn der Situation zu erkennen und zu erfüllen. Damit lebt er Wertvolles in die Welt. Diese kopernikanische Wende **vom Jammern zum Gestalten** motiviert den Menschen. Sie ist in allen Lebenssituationen möglich, da, wie immer wieder betont werden muss, Sinn in der Welt vorfindlich ist:

- in Leistungen, die der Mensch schafft,
- in Erlebnissen, die ihn bereichern
- und auch in Leiderfahrungen, auf die er sich einstellen kann.

Hier wird die Würde der Person und ihre Mitgestaltung an der Welt in Anbetracht der frei gewählten Antwort auf die je personal gestellte Lebensfrage an ihn deutlich spürbar: der Mensch als Mitgestalter der Schöpfung, als weltoffenes Wesen.

Die drei Hauptstraßen zum Sinn

Frankl nennt drei Hauptstraßen zum Sinn, die unabhängig von jedem Traditions- und Werteverlust sinnträchtig bleiben:

1. schöpferische Werte,
2. Erlebniswerte und
3. Einstellungswerte.

1. Die Verwirklichung von schöpferischen Werten

Nach Frankl sieht der Mensch zunächst Lebenssinn darin, etwas *zu tun oder zu schaffen*, und er gibt dieser Sinnverwirklichungsmöglichkeit die erste Priorität. Bei „schöpferischen Werten" steht die Frage im Vordergrund, ob ein Mensch seine persönlichen Aufgaben erfüllt, ob er etwas schafft, die Welt gestaltet und damit seine Möglichkeiten verwirklicht, durch eine Tat, eine Handlung oder ein Werk.

Der Homo faber ist auf Erfolg ausgerichtet. Seine Kategorien sind Erfolg und Misserfolg, und sein ganzes Leben baut darauf auf. Um arbeiten zu können, hat der Mensch Talente und Begabungen, um sie für die Welt fruchtbar zu machen.

Jede Person hat zumindest ein Talent und kann Sinn verwirklichen, indem sie ihr Leben und die Welt durch Taten und Werke gestaltet. Mit der Aneignung von Fertigkeiten, mit der Berufsausübung oder durch ihr Dasein wirkt sie in die Gemeinschaft und hinterlässt einen persönlichen Abdruck in der Welt.

Abb. 51: Mein Handabdruck

„Im Besonderen kann die Arbeit jenes Feld darstellen, auf dem die Einzigartigkeit eines Individuums in Beziehung zur Gemeinschaft steht und so Sinn und Wert bekommt.“ (Frankl, 2005, Seite 167)

Nicht jeder Beruf gewährt gleich große kreative Spielräume. Dennoch gibt es besondere Gelegenheiten, die Arbeit persönlich zu gestalten und ihr dadurch eine persönliche Note zu verleihen.

„Die Unersetzlichkeit und Unvertretbarkeit, das Einmalige und Einzigartige liegt jeweils am Menschen, daran, wer schafft, daran, wie er schafft, und nicht daran, was er schafft.“ (Frankl, 2005, Seite 167)

Arbeitslosigkeit als Herausforderung

Durch die Arbeit wird die Lebenskraft der Person in Wirksamkeit umgesetzt. Dieser Aspekt ist speziell bei Arbeitslosen mit zu bedenken, weil der Mensch für etwas oder für jemanden gut sein will. Es geht nicht nur um finanzielle Sicherheit, sondern um persönlichen Einsatz für etwas oder für jemanden.

Die größte Gefahr, mit der viele Arbeitslose zu kämpfen haben, ist Apathie: eine Interesselosigkeit, die jede Initiative lähmt und die Menschen werteblind macht. Damit verlieren sie die Motivation, weil keine Werte mehr wahrgenommen werden und ihre Weltoffenheit verloren geht. Sie sind dadurch oft unwillig und unfähig, Hilfe anzunehmen. Der Arbeitslose fühlt sich unnütz und meint, sein Leben habe keinen Sinn mehr, weil er sich nur über die schöpferischen Werte definiert und ihm die zwei noch zur Verfügung stehenden Hauptstraßen zum Sinn nicht bewusst sind.

Folgende Gefahren der Arbeitslosigkeit können auftreten, wenn Dynamik und Weltoffenheit in den Hintergrund treten und mögliche Selbstgestaltung nicht wahrgenommen wird:

- Sie wird zur Ausrede für nicht gestaltetes Leben. Der Mensch fällt in die Opferrolle.
- Sie verleitet zu einem Leben in provisorischer Daseinshaltung: Der Arbeitslose meint, man dürfe von ihm nichts verlangen – und er verlangt von sich selbst wenig.
- Dadurch fühlen sie sich der Lebensverantwortung enthoben und übernehmen keine Verantwortung. Alle Probleme werden auf das Schicksal zurückgeführt.
- Sie verharren tatenlos in der Opferrolle und hoffen auf ein Wunder.

Arbeitslos

Eine Logopädagogin berichtet von einem ca. 30-jährigen Mann: Der junge Mann sucht mich auf, weil sein Hund vor Kurzem wegen einer unheilbaren Krankheit erst fünfjährig eingeschläfert werden musste. Eine Welt bricht wieder einmal für ihn zusammen. Es ist sein dritter Hund, der trotz bester Haltung so jung eingeht. Seit seinem 18. Lebensjahr hätte er überhaupt nur Pech in seinem Leben.

Tatsächlich bringt der Lebensbericht viele schicksalhaft schwierige Lebensumstände zutage. Er hat eine eingeschränkte, etwas verlangsamte Auffassungsgabe durch ein Geburtstrauma, das ihn beruflich immer wieder in Schwierigkeiten und Arbeitslosigkeit bringt. Sein Vater verließ früh die Familie und geriet später auf die „schiefe Bahn". Der junge Mann verlor seinen letzten Arbeitsplatz im Zuge der Wirtschaftskrise. In dieser Zeit war sein Hund seine einzige Freude. So resümiert er: „Aber es wird mir vom Leben halt nichts gegönnt. Jetzt freut mich gar nichts mehr!" Er hat viel Zeit, Geld und persönlichen Einsatz in sein Haustier investiert. Er versteht nicht, warum so etwas immer nur ihm passiert!

Sein biologisches, psychisches Schicksal und in diesem Fall auch sein soziologisches Umfeld sind eine ungeheure Herausforderung an seine geistige Stellungnahme. Er fühlt sich jedoch ohnmächtig.

Ich höre mir die Leidensgeschichte an und verstehe seine Klage und sein Leid, das durch die Arbeitslosigkeit verschärft wird. Trotzdem lenke ich seine Aufmerksamkeit auch auf seinen noch heilen Familienschatz. Sowohl seine Mutter als auch sein Bruder machen sich Sorgen um ihn und trauern mit ihm um den verlorenen Hund. Sie stehen zu ihm.

Wir sprechen über seinen schweren Wertverlust, der von erlebter Liebe zeugt, und davon, welch großer Tierfreund in ihm steckt. Er erzählt, dass er mit jedem Hund, auch mit dem schwierigsten, zurechtkommen kann, weil er die Hunde versteht. Wir diskutieren verschiedene Berufsmöglichkeiten: Steckt hier nicht eine Berufung in diesen Talenten? Wäre er nicht berufen, damit tätig zu werden?

Er winkt müde ab. Er brauche sich nirgends zu bewerben, er würde sicherlich nicht genommen. Nun drehe ich den Spieß um: Es geht nicht darum, ob er eventuell durch eine Absage enttäuscht werden kann, sondern darum, ob nicht vielleicht Vierbeiner auf ihn warten, denen es unter seinem fachkundigen Engagement besser gehen könnte. Ein Tierfreund und Hundekenner seiner Art könnte in einem Tierheim viel Leid verringern. Wir suchen noch in der Beratungsstunde die Telefonnummer eines Tierheimes in der Nähe heraus. „Ja, er könne sich in der nächsten Woche bei Frau S. im Tierheim vorstellen. Wenn er ins Team passt, wird er für ehrenamtliche Tätigkeiten auf die Warteliste gesetzt", erfahren wir am Telefon.

Ich erkläre ihm, dass es seine Entscheidung sei, wie er auf diese Lebensfrage antworten möchte, und dass er bedenken möge, dass die Hunde im Heim auf ihn und seine Entscheidung angewiesen sind. Sie können nicht zu ihm kommen. Wenn jemand in dieser Situation etwas sinnvoll verändern kann, so ist das er. Die herrenlosen Hunde haben keinerlei Wahlmöglichkeit, ihren Herrn zu bestimmen. Wenn er also wirklich ein Tierfreund ist, was kann ihn jetzt noch hindern?

Er hat die Wahl. Wie will er sich sehen in dieser Situation? Als Handelnden oder als einen depressiven Arbeitslosen, der mit dieser Haltung auch zusätzlich seine Lieben in Sorgen versetzt? Was soll von ihm ausgehen? Niemand außer ihm selbst kann das bestimmen.

„Das Liebesmotiv ist stärker als das Angstmotiv", formuliert Frankl treffend und es bewahrheitet sich in der Praxis immer wieder.

Auf meine Anfrage erklärt sich der behandelnde Tierarzt seines Hundes bereit, dem jungen Mann ein Referenzschreiben wegen guter Tierhaltung auszustellen. Es bedarf noch einiger Beratungszeit, bis er mit Brief, Lebenslauf und Bewerbung durchstartet. Er hat ein gutes Vorstellungsgespräch und darf bis zum Freiwerden der Stelle ehrenamtlich tätig sein. Seine geliebten Hunde eröffnen nach und nach neue Perspektiven für alle Beteiligten und weisen auf einen hoffnungsvermehrenden Weg. Die Tierliebe gepaart mit dem Blick aus dem Fenster in die Welt verbindet die geistbegabte Person mit dem Sinnappell des Augenblicks.

Ich entlasse den jungen Mann aus der Beratung mit neuen Perspektiven, die seinen persönlichen Handabdruck auf der Welt ermöglichen, trotz seiner verständlichen Trauer um seinen vierbeinigen Freund.

Die Logotherapie / Logopädagogik zeigt dem Arbeitslosen sowie allen suchenden Menschen ihre innere Freiheit auch gegenüber ihrem sozialen Schicksal auf und macht die Verantwortung gegenüber dem Leben, den Mitmenschen und der Welt bewusst. Sie öffnet Fenster, um den Blick hinaus in die Welt zu ermöglichen, und erweitert dadurch den Wertehorizont.

So können persönliche Aufgaben, Sinnanrufe durch vorfindliche Werte wahrgenommen werden und Sinnerfüllung an einer Sache oder an einer Person tiefe Zufriedenheit und Dankbarkeit schenken.

Durch das Aufzeigen des Sinnappells wird die Leistungswilligkeit ausgelöst und der Weg aus der Krise aufgezeigt: „Was soll jetzt von mir gelebt werden?“ Das ist das Grundmotiv jeder sinnorientierten Beratung.

Sinnvolle Psychohygiene

Der Mensch nimmt seine Persönlichkeit, sein wahres Wesen nur in der Hinwendung zum Du wahr. Das heißt aber nicht, dass sich der Mensch selbst vergessen muss, sich bis zum Letzten aufopfern muss. Im Gegenteil, er allein ist für seine Psychohygiene verantwortlich. Um sinnorientiert agieren zu können, ist Psychohygiene Voraussetzung. Es kann zum Beispiel erforderlich sein, zu einem gegebenen Zeitpunkt schlafen zu gehen, statt noch einen weiteren Hilfsdienst zu leisten.

Der Zeitgeist verleitet viele Menschen dazu, über ständige Aktivitäten die vermeintliche Sinnleere an freien Tagen kompensieren zu müssen. Sie betreiben exzessiv Sport und fliegen von einer Stadt in die andere, um möglichst viel Kultur und Kunst zu konsumieren. In diesem Fall werden kostbare Erlebnisse zweckorientiert missbraucht. Der dadurch entstehende „Wochenendstress“ lässt den Menschen nicht zur Ruhe kommen und hält ihn von eventuell notwendiger Regeneration zur Psychohygiene ab.

Arbeit, Kunst, Sport, Kultur, Reisen etc. sind dann sinnvoll, wenn sie erlebt werden in ihrer wahren Werthaftigkeit als einmalige und einzigartige Leistungen von Menschen für Menschen oder als Geschenk der Schöpfung. Dann führen sie den Menschen zu sich selbst und helfen ihm, seine Persönlichkeit zu entfalten.

2. Die Verwirklichung von Erlebniswerten

Darunter sind jene Werte zu verstehen, die *im Erleben* verwirklicht werden. Der Mensch empfängt Eindrücke aus der Welt, z. B. Begegnungen mit Menschen, Naturerlebnisse, Freude an Tieren, Kunst in allen Bereichen, kulturelle Erlebnisse etc. Es werden dadurch Gefühle und Stimmungen ausgelöst und kognitive Erfahrungen ermöglicht. Etwas aus oder in der Welt betrifft den Menschen in seinem Inneren.

Abb. 52: Welt im Herzen

„Einmal mag die Forderung der Stunde an uns durch eine Tat erfüllbar sein, ein andermal durch unsere Hingabe an eine Erlebnismöglichkeit.“ (Frankl, 2005, Seite 94)

Griechischer Sonnenaufgang

Eine Familie mit drei Kindern ist mit einem Wohnmobil in Griechenland unterwegs. Im Reiseführer wird ein Sonnenaufgang auf einem bestimmten Strandplatz als besonders malerisch beschrieben. Voll Vorfreude wird um 4.30 Uhr das Wohnmobil verlassen und in warme Decken gehüllt am Strand das Naturschauspiel erwartet. In Stille steigt die Sonne majestätisch aus dem Meer auf und durchflutet mit ihrem zuerst roten, dann orange und schließlich gelben Licht nicht nur die Welt, sondern auch die Herzen der Betrachter. Noch Jahre später erzählen die in der Zwischenzeit erwachsenen Kinder voll Begeisterung von diesem gemeinsamen mystischen Erlebnis am Strand.

Der Wert des Sonnenaufgangs wäre nicht geschmälert, hätte die Familie im Wohnmobil weitergeschlafen. Doch die Dynamik, die vom Erlebniswert ausging, hätte die Familienmitglieder nicht bewegt. Wie bereichernd, dass es bewusst wahrgenommen und damit verwirklicht wurde!

Ist der Mensch weltoffen, wird er sich von Erlebniswerten berühren und betreffen lassen und viele Werte dieser Art bewusst erleben und weitertragen, denn: „Wes das Herz voll ist, des geht der Mund über." (Mt. 12,34b)

Ein dynamisches Vorbild

Eine heute 85-jährige Dame durfte ihr Leben lang mit ihrem Mann große Reisen in der ganzen Welt erleben. Ihr Leben war reich an Erlebniswerten und sie gestaltete sich zu einer weltoffenen Persönlichkeit.

Nun lebt sie seit Jahren als Witwe und repräsentiert aufgrund ihrer Erfahrungen durch Erlebniswerte eine Haltung der Toleranz für Andersdenkende, Weite für andere Kulturen und Verständnis für globale Fragestellungen. Sie zeigt großes Interesse für Hilfsprojekte aller Art. Im Gestalten und Mittragen von Basaren, Initiativen und Informationen über fremde Kulturen erlebt sie interessante Begegnungen, knüpft neue Beziehungen und freut sich über lebendige Kommunikation. Sie schreibt engagiert Leserbriefe und setzt sich speziell für die Anliegen der Jugend in der ganzen Welt ein. Diese Dame ist trotz physischer und psychischer altersbedingter Herausforderungen ein erfrischendes, dynamisches Vorbild für Weltoffenheit und Wertschätzung. Ihre Bereitschaft, sich von der Welt beeindrucken zu lassen, und der ihr daraus entstandene Erfahrungsreichtum lassen sie trotz hohen Alters dynamisch agieren und eine Selbstwertproblematik ist ihr fremd.

Frankl spricht vom „Homo amans", dem liebenden Menschen, der sich ganz hingibt. Das kann heißen an einen Menschen, den er liebt, oder an eine Aufgabe, die er zur seinen macht.

„Hinter mir die Sintflut?"

Ein lang gedienter, engagierter Angestellter in Führungsposition, dem ein wohlwollendes Miteinander stets ein Herzensanliegen in „seinem" Unternehmen war, steht vor der Pensionierung. Er beobachtet seit der Übernahme der jüngeren Chefgeneration einen Abbau der Beziehungsqualität. Die jungen Chefs entscheiden über Köpfe hinweg, es wird nicht differenziert, sondern kollektivistisch entschieden und es werden die Menschen vornehmlich in ihrem Nutzwert gesehen. Darunter leiden viele alte Angestellte und Arbeiter und beklagen sich bei der bewährten Führungskraft.

Nun steht er vor der Möglichkeit, entweder dazu zu schweigen und zu gehen, eigentlich ist er ja davon nicht mehr betroffen, oder seine Position zum Wohle aller zu nutzen und seine Sorge gegenüber den jungen Chefs zu äußern.

Der jahrelang kultivierte Erlebniswert des wohlwollenden Miteinanders, der gelebten Wertschätzung und der daraus gelingende Einsatz für das Ganze gibt ihm die Kraft, sich ohne eigenen Vorteil zu engagieren.

Ein erkannter Wert, der von einer Person wahrgenommen und verwirklicht wird, darf nicht von erwartetem Erfolg oder Effekt abhängig gemacht werden. Die Dynamik bleibt davon unberührt. Frankl drückt dies wie folgt aus: „Die Intention ist unser, der Effekt Gottes." (Frankl, 1998, Seite 239)

Die Verwirklichung von schöpferischen Werten und Erlebniswerten haben nach Frankl Priorität. Diese sollen vom Menschen vorrangig erfüllt werden. Die Differenzierung dieser Werte führt Frankl zur Ausformulierung einer dritten Wertkategorie. Es sind die Einstellungswerte, die er mittels seiner Leiderfahrungen im Konzentrationslager unter Beweis stellte.

3. Die Verwirklichung von Einstellungswerten

Das Besondere an Frankls Sinndeutung des Lebens liegt – mehr noch als in der Werteverwirklichung durch schöpferisches Handeln oder Erleben – in dem Phänomen der Sinnerfüllung durch Realisierung von Einstellungswerten. Der Mensch *kann sich* angesichts eines unabänderlichen Schicksals *einstellen:* z. B. auf eine unheilbare Krankheit. Frankl nennt diesen Menschen den „Homo patiens", den leidenden Menschen, und stellt ihn ins Zentrum seiner Forschung.

Selbst in einer Situation äußerster Unfreiheit bleibt eine innere Freiheit bestehen, nämlich im WIE der jeweiligen Einstellung zum unabänderlichen Leid.

„Aufs Tragen kommt es an – darauf, wie man das Schicksal trägt, sobald man es nicht mehr in die Hand nehmen, vielmehr nur noch auf sich nehmen kann. Mit anderen Worten: Wo keine Handlung mehr möglich ist, – die das Schicksal zu gestalten vermöchte – dort ist es nötig, in der rechten Haltung dem Schicksal zu begegnen." (Frankl, 1994, Seite 131)

Mit der Einbeziehung der Einstellungswerte in den Bereich der Wertekategorien kann menschliche Existenz niemals sinnlos werden, weil im Umgang mit unabänderlichen, schicksalhaften Situationen immer geistig Stellung genommen werden kann. Das ist dem Menschen möglich, aufgrund der Selbstdistanzierungsfähigkeit durch die Dynamis des Geistes. Sie muss präventiv bewusst gemacht werden, um sich in Krisen und unabänderlichen Leidsituationen gestaltend bewähren zu können.

Frankl spricht den Einstellungswerten deshalb auch die höchste Position in der Hierarchie der Werte zu und beschreibt sie als höchste Sinnverwirklichungsstufe, deren der Mensch fähig ist. Sie haben immer „Superiorität" und sind nur dann zu erfüllen, wenn es eine nicht mehr änderbare Situation erfordert.

Ins Altersheim?

Eine Logotherapeutin interveniert als Patientin im Krankenhaus bei unabänderlichem Leid:

Ich teile das Zimmer mit einer 85-jährigen Patientin. Die alte Dame ist am vorgesehenen Entlassungstag nach zehntägiger Infusionsbehandlung bei einem Schwindelanfall gestürzt und brach sich dabei den Oberschenkelhals und den Oberarm. Deshalb liegt sie nun bereits die fünfte Woche in diesem Zimmer.

Eine junge Physiotherapeutin versucht, sie behutsam zu mobilisieren. Bevor sie sich von der Patientin verabschiedet, meint sie: „Frau S., haben Sie sich schon ein Heim überlegt? Sie wissen ja, dass Sie nicht mehr in Ihre Wohnung zurückkehren können, das ist zu gefährlich bei Ihren plötzlichen Schwindelattacken." – „Mein Gott, da kann ich mich ja gleich umbringen."

Dann bin ich wieder mit Frau S. allein im Zimmer. Sie sagt kein Wort. Ich bin sehr betroffen von der bedrückenden Stille und beschließe, ganz vorsichtig ein Gespräch zu eröffnen.

Frau S. wohnte bis zu ihrem Spitalsaufenthalt seit 40 Jahren allein in ihrer Wohnung. Ein Neffe wollte sie ursprünglich zu sich nehmen und baute deshalb mit ihrem Geld in seinem großen Garten ein kleines Häuschen. So manch schönen Urlaub durfte sie darin schon verbringen. Begeistert erzählt sie von den Kindern des Neffen, die sie offensichtlich sehr gerne haben, und Frau S. träumte immer vom geplanten Leben in diesem Alterssitz. Jahre sind vergangen und die Situation in der Familie hat sich geändert. Die Kinder sind erwachsen, die Frau des Neffen ist wieder berufstätig. Frau S. meint traurig, es gebe für sie keine Alternative zu einem Heimaufenthalt, aber sie will absolut nicht in ein Heim gehen.

Abb. 53: Das Leben wird „unrund“

Zunächst versuchen wir die Für und Wider ihrer derzeitigen Wohnung zu beleuchten. Es stellt sich heraus, dass Frau S. besonders in den letzten zwei Jahren viel Angst hatte, da sie die letzte noch im Haus wohnende Person war. Oft traute sie sich gar nicht hinauszugehen. Überhaupt leidet sie sehr unter Kontaktarmut. Das Schönste an ihrer Wohnung sei für sie der Blick auf einen wunderschönen alten Baum im Hof.

Nun lassen wir den Heimgedanken zu: Die alte Dame berichtet, dass sie ein Heim kenne, dass man dorthin auch die eigenen Möbel mitnehmen könne. Es sei sonnig und habe einen wunderschönen Park vor dem Fenster. Ich ergänze, dass auch die Kontaktarmut kein Thema mehr wäre und es vielleicht genau durch ihre Anwesenheit zu neuen Impulsen für die

BewohnerInnen kommen könnte. Auch wären dann die Ängste wegen des Alleinseins gebannt und sie könnte sich wieder aus ihren „vier Wänden" trauen.

Wir besprechen, dass die persönliche Einstellung zu einem Wohnungswechsel allein ausschlaggebend sei und sie es als Geschenk und Segen sehen könne, oder als Bedrohung und Abschiebung ihrer Person. Sie allein treffe auch die Auswahl, welche Möbelstücke sie aus ihrer Wohnung mitnähme und welche Belastungen sie drinnen lasse. Eine neue Epoche, ein unbeschwertes Umfeld ohne Angst könne jetzt ihr Lebensangebot sein. Sie sei frei, wie sie sich auf diese Lebensfrage einstellen wolle.

Die Entscheidung ihres Neffen, sie doch nicht in das Häuschen im Garten einziehen zu lassen, tat zunächst weh und war enttäuschend für die Patientin. In Anbetracht ihrer Diagnose und des schweren Sturzes wird ihr jedoch die Gefährlichkeit des Alleinseins bewusst. Da die Frau ihres Neffen wieder berufstätig ist und die Kinder bereits eigenständig viel unterwegs sind, wäre das Eingebundensein in den Familienverband im Alltag nicht mehr gewährleistet. Es gelingt der Frau, sich in die Sorgen ihres Neffen einzufühlen.

Wir kommen zum Schluss, dass eine „Urlauber-Oma" mit zweimal jährlich drei Wochen Aufenthalt bei der Familie wesentlich mehr Freude auslösen kann als ein Dauergast. Dabei fällt ihr ein, wie sie bei ihren Besuchen oft gelitten hat, wenn Unfrieden in der Jungfamilie herrschte und ihr durch die eigene Wohnung eine ideale „Rückzugsmöglichkeit" offenstand. Ihr erscheint diese Freiheit plötzlich als unglaublicher Vorteil und auch als ein Stück bewahrter Unabhängigkeit und Autonomie gegenüber den Jungen.

Abb. 54: Annahme

Eine große Erleichterung über diese neue Sichtweise, die irgendwo schon „geschlummert“ hat, aber durch Angst verschüttet war, macht sich bei der Patientin breit. Die Weichen für neue, sinnvolle Perspektiven sind wiederhergestellt und ich empfehle der geistig völlig frischen Dame für die Wochen der Rehabilitation eine Lektüre von E. Lukas.

Die Wertesichtigkeit der alten Dame war durch Schmerz, Krankheit und Kränkung vorübergehend eingeschränkt. Sie hatte nur sich selbst im Blick. Durch diese logotherapeutische Intervention wurde die geistige Dynamis aktiviert, indem Sinnperspektiven zugelassen wurden. Dadurch, dass sie das Unabänderliche nun bewusst gestaltet und annimmt, rundet sich ihre Welt wieder und neue Lebensimpulse tun sich auf.

Abb. 55: Die Welt wird wieder rund

„Das Schicksal schlägt manchmal eine Tür zu, aber es lässt ein Fenster offen", wie es im Volksmund heißt. Man darf sich nur nicht zu gut sein, das Fenster auch zu benützen.

„Es kann jedoch nicht genug hervorgehoben werden, dass das Leiden keineswegs *notwenig* ist, um einen Sinn zu erfüllen, wenn auch sehr wohl gilt, dass die Erfüllung eines Sinns trotz eines Leidens möglich ist, vorausgesetzt, dass das Leiden unvermeidlich ist. *Solange ich die Ursache eines Leidens aus der Welt schaffen kann*, ist es das einzig Sinnvolle, dies zu tun und auf diesem Wege das Leiden selbst zu beseitigen. Alles andere wäre Masochismus, nicht Heroismus, und all das gilt in gleichem Maße für *biologisch, psychologisch wie politisch bedingtes Leid.*

Aber es gibt nun einmal Situationen, in denen einem eben keine Wahl mehr bleibt, es sei denn die Wahl der Haltung und Einstellung, und erst dann tritt in sein Recht, was vom Sinn des Leidens gesagt wurde." (Frankl, 1997c, Seite 67)

Gibt es in der Gesellschaft, in Büros, in Schulen, Klassen, Kollegien, Krankenhäusern, Firmen etc. so unterschiedliche Schicksalsschläge wie Leid, Schuld, Tod, Scheidung, Gewalt, Mobbing, Konkurs, schlechte Schularbeiten, schlechtes Benehmen, Vandalismus u.a., sucht der geistbegabte, dynamische Mensch nach dem offenen Fenster, das sich anbietet, wenn Türen zugefallen sind.

Es gilt, die Menschen weg von der Frage „Warum muss es so sein?" hin zur herausfordernden Stellungnahme zu führen: „Wozu fordert mich diese Situation heraus?"

Das Wertmaximum

Die drei Wertekategorien, schöpferische Werte, Erlebniswerte, Einstellungswerte, sind trotz des Wertewandels der Gegenwart immer und zu allen Zeiten vorhanden, und es kommt darauf an, sie jeweils personal inhaltlich zu füllen. Jeder Mensch ist aufgrund seiner Lebensgeschichte aufgefordert, die ihn persönlich betreffenden Wertmöglichkeiten wahrzunehmen und umzusetzen.

„Das Leben selbst ist es, das dem Menschen Fragen stellt. Er hat nicht zu fragen, er ist vielmehr der vom Leben her Befragte, der dem Leben zu antworten – das Leben zu ver-antworten – hat." (Frankl, 1998, Seite 107)

Die Fragen des Lebens sind unterschiedlich und oft auch ungerecht. Der Mensch kann sie sich nicht aussuchen: der Lehrer in einer herausfordernden Klasse; Eltern, gefordert durch ein ADHS-Kind; ein Arzt im Umgang mit einem überängstlichen Patienten; ein Ehemann in Anbetracht des Verlustes seiner geliebten Frau.

Der sinnorientierte Mensch ist bestrebt, sich immer um den höchsten Wert zu bemühen, und hört dabei auf sein Gewissen. Durch die Sinnverwirklichung verwirklicht er sich selbst – bleibt sinnvital, dynamisch, leidensfähig und dadurch auch eher gesund, weil Immun- und Affektlage in einer Wechselwirkung mit der Sinnerfüllung stehen.

Alle Wertehierarchien haben an ihrer Spitze ein Wertmaximum, auf das sich alle relativen Werte beziehen. Frankl nennt das Wertmaximum „Über-Sinn". Der Über-Sinn bzw. der Höchstwert steht immer für das ethisch Wertvollste.

Es bleibt unser ethisches, aber auch unser widersinniges Tun für immer in der Wahrheit, jedoch entscheidend ist das Gute, das Sinnvolle. Es ist „höherwertig" als das Misslungene, Dunkle, Traurige, dem der Mensch, solange er lebt, durch Haltung und Handlung stets Helles entgegensetzen kann.

Wert und Unwert stehen nicht gleichwertig nebeneinander, sondern übereinander. Oben steht das Gute, Wahre, Sinnvolle und das andere steht wesentlich darunter, weil es sich nur um eine Abweichung des eigentlichen Wertes handelt. Das Misslungene ist die Abweichung des Guten. Das Sinnwidrige ist die Abweichung des Sinnvollen. Nur dort, wo das Gute nicht erreicht wird, geschieht Böses. Das heißt, dass das Böse ohne den Wert des Guten nicht existiert und nicht für sich selbst stehen kann. Es ist nur der Schatten des Guten.

Oder wie es Epiktet, ein griechischer Philosoph (55–135 n. Chr., Stoiker), ausdrückt: „Die Wahrheit siegt durch sich selbst. Die Lüge braucht stets einen Komplizen."

Die Gleichnisgeschichte „Vom Licht und der Finsternis" erläutert diese philosophische Aussage: Die Finsternis wollte dem Licht beweisen, dass sie viel mächtiger und stärker ist. Sie sagte deshalb zum Licht: „Wetten, dass ich dich in einen Raum nicht einlasse, wenn ich drinnen bin?" Das Licht sagte: „Probieren wir es doch aus." Das Licht schaute nur durch die Ritzen in der Holzwand – und schon war die Finsternis besiegt, denn in dem Raum wurde es schon hell, noch bevor das Licht durch die Fenster blickte.

Doch die Finsternis gab sich nicht geschlagen. „Jetzt weiß ich, du musst im Zimmer sein, und ich werde dich dann besiegen." Wieder versuchten sie es. Das Licht ging in das Zimmer, öffnete die Fenster und stellte sich in die Mitte des Raumes. Die Finsternis wollte durch die Ritzen, durch die Fenster, durch die Tür. Aber sie hatte überhaupt keine Chance. Das Licht war viel, viel stärker. Das musste nun auch die Finsternis erkennen. Bis heute zieht sie sich sofort zurück, wenn das Licht kommt." (Autor unbekannt)

Das Licht steht für den Wert und die Finsternis ist Auftrag, Licht zu bringen.

Konsequenzen durch Weltoffenheit für die Pädagogik

Weltoffenheit muss nicht immer mit positiven Erfahrungen gekoppelt sein. Sie verlangt in manchen Situationen die oben beschriebene Leidensfähigkeit. Logopädagogisch ist daher eine Hinführung zu einer Frustrationstoleranz notwendig, um Lebensbewältigungsstrategien entwickeln zu können, die in unabänderlichen Leidsituationen des Lebens als Einstellungswerte abgerufen werden können.

Das „Erleidenmüssen" mancher Lebenssituationen macht es notwendig, Verzichte leisten zu lernen. Der freiwillige Verzicht für einen erkannten höheren Wert ist für ein sozial verträgliches Zusammenleben unerlässlich.

Die Fähigkeit, von eigenen Bedürfnissen, Wünschen und Vorhaben absehen zu können, um dem Ganzen einer Gemeinschaft zu dienen, kommt der eigenen Persönlichkeit und der Beziehung zu anderen und anderem zugute. Dieser Beitrag zum Leben in der Gruppe stellt eine humane, wertvolle Leistung dar. Sie soll unbedingt als Wert angenommen und gewürdigt und nicht als Dummheit, als Gutmütigkeit deklassiert werden.

Es muss ins Bewusstsein einer gesamten Generation dringen, dass Selbstbegrenzung die Chance zum Frieden erhöht und die Entwicklung der Persönlichkeit fördert. Der Verzichtswert richtet sich auf das Subjekt wie auf die Sozietät, wodurch ein positiver, sich verstärkender Zirkel- oder Spiralprozess entstehen kann. In dieser Aussage liegt ein wichtiger Auftrag für alle erziehenden Menschen.

Es gilt, den Fokus von ausschließlich eigenen Bedürfnissen auf die des Umfeldes zu weiten: Einfühlsamkeit dem Nächsten gegenüber, spüren, was nottut, eigene Bedürfnisse zurückstellen.

Die folgende didaktische Idee setzt diese Aussage für Kinder um:

Selbstbetrachtung zum Überdruss

In einem leeren Raum einer Volksschule wird ein Spiegel aufgestellt und je ein Kind darf in den Raum eintreten. Bald entdecken die Kinder, dass es zwar nett ist, sich im Spiegel zu sehen, aber mit der Zeit doch langweilig wird. Nachdem alle SchülerInnen diese Erfahrung machen durften, betreten nun alle Kinder den Klassenraum. Gemeinsam wird überlegt, welche Möglichkeiten zu freud- und sinnvollem Erleben trotz der Leere im Klassenraum gegeben sind. Nach dem Entdecken der Freude am Beisammensein werden schnell die Fenster als Zugang zu unerschöpflichem Wertereichtum entdeckt.

Die Fenster werden geöffnet, und nur im Sehen und Schauen auf die Welt können unzählige Angebote der Welt wahrgenommen werden und das Leben wird wieder spannende Aufgabe.

Kleine Beispiele aus Schul- und Familienalltag:

- Das Herbstlaub wird entdeckt, das vor dem ersten Schnee noch weggeräumt werden sollte.

- Der Abfall der letzten Pause ruft nach Initiative unabhängig davon, wie sich die Kinder dabei fühlen und ob sie die Verursacher waren.
- Dem Alter des Kindes angepasstes Verzichten auf ständiges Wassertrinken und Klogehen während des Unterrichtes, um die anderen nicht zu stören und um selbst den Stoff ungestört erarbeiten zu können. Ebenfalls gilt es bei dieser Übung, Triebkontrolle zu trainieren, um später längere Zeit aufmerksam und ohne triebbedingte Unterbrechungen zum Beispiel einem Konzert, einem Fußballspiel etc. beiwohnen zu können. Ausgenommen sind selbstverständlich krankheitsbedingte Beeinträchtigungen.
  Der dahinterliegende Wert muss transparent gemacht werden, damit das Kind das Verlangen des Lehrers nicht als Schikane versteht. Die Sinnhaftigkeit der Forderung ist sichtbar zu machen.
  Triebhaftes Verlangen ist in der zweiten Dimension angesiedelt und soll in der Adoleszenz allmählich vom „Geist" dominiert werden können.
- Kinder verzichten auf Freizeit, um die Mutter, die erschöpft nach einem Arbeitstag nach Hause kommt, mit einem fertigen Abendessen zu überraschen.

Wertewahrnehmung

Junge Menschen brauchen eine Umgebung, in der sie lernen, generell mehr von alldem wahrzunehmen, was um sie herum geschieht – eine Umgebung, in der Interesse für das Leben geweckt wird.

Sehen und bewegen:

Wenn heute Schulmediziner erklären, dass Kinder große Probleme haben, sich in einem dreidimensionalen Raum zu bewegen, weil durch zu viel Fernsehen, Computerspiele, Gameboys etc. diese Fähigkeit verkümmert, dann ist das ein Appell an alle pädagogisch tätigen Personen, dem sinnorientiert entgegenzuhalten und aufzuklären.

Abgesehen davon gibt es heute massive Haltungsschäden. Eine Folge davon ist, dass im Turnunterricht keine Rolle rückwärts mehr gemacht werden kann, weil die Beweglichkeit nicht mehr gegeben ist und die Verletzungsgefahr zu hoch ist. Wo bleibt die Förderung der körperlichen Fitness und wer zeichnet verantwortlich dafür? Das heißt: Bewegung im Freien, im Turnsaal, Skikurse, Wandertage, Waldpädagogik und sportliche Wettkämpfe sind zu forcieren und dürfen nicht „zu teuer" sein.

Hören und musizieren:

Wenn Hirnforscher beweisen, dass Musikhören und Musizieren die Gehirntätigkeit anregen (Spitzer, 2007), aktivieren und Gehirnwachstum fördern, dann ist es schwer zu verstehen, warum gerade musische Fächer im Schulsystem reduziert werden oder im Musikunterricht viel zu selten gesungen wird. Musik aktiviert im Gehirn das gleiche System wie Drogen, nämlich die Ausschüttung von Opiaten. Der Unterschied besteht darin, dass Musik den Menschen geistig bewegt, sowohl zu sich selber führen als auch zur Weltoffenheit inspirieren kann, während Suchtgifte Körper und Psyche lahmlegen und es der geistigen Dimension verunmöglichen, sich auszudrücken. Musik ist Suchtprävention!

Gestalten:

Durch die Reduzierung der handwerklichen Tätigkeiten in der Schule werden schlummernde Fähigkeiten bei Kindern nicht geweckt und können dann auch von diesen nur schwer als Möglichkeit zur Lebensgestaltung eingebunden werden. Auch wird es verabsäumt, die Fantasie, Kreativität und Fähigkeit zur Problemlösung zu schulen und als spezifisch Humanes zu entfalten. Künstlerische Ausdrucksfähigkeit, kulturelle Entfaltung, kreatives Gestalten mit verschiedenen Materialien etc. sind persönlichkeitsfördernd und für pro-aktive Freizeitgestaltung unabdingbar.

Je breiter das Wertespektrum im Leben eines Menschen angelegt ist, umso stabiler kann er mit Schicksalsschlägen umgehen, weil er ein Repertoire an Bewältigungsmöglichkeiten kennengelernt hat und in Notsituationen abrufen kann.

Hat er nur eine Einwertorientierung oder ist sein Leben auf PC, Fernsehen und Handy reduziert, wird er davon abhängig und versäumt die Sinnappelle seines eigentlichen Lebens, weil er nicht weiß, dass er aufgerufen ist, sein Leben mit all seinen Talenten und Ressourcen zu gestalten.

Eine Metapher veranschaulicht diese Aussage:

Jeder Mensch verfügt über eine „Klaviertastatur" (Koller, Zit. nach Wögerbauer, 2001 Seite 194 f.), auf der er seine Lebensmelodie spielen lernt. Seine „Klaviertasten" entsprechen seinen Talenten, Begabungen, Fertigkeiten, Freuden, Interessen, aber auch seinen Prägungen und Vorbildern aus seinem kulturellen Umfeld. Stehen viele verschiedene Tasten zur Verfügung, dann wird seine Lebensmelodie schön intoniert und erfüllt klingen. Brechen schicksalsbedingt Tasten weg – durch Krankheit, Arbeitsplatzverlust oder Abschied –, bleiben noch genügend andere spielbare Tasten übrig, um kritische Situationen gut bewältigen zu können, ohne in Abhängigkeiten zu rutschen. Kritisch wird es dort, wo von Anbeginn nur eine geringe Auswahl an bespielbaren Tasten besteht. Hat ein Mensch nur drei Tasten zur Verfügung – Arbeit, sich betrinken und passiver Sport –, so wird sich seine Bewältigungsstrategie in Lebenskrisen empfindlich eingeschränkt präsentieren.

Der Arzt und Psychotherapeut Georg Wögerbauer (Wögerbauer, 2001, Seite 194 f.) formuliert zu dieser Metapher:

„Von Sucht sprechen wir, wenn nur mehr eine Taste zur Lebensbewältigung zur Verfügung steht bzw. gedrückt wird – von deren Funktion der Mensch somit abhängig ist: Taste: sich betrinken oder Taste: arbeiten. Denn jede Taste – ob gesellschaftlich gewünscht, toleriert oder geächtet – *kann als einzelne zur Sucht führen.*

Aufgabe der Prävention ist es also nicht, bestimmte Tasten zu qualifizieren oder zu entfernen, sondern für eine möglichst breite Tastatur zu sorgen und im Fall bereits erfolgter Reduktion Angebote zu neuen Tasten zu machen."

Die Gesellschaft (die Schule) macht sich schuldig, wenn sie jungen Menschen den Zugang zu ihren Werten erschwert und damit ihre

Identitätsentwicklung nicht nur behindert, sondern auch Lebensbewältigungsstrategien einschränkt.

Einen weiteren wesentlichen Aspekt der Werteerziehung, der in unserer Gesellschaft oft vernachlässigt wird, beschreibt Gerald Hüther wie folgt: „Achtsamkeit ist eine ganz wesentliche Unterhaltungs- und Wartungsmaßnahme für ein menschliches Gehirn.

Was sich durch Achtsamkeit auf der Ebene der Wahrnehmung und Verarbeitung an grundsätzlichen Erweiterungen der Nutzung des Gehirns erreichen lässt, kann auf der Ebene der für unsere Entscheidungen und für unser Handeln verantwortlichen neuronalen Verschaltungen durch eine Haltung erreicht werden, die wir Behutsamkeit nennen. Mit mangelnder Behutsamkeit, also mit Rücksichtslosigkeit, lässt sich ein bestimmtes Ziel vielleicht besonders rasch erreichen. Komplexe Verschaltungen braucht man, benutzt man und festigt man mit dieser Haltung jedoch nicht." (Hüther, 2007, Seite 123)

Hüther empfiehlt daher, zur Entwicklung des Gehirns folgende Grundhaltungen zu trainieren: Sinnhaftigkeit, Aufrichtigkeit, Bescheidenheit, Umsicht, Wahrhaftigkeit, Verlässlichkeit, Verbindlichkeit etc. Es handelt sich dabei um Tugenden, die heute weitgehend aus der Mode gekommen sind.

In der humanen Bildungsarbeit ist es wesentlich, dass der Pädagoge wertefühlig ist, mit Achtsamkeit Werte wahrnimmt, sie unabhängig von Einflüsterungen von außen vertritt, souverän agiert und als Vorbild lebt.

Impulse zu wertorientierter Weltoffenheit

- Menschen für die Schönheit der Schöpfung, für die Fülle der „Liebesmöglichkeiten", die diese Schöpfung bietet, sensibilisieren und begeistern. Begeisterung ist nach Hüther der Treibstoff für das menschliche Gehirn.
- Begeisterung für die Liebe zu Malerei, Literatur, Mathematik, Musik, Sprachen, Religiosität und zu Spiritualität etc. im Unterricht wecken.

- Glaubwürdiges Vorbild in der Verwirklichung der drei Wertekategorien, der schöpferischen Werte, Erlebniswerte und der Einstellungswerte, sein.
- Verantwortung des Menschen für diese Welt voller Möglichkeiten aufzeigen, zumuten und zur Mitgestaltung einladen.
- „Du bist zeitlebens für das verantwortlich, was du dir vertraut gemacht hast.“ (Saint-Exupéry, 1956, Seite 53)
- Sinnappelle und Beziehungsmöglichkeiten im Lebensumfeld wahrnehmen und verwirklichen.
- Erziehung zur Achtsamkeit sich selbst, den Mitmenschen und der Welt gegenüber.

Der präventiv arbeitende Pädagoge, der sinnorientierte Berater, öffnet weit die Fenster zur Welt für die ihm anvertrauten Menschen und Ratsuchenden. Er fördert das Pro-Motiv, die Wertesensibilität der Menschen durch den Blick in die Welt. So werden sie mit dem Aufgabencharakter und ihrer personalen Gestaltungsmöglichkeit in Beziehung gebracht und erleben sich als kostbare, unverzichtbare Mitgestalter der Welt und der Gesellschaft. Damit werden sie motiviert, Verantwortung für ihre Handlungen zu übernehmen.

Wir spüren die Dynamik, die in diesem Denkansatz steckt, die Beweglichkeit und Wendigkeit, die den Menschen auszeichnet.

Es geht nicht darum, dass wir den jungen Menschen Daseinssinn geben, sondern darum, dass wir ihnen ermöglichen, den Daseinssinn zu finden, dass wir sozusagen ihr Gesichtsfeld erweitern, sodass sie des vollen Spektrums personaler und konkreter Sinn- und Wertmöglichkeiten gewahr werden. (Nach Frankl)

Ein Krankenhaus wird gebaut

Eine junge afrikanische Frau, in Österreich verheiratet und Mutter zweier Kinder, ist bemüht, die Kultur ihres Landes und die Not der Menschen österreichischen Schulkindern nahezubringen. Vor allem liegt in ihrer Heimatstadt die Krankenversorgung und da im Speziellen die Geburtenstation im Argen.

Aus dieser Betroffenheit heraus organisiert sie eine Hilfsaktion über die Zeitschrift „Regenbogen", die im Religionsunterricht in Österreich den Kindern angeboten wird. Die Kinder werden differenziert über die Situation, die Kultur und das Leben in dieser Stadt informiert. Die junge Frau scheut sich nicht, persönlich in Schulen zu sprechen, um mit bunten afrikanischen Früchten, Puppen, Bällen die Kinder zur Weltoffenheit und zum Interesse an der afrikanischen Kultur einzuladen. Tänze, Lieder, Spiele und Kochkünste stehen dabei im Vordergrund und auch die Bitte um Hilfe bei der medizinischen Versorgung dieser Menschen.

Kindern wurde ein „Plan" einer Geburtenstation vorgelegt, für dessen Verwirklichung Ziegel oder Betten aus Naturpapier „gekauft" werden konnten. Mit Begeisterung sahen die Kinder das Krankenhaus durch ihren Beitrag wachsen.

Die Initiative der jungen Afrikanerin, ihre Begeisterung für ihr Land und die Liebe zu ihren Landsleuten steckte viele LehrerInnen und SchülerInnen an. Es entstand eine Solidarität über die Grenzen hinweg und es erfüllte sich nicht nur ihr Traum einer Geburtenstation in ihrer Heimatstadt, sondern es ergab sich auch eine hohe Prävention gegen Rassismus, Kollektivismus, Fanatismus und Fatalismus.

Es bewahrheitet sich folgende Erkenntnis: „Werte können wir nicht lehren – Werte müssen wir leben." (Frankl, 1997a, Seite 113)

Tischkultur oder Computer?

Eine Logopädagogin beobachtet in ihrem Urlaub eine Szene bei Tisch, in der notwendige Werte nicht vorgelebt werden.

Eine junge Familie sitzt mit ihrem ca. dreijährigen Sohn bei Tisch. Der Bub braucht Polster, um über die Tischkante schauen zu können. Er spielt intensiv mit seinem Gameboy. Die Eltern genießen währenddessen ungestört die Ruhe und das köstliche Buffet. Konfliktreich und laut wird es erst, als sie ihre Mahlzeit beendet haben und den Filius zum Essen bewegen wollen. Der Kleine wehrt die „Störung" empört ab. Die Eltern versuchen verzweifelt, durch eine bunte Auswahl von Lieblingsspeisen ihr Kind zum Abendessen zu animieren. Alle Bemühungen bleiben erfolglos und der Sohn wehrt sich gegen die „Übergriffe" durch seine Eltern.

Ohnmächtig und deshalb zornig packt der Vater das Kind, die Mutter den Gameboy und alle drei verlassen fluchtartig den Speisesaal.

Eine ähnliche Situation kann auch in einem anderen Restaurant mit einem ca. Zehnjährigen beobachtet werden. Da in diesem Fall die Batterie des Laptops mitten im Spiel ausgeht, wird vom Sohn lautstark das notwendige Kabel eingefordert und dienstbeflissen vom Vater zwischen Nudelsuppe und Wiener Schnitzel geholt, um größerem Ärger auszuweichen.

Es geht darum, den Anfängen in diesen scheinbar banalen Beispielen im Alltag zu wehren, die bereits an den Grundwerten der Gesellschaft rühren. Daraus können sich die großen gesellschaftlichen Diskussionen entwickeln, die sich um Grundwerte und Fragen der Ethik in Anbetracht von Sucht, Korruption, Betrugsfällen, sexuellen Übergriffen etc. drehen. Die von Kindesbeinen an geübte Sinnorientierung hilft der Person in der konkreten Situation, ihre eigene Würde zu erhalten und ethische Integrität zu leben.

Es sind immer einzelne Personen in einer Gruppe, die betrügen, unehrlich agieren, zerstören, sinnwidrige Vorbilder abgeben etc., doch die ganze Gruppe leidet darunter. Dieses Phänomen gibt es in allen Gemeinschaften, Staaten und Nationen.

Letztlich entscheidet wieder die einzelne Person, welchen Teil sie selbst stärken will, die sinn- und wertorientierte oder die zweckorientierte Gruppe. So ist jeder Einzelne Botschafter seiner Gruppe:

- der einzelne Lehrer für alle Lehrer
- der einzelne Schüler für alle Schüler
- der Mann für die Männer
- die Frau für die Frauen
- der junge Mensch für die Jugend etc.

Diesen hohen Stellenwert der einzelnen Person gilt es, sich in allen pädagogischen Interaktionen vor Augen zu halten und zu vermitteln. Die Tatsache, dass die einzelne Person in Gruppen und Systemen richtungsweisend sein kann, wird mit Erstaunen aufgenommen und macht Mut, souverän das eigene Leben und das Umfeld zu gestalten.

Die achte logopädagogische These

Logopädagogik öffnet den Blick hinaus in die Welt,
damit persönliche Aufgaben wahrgenommen werden können.

„Der Mensch wird erst am Du zum Ich."
(M. Buber)

Abb. 56: Achte logogpädagogische These

Schaut der Mensch in einen Spiegel, um ausschließlich sich und seine Befindlichkeit zu betrachten, zu beklatschen, zu beweinen oder zu bejammern, kann er die objektiv vorfindlichen Werte in der Welt nicht wahrnehmen.

Weltoffen ist der Mensch, wenn er seinen Blick durch das Fenster hinaus in die Welt richtet. Die logopädagogische Intervention besteht darin, den Blick vom Spiegel behutsam zu lösen und den Menschen auf die Welt hin auszurichten. Hier findet er jene persönlichen Freiräume, in denen er seine einmaligen und einzigartigen Gestaltungsmöglichkeiten entdecken und leben kann.

DEM MENSCHEN STEHT FREI, WIE ER LEBENSKRISEN MEISTERT

Frankls neunte These über die Person lautet: „Das Tier ist schon deshalb keine Person, weil es sich nicht über sich selbst zu stellen, sich gegenüberzustellen imstande ist.“ (Frankl, 1997a, Seite 116)

Der Mensch ist, was sein Schicksal betrifft, immer abhängig und in Unfreiheit, so wie das Tier. Das sind seine nicht veränderbaren Voraussetzungen: Sein Schicksal sind seine Anlagen, seine Geschichte, seine Mitmenschen, sein bisheriges soziokulturelles Umfeld – wie ein nicht abnehmbarer Rucksack, den er immer mit sich trägt. Er ist nie frei von seinen Bedingungen, jedoch immer frei, dazu Stellung zu nehmen. Diese Freiheit zeichnet den Menschen aus, sofern sein Bewusstsein nicht krankheitsbedingt getrübt ist.

Das Tier kann sich selbst gegenüber nicht Stellung beziehen, nicht über seine Existenz reflektieren. So hat das Tier keine Welt, die es gestalten kann, sondern nur Umwelt, in der es lebt.

Im Gegensatz dazu hat der Mensch eine Welt, die er mitgestalten kann, und erahnt darüber hinaus eine Über-Welt, jenseits dieser Welt. Gemäß Frankl liegt die Relation Tier – Mensch auf einer analogen Ebene wie die Relation Mensch – Über-Welt, Über-Person, zu der jedoch der Mensch durch eine existenzielle Entscheidung für den Glauben vordringen kann.

In diesem Kapitel geht es um lebensphilosophische Aspekte, die angesichts von unabänderlichem Leid, schweren Schicksalsschlägen und bei Schuld- und Grenzerfahrungen in geistiger Freiheit eingesetzt werden können. Als unabänderliches Schicksal gelten Leid, Schuld und Tod, die Frankl unter dem Begriff der „tragischen Trias“ zusammenfasst.

Sie ist eine Herausforderung für den Menschen und für seine Geistbegabung: Was hat Leben für einen Sinn, wenn alles – letztlich – vergänglich ist? „Ärztliche Seelsorge“ (Frankl) ist ein Ringen um Antworten auf diese Frage, will aber kein Ersatz für Religion oder theologische Seelsorge und schon gar keine Konkurrenz für Priester sein, sondern bezieht sich nur auf immanente Lebensgestaltung im Hier und Jetzt. Sie stellt eine Hilfe für ÄrztInnen, BeraterInnen, PädagogInnen, Pflegepersonal dar, um Menschen begleiten zu können, die Antworten auf existenzielle Fragen suchen.

Nicht eigene Weltanschauungen sollen dabei oktroyiert werden, sondern vor dem Hintergrund der Anthropologie, wonach der Mensch eine heile geistige Person ist, kann der Ratsuchende durch Bewusstmachen der existenziellen Fragestellungen zu seiner jeweils eigenen besten Antwort auf seine individuellen Lebensfragen kommen.

Logotherapie / Logopädagogik will Menschen in diesen Fragestellungen bis zum Erleben ihrer persönlichen Verantwortung führen. Wenn der Berater seine eigene Weltanschauung für absolut setzt und sie dem Ratsuchenden aufzwingen will, dann ist das ein Nicht-ernst-Nehmen der geistigen Person des Ratsuchenden und ein echter „Kunstfehler".

Ärztliche Seelsorge wird dort eingesetzt, wo es darum geht, angesichts eines schicksalhaft unabänderlichen Leides den Menschen leidensfähig zu machen, dort wo es im klinischen Sinne nichts (mehr) zu heilen gibt: durch Krankheit, Alter, herabgesetzte Verantwortlichkeit, wodurch auch immer ausgelöst.

Oftmals geht es um die Suche nach letzten Freiräumen, z. B. wenn es um ein Ja oder Nein auf den Lippen eines Sterbenden geht. Um diese letzten Freiräume geht es in Frankls Buch „Der leidende Mensch".

Die Patientenverfügung

Eine Logopädagogin berichtet:

Eine ca. 70-jährige Patientin kommt zur Beratung. Sie hat eine lebensbedrohliche Diagnose erhalten und ihre Situation ist sehr bedrückend. Sie versucht, um ihre Umwelt zu schonen, sich abzulenken und überspielt ihren Zustand vor dem Ehemann, damit er nicht beunruhigt wird. Sie tut so, als wäre alles in Ordnung, aber es geht ihr körperlich zunehmend schlechter, und je mehr sie schweigt, umso größer wird die Angst vor dem Unausweichlichen.

Die Dame hat, ohne es zu wollen, mit dieser Haltung zusätzlich zur Diagnose einen selbst verursachten Grund zum Leiden hinzugefügt: Sie versucht zweckorientiert, das psychisch Gewollte anzustreben, und hat die heilsame Sinnperspektive für ihre konkrete Situation buchstäblich aus den Augen verloren.

„Wovor haben Sie Angst?", frage ich naiv, um sie zur Stellungnahme zu motivieren. Sie antwortet: „Vor – nun – vor Schmerzen." – „Wovor noch?" – „Davor… ich kann es nicht ausdrücken… Schauen Sie, ich habe eine Patientenverfügung zu Hause versteckt, aber niemand darf sie sehen." – „Was ist ihre größte Angst?", frage ich herausfordernd weiter. „Mein Ableben." Das Wort „sterben" kann sie nicht aussprechen.

Ich versuche, ihre Sprachlosigkeit zu lösen und ihre verständlichen Ängste zusammenzufassen: „Wenn ich Sie richtig verstanden habe, haben Sie Angst davor, sinnlos Schmerzen zu erleiden und qualvoll sterben zu müssen. Ich bewundere deshalb Ihre Initiative, eine Patientenverfügung organisiert zu haben, um zu Ihren berechtigten Sorgen kreativ Stellung nehmen zu können."

Die Patientin richtet sich sichtbar erleichtert auf. Aus der Schräglage, in die sie aus Angst gerutscht ist, richtet sie sich auf in Richtung Sinn und erkennt klar den Aufgabencharakter in dieser für sie herausfordernden Lebenssituation.

Es wird eine wunderschöne, dichte Stunde, in der wir über den möglichen Tod als Ansporn für einen achtsamen Umgang mit der geschenkten Lebenszeit, über ihre Wünsche bezüglich Pflege und ärztlicher Versorgung und über die Einbindung ihres Mannes in ihre derzeitige Problematik sprechen.

Erst nach Erledigung dieser so sinnvollen und notwendigen Aufgaben wird Energie frei, sich mit ganzem Herzen den Lebensfragen im Hier und Jetzt zu widmen: „Was soll in der mir noch geschenkten Zeit durch mich gelebt und verwirklicht werden?"

Der „Homo patiens", der leidende Mensch, steht einem unabänderlichen Schicksalsschlag gegenüber. Die Linderung solchen Leids ist nur durch Verankerung im Geistigen möglich. Nur dann gibt es in solchen Situationen kein Fallen ins Bodenlose. Allein auf emotionaler Ebene (zweite Dimension) ist eine befriedigende Bewältigung nicht möglich. Eine Stellungnahme aus der geistigen Dimension ermöglicht Halt an der Sinnorientierung.

„Ärztlicher Seelsorge schließlich bleibt es vorbehalten, dort überall, wo der leidende Mensch mit einem an sich unaufhebbaren Schicksal konfrontiert ist, in der richtigen Einstellung zu ebendiesem Schicksal, im rechten, nämlich aufrechten Leiden, noch eine letzte und doch die höchste Möglichkeit zur Sinnfindung sichtbar zu machen." (Frankl, 1997b, Seite 9)

Es geht dabei nicht um die Wiederherstellung der Arbeitsfähigkeit, der Genussfähigkeit, sondern um die Ermöglichung der Leidensfähigkeit durch Verwirklichung von Einstellungswerten. Wir beziehen uns auf die dritte logopädagogische Säule.

Ärztliche Seelsorge bei schweren körperlichen Krankheiten und Behinderungen

Schwere Krankheiten engen persönliche Freiräume ein. Aus logotherapeutischer Überzeugung verbleiben jedem Leidenden immer noch Freiräume. Jedoch, und das darf nicht unterschätzt werden, ist ein Stück persönlichen Freiraumes verloren gegangen und darüber darf und soll getrauert werden.

Nun kommt es darauf an, worauf die Konzentration, die Wahrnehmung des Leidenden hingelenkt wird.

- Dem Verlorenen kann unendlich nachgeweint werden.
- Die Krankheit kann als ungerechte Strafe erlebt werden: Warum gerade ich?
- Wenn ich das, was ich will, nicht haben kann, nicht bekomme, dann mag ich auch das andere nicht.

Das sind Fragen zum Schicksalsraum, die keine Antworten bekommen. Die Fragen gehen über den Begreifenshorizont des Menschen hinaus. Interpretationen über Schicksalsfragen sind in der sinnzentrierten Beratung nicht zulässig.

Dagegen eröffnen folgende Fragen eine Beziehung zum Freiraum des Menschen:

- Wozu fordert mich diese Situation heraus?
- Wie kann ich die verbleibenden Freiräume nützen?
- Welche Möglichkeiten habe ich trotz der Behinderung?

Je nach Schweregrad der Erkrankung verbleiben Möglichkeiten der Stellungnahme, verbleibt ein Freiraum. Darauf ist die ganze Aufmerksamkeit zu lenken:

Prävention

Abb. 57: Prävention

Für wen oder was will ich gesund bleiben?

Der gesunde Mensch, der schaffend seinen Daseinssinn erfüllt in der Verwirklichung von schöpferischen Werten und / oder erlebend und liebend sein Leben mit Sinn anreichert in der Verwirklichung von Lebenswerten, lebt präventiv. Lukas sagt, dass Psychohygiene so wichtig ist wie Körperhygiene.

Wenn ein Krankheitsverlauf infolge von Sinnerfüllung beeinflusst werden kann, so ist es auch schlüssig, die Entstehung von Krankheiten durch einen geeigneten Lebensstil zu verhindern. Zusätzlich zu bewusster Ernährung, körperlicher Betätigung usw., wirkt das Realisieren von Sinnanrufen präventiv. Umgekehrt verschlechtert ein Sinnvakuum Affekt- und Immunlage und kann zur Entstehung von Krankheiten beitragen. Ein Mensch, der all die Werte sieht (im Bild als Sterne symbolisiert), die „exklusiv“ nur auf ihn warten, verwirklicht zu werden, wird viel dafür tun, gesund zu bleiben.

Pathoplastik

Für wen oder was will ich gesund werden?

Pathoplastik ist eine Wortschöpfung Frankls, die mit „Krankheitsgestaltung“ übersetzt werden kann. Es ist ein in Freiheit gewählter Umgang mit einer Krankheit. Im Bild liegt ein Patient

Abb. 58: Pathoplastik

mit einer Armverletzung im Bett. Einige Möglichkeiten in seinem Freiraum fallen dadurch weg. Er kann jetzt wählen, wie er mit dieser Beeinträchtigung umgehen will: Jammern über seinen Zustand und zu bedauern, die Hand nicht bewegen zu können. Das wäre ein Fixieren der verloren gegangenen Möglichkeiten und verschlechtert die Situation.

Nimmt der Patient neben seinem Leid auch die Werte wahr, die sich dadurch neu eröffnen, wie Spitalspflege, gute Schmerzmittel, zur Ruhe kommen können, Bücher lesen, Musik hören, oder realisiert er andere Erlebniswerte, kann das seine Affektlage heben, seine Immunlage stärken und den Heilungsprozess positiv beeinflussen.

Eismarillenknödel

Ein Kind verletzt sich schwer am Knie und hat täglich Angst vor der notwendigen Spritze. Die Mutter gestaltet für das Kind die unabänderliche Situation mit Erlebniswerten, indem sie zu jeder Spritze einen Eismarillenknödel serviert. Insgesamt waren 40 Stück „Not-wendend".

Ärztliche Seelsorge

Für wen oder was stelle ich mich der unabänderlichen Situation?

Auf unserem Bild ist eine Patientin dargestellt, die mit unabänderlichem Leid konfrontiert ist. Als „Homo patiens" sucht sie nach Erklärungen, die ihr ihre Leidsituation fassbar machen. Bescheidenheit und Behutsamkeit sind im Umgang mit unabänderlichem Leid erforderlich, denn „verstehbar" ist

Abb. 59: Ärztliche Seelsorge

ein Schicksalsschlag grundsätzlich nicht. Manchmal gelingt es, ein paar verbleibende positive Lebenschancen zu entdecken, die vom Leid unberührt sind; Chancen, die vom aktuellen Schmerz nicht betroffen sind. Es geht um die „Verwirklichung des noch Möglichen", ohne das Verlorene ersetzen zu wollen.

Warum nicht gerade ich?

Eine junge Frau fährt mit ihrem Lebensgefährten Motorrad und verunglückt schwer. Nach langwierigen Operationen und Rehabilitationen kommt sie an den Rollstuhl gefesselt wieder nach Hause. Ihre Freundin besucht sie mit großer Unsicherheit, weil sie nicht weiß, wie sie ihr in dieser dramatischen Situation begegnen soll. Zu ihrer großen Verwunderung wird sie von der jungen Frau lachend mit den Worten empfangen: „Weißt du, die meisten Menschen fragen mich: Warum gerade du? Und ich antworte: Warum nicht gerade ich?"

Mit dieser persönlich gewählten tapferen Haltung zu ihrem Schicksal entlastet sie spontan ihr Umfeld und sicher auch ihre persönliche Leidsituation.

Zur Erinnerung: Solche heldenhaften Haltungen kann der Mensch nur von sich selbst verlangen und nicht anderen verordnen. Logopädagogisch empfiehlt es sich jedoch, über solche gelebten Vorbilder zu sprechen. Brechen dann durch Krankheit, Unfälle oder andere unabänderliche Leidsituationen Werte weg, kann auf bereits früher erlernte, erfahrene Werteverwirklichungsmöglichkeiten zurückgegriffen werden, um nicht in Verzweiflung zu fallen.

„Leben ist nicht etwas, es ist immer nur die Gelegenheit zu etwas." (Frankl, 2005a, Seite 163)

Gewendet!

Eine Tochter erfährt von der schweren, rasch fortschreitenden Erkrankung ihres Vaters, mit dem sie regelmäßig große Bergtouren unternimmt. In der verständlichen Panik um den zu erwartenden Verlust des Vaters sucht sie Hilfe. Es wird ihr bewusst gemacht, dass es in dieser Situation nicht um ihre verständliche Panik geht, sondern um das, was der Vater in dieser leidvollen Lebenssituation von ihr braucht. Ihre Aufmerksamkeit wird auf die verbleibenden Möglichkeiten ihres Vaters, die sie mit ihm noch gestalten kann, gelenkt.

Die Tochter erkennt und verwirklicht mit großer Freude die vorher durch die eigene Angst nicht gesehenen Erlebniswerte: Sie fährt mit ihrem Vater zu Jausenstationen in die Berge, sie genießen das Beisammensein, sie frischen Erinnerungen auf und zelebrieren in Dankbarkeit für Erlebtes das Blättern in alten Fotoalben.

So ist die Tochter ihrem Vater in der schweren Zeit eine kostbare Begleiterin, nicht rückgebogen auf die Panik, ihn zu verlieren, sondern hingegeben an die Verwirklichung gemeinsamer Erlebnisse.

Nach dem Tod des Vaters wird am offenen Grab folgender Nachruf gehalten, den wir mit Erlaubnis der Tochter hier etwas gekürzt wiedergeben dürfen. Er gibt Zeugnis davon, wie der Mensch mit seiner Haltung auch unabänderliches Leid in des Wortes wahrster Bedeutung „aufgipfeln" kann.

Lieber Papa, [...]
dein K2, der schwierigste Marsch deines Lebens, begann, als du gerade 70 und, wie man so sagt, ein Mann im besten Alter, strotzend vor Vitalität und Kondition warst, der Arztordinationen nur aus Erzählungen kannte. Mit den ersten Anzeichen von Schwäche, die sich von deinen Armen auf deinen ganzen Körper ausbreiten sollte, entdecktest du deine wahre Stärke: Zuversicht, Hoffnung und Würde. Die Krankheit kannte wenig Erbarmen, aber einen unerbittlichen Zeitplan.

Und du? Nie hast du gejammert. Nie kam ein Wort des Zornes über deine Lippen. Gehadert hast du nicht. Geweint nur aus Freude, wenn du eine deiner geliebten Alpenmelodien gehört hast. Als sich die Muskeln und die Kraft auch aus deinen Beinen verabschiedeten, hast du dich sogar damit abgefunden. Unsere gemeinsamen Ausflüge in dieser Zeit zählen jetzt zu den schönsten Erinnerungen. Und auch wir nahmen von deiner Geduld und Kraft an und konnten dir die Beständigkeit und Geborgenheit, die du uns immer gegeben hast, jetzt verzinst zurückgeben.

Die letzten Wochen hast du leider nicht mehr genießen können. So war das Sterben des erschöpften Körpers für dich wie eine Erlösung. Für uns waren es die schwersten Tage unseres Lebens.

Doch man sagt ja, die Liebe sei stärker als der Tod. Deine Liebe hat uns stark gemacht. Unsere Liebe hat dich stark gemacht.

Bei schicksalhaften Leidsituationen gibt es noch eine andere Problematik, die die Situation erschweren kann: Es werden falsche Fragen gestellt und darauf bekommt der Mensch falsche Antworten:

- Warum lässt Gott das zu?
- Warum ist er untätig?
- Warum muss gerade ich leiden?

Ein solches Gottesbild ist ein vermenschlichtes Gottesbild. Man kann nicht mit menschlichem Maßstab messen und ermessen, was jenseits unseres Verstehens und Begreifens liegt. Wir müssen uns, wie Frankl es formuliert, „vor dem Unbegreiflichen beugen im Ahnen um die Existenz von Unbegreiflichem". Auch in diesen Fällen geht es darum, die noch möglichen Freiräume zu eröffnen, um die beste Antwort geben zu können.

Zwei Kernthesen gilt es laut Frankl in Anbetracht von schweren körperlichen Krankheiten und Behinderungen zu berücksichtigen:

Die erste Kernthese ist schon bekannt. Sie lautet: „Das Leben selbst ist es, das dem Menschen Fragen stellt. Er hat nicht zu fragen, er ist vielmehr der vom Leben her Befragte, der dem Leben zu antworten – das Leben zu ver-antworten hat." (Frankl, 2005a, Seite 107)

Alles, was uns geschieht, ob Freude oder Leid, ist als Frage des Lebens an uns aufzufassen mit der Forderung, Antwort zu geben und diese zu verantworten.

Beim Antworten können wir einen Qualitätswechsel, eine kopernikanische Wende vollziehen. Wir können auf eine Minus-Frage einer schweren Diagnose eine Plus-Antwort geben, wie im vorangegangenen Fallbeispiel eindrucksvoll demonstriert wurde. „Was soll jetzt meine beste Antwort sein?"

Hier liegt die geistige Herausforderung. Es geht darum, die beste Einstellung und Haltung in Anbetracht der schicksalhaften Frage in Freiheit zu wählen. So kann der Mensch auch seine Krankheit mitgestalten.

Die zweite Kernthese lautet: „Sinn kann nicht ***ver-***, sondern nur ***be***schrieben werden." (Vgl. Frankl, 1997d, Seite 84)

Menschen, die Leidende begleiten, dürfen den Sinn aufleuchten lassen, Sinnmöglichkeiten in den Raum stellen und aus der Opferrolle in die Gestalterrolle begleiten: „Stell dir nicht die Frage: Warum? Darauf finden wir keine Antwort. Versuche, deine beste Antwort zu finden. Niemand sonst kann für dich antworten, auch nicht der Berater, die Beraterin, die Lehrerin, der Lehrer. Du bist einmalig in dieser Situation und gefordert, deinen einzigartigen Beitrag zu leisten."

Beinamputiert

Ein Dialog zwischen Frankl und einem Beinamputierten, der nach der Operation die ersten einbeinigen Gehversuche wagen musste:

„Unter meiner Assistenz stieg er aus dem Bett heraus und begann nun, mühselig und armselig auf einem Bein wie ein Spatz, im Zimmer umherzuhüpfen. Da brach er plötzlich in Tränen aus, und der ehrwürdige, weltberühmte Greis, den ich da mit meinen Händen hielt, weinte leise wie ein kleines Kind. ‚Das werd' ich nicht aushalten – so ein Leben als Krüppel hat doch keinen Sinn!', so wimmerte er. ***[1. Kernthese: Minus-Frage]***

Da schaute ich ihm in die Augen und fragte ihn eindringlich: ‚Sagen Sie, Herr Präsident, haben Sie die Absicht, Kurz- oder Langstreckenläufer zu werden und als solcher noch Karriere zu machen?' Erstaunt blickte er auf. ‚Dann nämlich', fuhr ich fort, ‚aber auch nur dann würde ich Ihre Verzweiflung und Ihre vorige Äußerung verstehen können: Denn dann hätten Sie ausgespielt, dann allerdings wäre Ihr weiteres Leben, wäre ein Weiterleben für Sie sinnlos: Weder als Kurz- noch als Langstreckenläufer kommen Sie mehr infrage. Sollte aber darüber hinaus für einen Menschen, der ein ganzes Leben höchst sinnvoll gestaltet hat, der gewirkt hat und sich einen Namen geschaffen hat in der Fachwelt wie Sie, sollte für so einen Menschen das Leben bloß deshalb den Sinn verloren haben, weil er ein Bein verloren hat?' ***[2. Kernthese: Sinnbeschreibung – Wende]*** Der Mann verstand sofort, was ich meinte, und ein Lächeln huschte über sein verweintes Gesicht." (Frankl, 1985, Seite 250/251) ***[1. Kernthese: Plus-Antwort]***

Nach dieser gelungenen Intervention Frankls scheint es uns wichtig, nochmals darauf hinzuweisen, dass jeder Fall einmalig und jede Person einzigartig ist und entsprechend jedes Mal neu die jeweils sinnvollste Antwort herausgerungen werden muss. So wird eine Beratung bei einem jungen verunglückten Skirennläufer mit ähnlichem Schicksal ganz andere Sinnantworten zur Folge haben.

Der „Homo patiens" fordert den menschlichen Arzt, den menschlichen Berater, den menschlichen Lehrer heraus. Der leidende Mensch fordert höchste Menschlichkeit im beruflichen Wirken. Das gilt für den Leidenden genauso wie für den Arbeitenden: Im WIE liegt die personale Kompetenz.

Es geschehe!

Eine 50-jährige, attraktive, sportliche Frau, schwer von Krebskrankheit gezeichnet, wird vom Leben ausweglos aufgefordert: „Gib dein bisheriges Leben aus der Hand." Durch schwere psychophysische Beeinträchtigungen kann sie sich nicht mehr bewegen und ist zur Tatenlosigkeit verurteilt. Wende durch die „Technik der Menschlichkeit": Mit einer logotherapeutisch geschulten Freundin werden Gestaltungsmöglichkeiten angedacht: „Setz dich mitten in die Familienaktivität auf den bequemsten Sessel und erfreue dich an dem funktionierenden System um dich herum, das bis jetzt du in Schwung gehalten hast. Lass dich beschenken von der liebenden Fürsorge und äußere mutig deine Bedürfnisse, um anderen Sinnappell und Wegweisung zu sein. Damit lockst du die größtmögliche Liebesfähigkeit bei deinen Mitmenschen heraus. Wäre es nicht für dich dieselbe Freude, einem Familienmitglied in deinem Gesundheitszustand alle Wünsche von den Augen abzulesen?"

Die Patientin gibt ihr Einverständnis und damit ihr „fiat", ihr „Es geschehe", auf der geistigen Ebene zu ihrer Situation. Diese Einstellung ist nur durch sie alleine zu vollziehen und bietet größtmögliche Hilfestellung und Entlastung für ihr gesamtes Umfeld. Eine bewusste Wahl, ihren Zustand nicht nur anzunehmen, sondern die bestmögliche Sinnperspektive für sich selber und ihr Umfeld herauszuringen, stärkt sie in ihrer tapferen Ausrichtung in dieser entscheidenden Lebensfrage.

Hadern mit dem Schicksal ist eine leidvermehrende Antwortmöglichkeit. Sinnfindung wird nicht durch Krankheit gefährdet, weil im Menschen beides, Elend und Größe, nebeneinander zu finden sind: Das Schicksal gibt die Chance, Größe zu zeigen.

Durch Menschen, die ihr Schicksal tapfer annehmen, kommt Licht in die Welt. Das ist Menschsein in höchster Ausprägung.

Umgang mit Menschen, deren Krankheiten zu Wesensveränderung führen

In der Beratung wird oft die Frage gestellt, wie demente Menschen würdevoll begleitet werden können. Wie können Logopädagogen den Angehörigen helfen, die Pflege dennoch liebevoll zu verrichten, zumal Liebe nicht mehr spürbar wird oder die Pflegenden von den verwirrten Kranken sogar beschimpft werden? Wie kann trotzdem Zuwendung geschenkt werden, wenn die zu Pflegenden manchmal völlig inadäquat reagieren?

In diesen Fällen hilft das logotherapeutische Menschenbild: Körper und Psyche sind erkrankt, aber die geistige Person bleibt intakt. Sie ist durch die körperliche Krankheit eingeengt, eingemauert und kann sich deshalb nicht ausdrücken. (Siehe Frankls dritte These, S. 107 ff.) Die Wesensveränderung ist der körperliche Anteil der Krankheit, die geistige Person steht unsichtbar dahinter.

Das ist für Angehörige von alten Menschen (Alzheimer, Demenz, Altersdepression, Altersparanoia etc.) wichtig zu wissen: Du liebst deine alte Mutter, Großmutter, deinen alten Vater, und das, was du da siehst, die Hülle, die dich nicht mehr erkennt, ist nicht die „ganze“ Person. Du siehst nur das Krankheitsbild, nur den Schatten der Person. Die Liebe sieht durch den psychophysischen Krankheitsblock hindurch und sieht den hinter der Krankheit versteckten eigentlichen Menschen, der sich nicht mehr ausdrücken kann.

„Feuer in der Küche!“

Eine Logopädagogin berichtet: Eine ältere Dame kommt verbittert in die Beratung, weil ihr altersdementer Ehemann für sie nicht mehr tragbar ist. Er hat in einem unbeaufsichtigten Augenblick die Küche in Brand gesetzt.

Nachdem ein beaufsichtigter Heimplatz nicht zu finden war, beschloss die entsetzte Ehefrau, ihren Mann „wie ein Tier" mit Futter und nötiger Pflege im gemeinsamen Haus auszuhalten. Er schaut nur noch fern und nimmt sporadisch sein Umfeld wahr. Die Frau meint in ihrer Verzweiflung, das sei ihre einzige Zukunftsperspektive, um ihr Schicksal tragen zu können.

Hinter dieser groben Fassade der Ehefrau verbirgt sich ein großer Schmerz. In der Beratung wird sie über das Krankheitsbild der Demenz und das Menschenbild V. Frankls ausführlich aufgeklärt. Hinter der körperlich-psychischen Einschränkung steht ein intakter Geist: der Mann, den sie vor der Demenz geliebt hat. Er hat viele Jahre gemeinsam mit ihr gestaltet, mit allen Höhen und Tiefen – und ist jetzt aufgrund eines körperlichen Gebrechens nicht mehr in der Lage, sich geistig auszudrücken. Auf meine Frage nach guten Zeiten erzählt sie voll Begeisterung von unvergesslichen Reisen, gemeinsamen Erlebnissen mit ihren Kindern und von seiner Begabung, die Familienchronik kreativ zu gestalten.

Es entlastet die Rat suchende Ehefrau, zu hören, dass das, was sie an ihrem Mann liebt, unverlierbar hinter der erkrankten Psychophysis bestehen bleibt. Sie begreift den Appellcharakter der Situation und den Sinnanruf an sie, indem sie seine Angewiesenheit erkennt. Getröstet von dieser Sichtweise erhält sie Kraft, ihren kranken Mann so anzunehmen, wie er ist, im Vertrauen darauf, dass dahinter ihr geliebter Partner steht. Sie versteht, dass nur die körperlich-psychische Dimension, das „Werkzeug des Geistes" (Frankl), erkrankt ist und dabei das Wesentliche heil geblieben ist. Im Freiraum dieser Frau werden außerdem noch Möglichkeiten zur Hilfestellung in der Pflege und Aufsicht entdeckt, welche die notwendige Entlastung und Regeneration gewährleisten. Auch persönliche Energiequellen werden wieder aktiviert und sollen in Zukunft verstärkt gelebt werden. Das Hadern mit dem Schicksal führt zu Verbitterung. Deshalb werden in diesem Fall neue Perspektiven durch vertrauensvolles Annehmen des Unabänderlichen besprochen. In der Situation dieser Frau ist es hilfreich, ihr die Freiheit in der Wahl ihrer Haltung bewusst zu machen. Das vom Menschen gesprochene „Es geschehe" kann große Befreiung auslösen.

Allen Menschen in Pflegeberufen soll bewusst sein, dass sie mit ihrer Aufgabe am Krankenbett Körper und Psyche pflegen, um den Patienten die Möglichkeit zu schenken, sich geistig mit ihrer konkreten leidvollen Situation auseinandersetzen zu können. Dies gehört zum höchsten Dienst am Menschen.

Welche Hilfen aus der geistigen Dimension gibt es in Anbetracht von Leid?

- Die Möglichkeit der Selbstdistanzierung von körperlich-psychischen Gegebenheiten,
- das Erkennen der sinnvollen Stellungnahme durch das Gewissen,
- das liebende Über-sich-hinauslangen-Können in der Selbsttranszendenz,
- die Kreativität der Person, mit Leid, Schuld und Tod durch Selbstgestaltung umzugehen,
- den bewussten oder unbewussten Bezug der Person zur Transzendenz durch seine Spiritualität.

„All dies [...] erwirbt die Person weder durch das Erbgut, noch durch die Erziehungseinflüsse, sondern sie eignen ihr aus sich selbst heraus, zumindest potentiell; sie sind Attribute des menschlichen Geistes. Erbgut und Erziehung stecken lediglich den Rahmen ab, in dem sie sich im Hier und Jetzt manifestieren können." (Lukas, 1994, Seite 46 f.)

Wie kann menschliche Freiheit definiert werden?

Reine menschliche Freiheit ist zunächst einmal wie eine unendlich weite Ebene ohne Horizont, ohne jeden Bezugspunkt zu denken. In diesem Fall wäre der Mensch zwar frei, in jede Richtung zu gehen, jede Richtung zu wählen, doch es wäre letztlich „gleichgültig", wohin er ginge. Jedes Motiv, sich zu entscheiden, fiele weg, weil es kein Ziel, kein Gegenüber gäbe. Das wäre die totale Freiheit und diese wäre für den Menschen nicht lebbar.

Kann in einem solchen „Freiheitsverständnis" der Grund für die Probleme in der Gesellschaft liegen? Junge Menschen wollen frei sein von und zu allem – das käme der oben geschilderten nicht lebbaren Freiheit gleich.

Lebbar ist menschliche Freiheit dort, wo es in der Welt vorfindliche Bezugspunkte und Grenzen gibt. Bleiben wir bei dem Bild von der Ebene: In einer völlig leeren, konturlosen Ebene fehlt jede Orientierungsmöglichkeit. Sie muss irgendwo begrenzt sein, z. B. durch einen Berg, dann bin ich frei zu wählen, auf den Berg zu steigen – oder nicht; oder einen Baum, dann bin ich frei zu wählen, ob ich mich in seinen Schatten lege – oder nicht. Es kann sich auch ein Abgrund auftun, und ich bin frei zu wählen, ihn zu umgehen oder zu durchschreiten.

Nur in einer strukturierten, konturierten Landschaft ergeben sich Anhaltspunkte und der Mensch ist frei, zu wählen. Sie können sich im Leben des Menschen als angenehm oder ungenehm, als unverdiente Freude, aber auch als unverdientes Leid präsentieren. Je mehr natürliche oder durch den Menschen geschaffene Bezugspunkte im Umfeld eines Menschen gegeben sind, desto vielfältiger sind seine Wahlmöglichkeiten. Erst wenn etwas zu wählen da ist, wird menschliche Freiheit relevant.

In Anbetracht von positivem Schicksal ist der Mensch frei, es in Dankbarkeit, Wertschätzung und Zufriedenheit wahrzunehmen und zu gestalten. Er ist aber auch frei, es als selbstverständlich zu konsumieren, kleine Mängel zu fokussieren und damit in den Vordergrund zu stellen. Je nach seiner Wahl wird er zufrieden und dankbar oder in chronischer Unzufriedenheit leben.

Es geht also nicht um die Freiheit von allem, sondern frei zu sein für etwas. Menschliche Freiheit ist in allen Lebensfragen immer auf ein Wofür?, Für wen / was? oder ein Wozu? bezogen.

Überlegen wir nun Bezugspunkte, die den Menschen in Anbetracht von Leid herausfordern:

- Was sagen wir einem Menschen, der seine junge Frau durch den Tod verloren hat, mit zwei kleinen Kindern dasteht und nur mehr ein schwarzes Loch vor sich sieht?

- Was würden Sie einem panischen Angehörigen sagen, der es aushalten muss, dass die Mutter nach einem Unfall gelähmt bleiben wird?
- Wie begleiten Sie eine junge Mutter, die an einem rasch wachsenden bösartigen Hirntumor erkrankt ist?

Auch diese Fragen, die das Leben stellen kann, wie wir in den folgenden Fallbeispielen zeigen werden, sind Anlässe für personale Entscheidungen in Freiheit. Ihre Beantwortung ist ausschlaggebend für gelingendes Leben trotz Leid, Schuld und Tod.

Der tragische Optimismus

Frankl stellt diesen Lebensfragen, denen wir oft so ohnmächtig ausgeliefert sind, seinen „tragischen Optimismus" gegenüber. Wie findet er zu dieser Terminologie?

„[...] irgendwie muss es eigentlich auch noch angesichts der tragischen Aspekte unseres Daseins die Möglichkeit geben, [...] das Beste daraus zu machen; ‚das Beste' jedoch heißt auf lateinisch ‚Optimum', und jetzt verstehen Sie, wie ich auf den Ausdruck ‚tragischer Optimismus' gekommen bin." (Frankl, 1998, Seite 51)

Es gilt, das Optimum aus einer Situation herauszuholen. In guten Zeiten ist uns dieser Begriff sehr geläufig. Aber Frankl stellt vor das Optimum das Wort „tragisch" und meint damit, das Beste aus dem Leben trotz der Tragik herauszuholen. Dieses Potenzial steckt nämlich in jedem von uns und stellt uns frei, auf schwere Schicksalsfragen des Lebens unsere optimalen Antworten zu geben und diese vor uns und der Gesellschaft auch zu verantworten.

Der tragische Optimismus, wie Frankl ihn meint, setzt das dazugehörige Menschenbild voraus, weil Antworten auf leidvolle Lebenssituationen immer eine geistige Herausforderung darstellen.

Wie kann also Leben gelingen, trotz Leid, Schuld und Tod?

Lukas formuliert sechs Punkte zum „tragischen Optimismus", die wir anhand eines Fallbeispieles erklären: (Nach Lukas, 1998–2002)

> ***Das Beste für alle Beteiligten***
> Eine junge Mutter erkrankt schwer an einem bösartigen Hirntumor. Sie hat eine dreijährige Tochter. Dieser dramatischen und leidvollen Tatsache muss sich die ganze Familie stellen. Bestmögliche medizinische und psychische Betreuung muss primär gegeben sein.

1. Dem Leben, wie es ist, ins Gesicht sehen.
   Nicht den Kopf in den Sand stecken, sondern den Dingen so real begegnen, wie sie sind.
2. Trotz des wahrgenommenen Negativums geht es darum, ein Bestes aus der Situation herauszuschlagen.

> Welches Optimum ist trotz der Tragik dieser schweren, todbringenden Erkrankung abzuringen? Die junge Mutter kann sich berechtigterweise fallen lassen, in Depression und Weltabsage versinken. Dieses Verhalten wäre verständlich, ist jedoch nicht geeignet, der Situation ein Optimum für Mutter und Kind abzuringen.
>
> Es geht um die Frage, was die kleine Tochter braucht. Dieser Appell kann der Mutter Halt geben, ihr Schicksal trotz allem zu gestalten. Was kann sie noch tun, um bestmöglich für ihr Kind vorzusorgen? Vor diesem Hintergrund ist die Mutter aufgefordert, die Zeit, die ihr verbleibt, bestens zu nützen, und sie erlebt sich nicht hilflos der Krankheit ausgeliefert, sondern sinnvoll gestaltend.

3. Besinnung auf die eigenen Fähigkeiten, die immer noch vorhanden und zu entwickeln sind.
   Unsere eigenen Fähigkeiten und Ressourcen stehen in direkter Verbindung mit dem Optimum, das ein Mensch sich in der Tragik noch abringen kann. Trotz des Niedergangs einer Hoffnung bleibt vieles intakt:

- gesammelte Erfahrungen,
- angeborene Begabungen,
- individuelle Neigungen.
- Freundschaften und Familie sind oft intakt. Kann man sich darauf verlassen, hat man schon einen Bonus.

> Gemeinsam mit der tapferen jungen Frau, die ihrerseits für ihre Familie und ihren Freundeskreis zum Appell für höchste Einfühlung und Kreativität wird, werden Möglichkeiten erörtert, die ein bestmögliches Weiterleben für die Tochter garantieren. Die Mutter widmet sich intensiv ihrem Kind und schreibt ihr Gedanken, Wünsche, Hoffnungen in ein Buch für die Zukunft.

4. Die Kompetenz, „verlieren zu können", rechtzeitig lehren und lernen:
   Verlieren können wie im Sport, beim Spiel oder auch durch altersbedingten körperlichen Abbau, das kann gelingen, auch ohne in Verzweiflung und Resignation zu verfallen.
   Es kann ein tragischer Optimismus entfaltet werden, der vorbildhaft für jüngere Generationen wirkt, indem durch freiwilligen Verzicht auf nicht mehr mögliche Wertverwirklichung andere Werte gelebt werden. Ein Optimum aus der gegebenen Situation wird herausgerungen.

> Alles ist vergänglich. Nur die gelebten Werte bleiben. Das Geistige ist unverlierbar.
>
> Vor diesem Hintergrund kann die junge Mutter im Vertrauen an ein Gehaltensein, egal was auf sie zukommt, Entscheidungen treffen. Zum Beispiel entscheiden, dass ihr kleines Mädchen in einer guten Familie weiter aufwachsen kann. So lebt und liebt sie neue Werte in die Welt. Sie entscheidet, im Lebensfluss zu bleiben, sich von der Strömung tragen zu lassen und nicht krampfhaft an Gewolltem festzuhalten. Sie entscheidet getrost, die Führung dem Über-Sinn zu überlassen.

5. Besinnung auf die Absenz von Übeln und nicht bloß auf die Präsenz von Übeln.

Im Blick sollte immer das trotzdem Gelungene, Geleistete, das nicht Selbstverständliche sein, statt das Misslungene, Negative, Destruktive zu fokussieren.
Vergessen wir nicht: Du wirst dem ähnlich, was du lange anschaust.

Im Fall der jungen Mutter ist die Möglichkeit, Vorsorge für das Kind zu treffen, gelungen. Die Gestaltung, die gemeinsame Zeit zu intensivieren, verwirklicht. Der Zusammenhalt in Familie und Freundeskreis ist beispielhaft und vermittelt Sicherheit. Die medizinische Versorgung ist optimal gewährleistet.

Die trotz des schweren Verlaufs der Erkrankung gelingenden und gelungenen Entscheidungen und Aktivitäten zu würdigen, geben Kraft und Energie, sich immer wieder neu auftretenden Herausforderungen und Sorgen zu stellen.

6. Daran glauben, dass alles einen verhüllten tieferen Sinn hat, was auch geschieht und wann immer er sich auch enthüllen mag – das ist tragischer Optimismus in seiner Höchstform.
Das Leben hat unter allen Umständen Sinn, auch wenn momentan alles dagegenspricht. Diese Haltung darf jeder Mensch allerdings nur für sich einfordern und nicht anderen Menschen aufzwingen. Vergessen wir nicht: Jeder Mensch ist einzigartig!

Vielleicht wird rückblickend sichtbar, wie die scheinbar sinnlose schwere Krankheit der jungen Frau und ihr früher Tod durch deren heldenhafte Gestaltung zum Segen und Schutz der kleinen Tochter und ihrem ganzen Umfeld beigetragen haben könnten.

Zwei andere Beispiele, die zeigen, wie der Mensch in Freiheit immer enger werdende Grenzen gestalten kann:

Ohne Klage

Ein alter Herr, passionierter Pilot, gab mit 60 Jahren freiwillig den Kunstflugschein auf, mit 65 Jahren den Fluglehrerschein und mit 67 ließ er auch den Flugschein verfallen. Er fühlte, dass er sonst für die Welt ein Risiko darstellt. Mit 80 Jahren verkaufte er sein Auto – und fuhr mit der Straßenbahn. Es gab nie ein Wort der Klage.

Memory

Eine Logopädagogin berichtet:

Als ich im LKH am Krankenbett unterrichtete, kam mindestens zweimal im Jahr ein kleiner Bub zu einer mehrwöchigen Behandlung. Ich durfte ihn von seinem dritten Lebensjahr an begleiten. Er litt an einer rasch fortschreitenden Muskelerkrankung und sein Zustand verschlechterte sich von Aufenthalt zu Aufenthalt. Eines Tages kam ich wieder in sein Zimmer, da erklärte er mir völlig ohne Pathos: „Das letzte Mal haben wir noch Memory gespielt. Das war lustig. Jetzt kann ich aber die Hände nicht mehr bewegen. Aber vielleicht kann ich dir mit den Augen zeigen, welche Karte du umdrehen musst. Dann könnten wir trotzdem wieder spielen."

Das ist beispielhaftes Heldentum und zeigt, wie sich ein alter Mensch und ein Kind optimal auf unabänderliches Schicksal einstellen können.

Die tragische Trias: Leid, Schuld, Tod

Die tragischen Komponenten von Leid und Tod gibt es in der Natur, in der ganzen Schöpfung. Das Tier ist von der Schuld „befreit", weil es nicht in der Dimension von Gut und Böse steht, keine Wahlfreiheit hat. Leid, Schmerz und Tod bleiben auch dem Tier nicht erspart.

Leid hat im menschlichen Leben immer mit Wertverlust zu tun, der mit unserer Wert- und Liebesfähigkeit in Zusammenhang steht:

- Es sind Werte, die verloren gehen und sich nicht mehr fortsetzen lassen: Abschied.
- Werte, die sich uns entziehen, zu denen wir keinen Bezug mehr herstellen können, weil Beziehung nicht mehr lebbar ist: Scheidung.
- Werteverlust durch eine schwere Krankheit, die eine Behinderung zur Folge hat.
- Werte der Jugendzeit, die nicht fortgesetzt werden können: Altern.

- Das Alter, wenn Kräfte, Möglichkeiten und Werte losgelassen werden müssen: Einschränkung.
- Schöne Möglichkeiten, die uns vorschweben, die wir aber hergeben müssen, weil sie nicht mehr realisierbar sind, oder auch aus irgendeinem Grund nie realisierbar waren: Verzicht.

Schuld ist spezifisch human, weil nur der Mensch die freie Wahl hat, eigene Entscheidungen für das jeweils Sinnvolle oder Sinnwidrige zu treffen. Sie ist eine Wertbeschädigung, die geschieht, wenn sich der Mensch für das Widersinnige entscheidet. Dadurch werden das eigene Gutsein, die eigene Identität und das Umfeld geschädigt.

Tod bedeutet für den Menschen, anders als beim Tier, um seine Vergänglichkeit ein Leben lang zu wissen. Es ist nicht nur ein kognitiver Akt, sondern auch ein emotionaler Akt, zu wissen, dass alles einmal verschwindet: unsere Werke, unsere Kinder, alles ist durch den Tod verlierbar. Alles, was wir tun und schaffen, geschieht im Wissen, dass es einmal vergeht. Trotzdem investiert der Mensch in eine Sache, in eine Person. Der Mensch ist ein kurzlebiges Wesen, und in dieser Zeitspanne soll er Mitgestalter der Schöpfung sein, im Bewusstsein, dass irdisch nichts bleibt, nichts überlebt.

Das sind Gedanken, die nur dem Menschen zukommen. Hier stellt sich massiv die Sinnfrage als philosophische Herausforderung. Sinn- und Existenzfragen altersadäquat zuzulassen und zu diskutieren, sind notwendige pädagogische Aufgaben und dürfen nicht der fachlichen Wissensvermittlung nachgereiht werden. Ist doch der Wille zum Sinn die Urmotivation des Menschen, die den Grundstein legt für offene Wissensaufnahme.

Ein negatives Beispiel:
Eine fünfzehnjährige Schülerin fragt ihren Mathematikprofessor nach dem Sinn menschlichen Daseins. Sie bekommt folgende Antwort: „Ich hab auch viele Fragen. Halt deinen Mund und lern mit uns mit.“

Welche Chancen für die Schülerin und die ganze Klasse werden hier vergeben, auch im Hinblick auf die Motivation, freiwillig schwierige mathematische Beispiele zu entschlüsseln!

Den Sinn des Lebens kann man nicht nur an die Freude binden, denn diese kann jede Stunde „wegbrechen“, nämlich dann, wenn es um einen Menschen dunkel wird. Wenn das Leben bedingungslosen Sinn haben soll, dann muss auch die negative Seite des Lebens Sinn haben oder Sinnmöglichkeiten bergen. Auch unter der „tragischen Trias“ (Frankl) muss das Leben Sinn behalten, und das ist durch die Einstellungswerte gewährleistet.

Die tragische Trias fordert heraus, diese Werte zu verwirklichen. Es sind exklusive Herausforderungen, die das Leben zumutet, um Sinn durch Einstellung herauszuringen.

Die tragische Trias meint das unabänderliche Leid, das getragen werden muss, aber auf verschiedene Arten getragen werden kann: mit Zorn, Wut, Tränen und Rundumschlägen, aber auch mit Würde, Mut, in Geduld, in Annahme und Akzeptanz. Das ist ein hoher Anspruch an den Menschen und verlangt ihm viel mehr ab als das Realisieren von schöpferischen Werten und Erlebniswerten. Daher ist es die höchste Leistung, Einstellungswerte zu verwirklichen.

Es geht dabei um die „Zutat der Person“ (Lukas) durch ihre geistige Einstellung, die es ihr ermöglicht, gerade durch das Leid einen besonderen Blick für die verbleibenden Werte zu entwickeln.

„Das Leiden macht den Menschen hellsichtig und die Welt durchsichtig.“ (Frankl, 2005b, Seite 208) In diesem Satz wendet Frankl unseren Blick von den negativen Folgen durch erlittenes Leid auf zwei meist übersehene positive Aspekte, die dem Leid folgen können:

- die, einem erfahrenen Leid abgerungene Hellsichtigkeit des Menschen und
- die durch angenommenes und durchgetragenes Leid zustande gekommene Durchsichtigkeit der Welt.

Diese Leiderfahrungskompetenz erweitert die Sicht des Menschen in beiden Fällen. Der leidende Mensch sieht weiter und tiefer – und zwar mit den Augen des Geistes; er nimmt geistig mehr wahr, mehr vorweg.

Zur Hellsichtigkeit des Menschen:

Es ist eine entscheidende pädagogische Aufgabe, den Kindern, den Klienten und Ratsuchenden Strategien zu vermitteln, wie sie mit erlittenem Leid, erlittenen Lieblosigkeiten menschenwürdig umgehen können. In diesem Punkt finden wir in unserer Gesellschaft wenige tragfähige Antworten.

Leid lässt sich nicht aus der Welt schaffen, indem man es vermehrt, sondern es geht um bewusst gesetzte geistige Akte jedes Einzelnen, um es zu reduzieren. Junge Menschen haben ein Recht darauf, von dieser Möglichkeit zu erfahren, um ihren persönlichen Einsatz einzubringen und die positiven Auswirkungen zu spüren.

Befreit!

Eine Logopädagogin berichtet:

Es handelt sich um eine erste Klasse einer Volksschule in der sechsten Unterrichtsstunde. Die Kinder kommen verschwitzt aus dem Turnsaal. Ein Bub schaut böse, ist sehr aggressiv und wirft vom ersten Tisch mit einem Handstreich alle Schulsachen herunter. Er geht zu seiner Schultasche und tritt mit dem Fuß dagegen. Bevor er sich in dieser aggressiven Haltung seinen Mitschülern nähert, gehe ich zu ihm, fasse ihn beruhigend an der Schulter und frage: „Ich habe das Gefühl, dir geht es heute gar nicht gut. Was ist denn passiert?" Sichtlich entspannt und dankbar nach dieser Hilfe zur Selbstdistanzierung erzählt er, dass er von einem Mitschüler geschlagen worden und jetzt sehr zornig sei. Die Logopädagogin eröffnet dem zornigen Buben seinen Freiraum: „Er hat dir wirklich wehgetan, aber glaubst du, dass es gut ist, dafür anderen wehzutun und Dinge kaputt zu machen? Du könntest ihm doch auch zeigen, was in dir steckt, und du könntest trotz der Enttäuschung ruhig bleiben, gut mitarbeiten und ihm beweisen, dass du ein Held bist, weil du nicht zurückschlägst."

Der sonst auffällige Bub arbeitet in dieser Stunde relativ aufmerksam und arbeitswillig mit und kann die Erfahrung machen, dass er frei ist zu entscheiden, wie er mit erlittenem Unrecht und Leid umgeht, ohne Opfer des Aggressors und seiner Emotionen sein zu müssen.

Zur Durchsichtigkeit der Welt:
Schwere Schicksalsschläge stellen immer eine existenzielle Bedrohung dar und werfen die Frage auf, wie man ohne den geliebten Menschen, ohne Beruf, außerhalb der Heimat, trotz einer schweren Krankheit weiterleben kann.

Durch solche unabänderlichen Leiderfahrungen aufgrund schwerer Schicksalsschläge wird die Welt für den Leidenden durchsichtiger, da er sensibler, dankbarer und wertefühliger lebt. Ein „Wachsen an Verlusten" wird möglich.

Mach was draus!

Eine Logotherapeutin erzählt:

„Wissen Sie, was nach der Beratung bei Ihnen mein Leitsatz geworden ist? ‚Mach was draus!'" Der ca. 40-jährige Mann streckt mir die Hand zum Abschied entgegen: „Das ist jetzt mein Motivationssatz, er tut uns gut und hilft uns ausgezeichnet!"

Uns, das sind er und seine beiden Töchter, fünf und sieben Jahre alt. Seine geliebte Frau verlor er vor einiger Zeit durch eine schwere Erkrankung. Herr S. kam trauernd zu mir, hatte starken Gewichtsverlust, massive Schlafstörungen und gravierende Konzentrationsstörungen bei seiner Arbeit.

Die verständliche Trauer um seine geliebte Frau überwältigte ihn täglich neu und er fühlte sich außerstande seinen Aufgaben in der Firma und zu Hause gerecht zu werden. Zu groß war der Schmerz, zu unverständlich, weshalb ausgerechnet ihm das passieren musste, und zu schwarz schaute seine für ihn nicht mehr lebenswerte Zukunft aus. Es spricht für seine hohe Verantwortung gegenüber dem Leben, seiner Frau und seinen Kindern, dass er trotz überwältigender Trauer den Weg zu einer Beratung fand.

Die erste Intervention gilt seiner körperlichen Befindlichkeit: Ich empfehle dem Trauernden, einen Arzt aufzusuchen, um wieder genügend Schlaf zu finden und gegen den Appetitverlust etwas zu unternehmen. Tägliche Spaziergänge werden vereinbart, ohne darauf Lust zu haben, aus reiner Disziplin, für seine Kinder.

Die psychische Ebene mit der großen verständlichen Trauer erfordert viele Gespräche über seine geliebte Frau: Schöne und schmerzliche Erinnerungen kommen zur Sprache und wir schauen miteinander Fotografien und Geschenke an. Wir erleben viel Dankbarkeit, Staunen, Tränen, aber auch Appelle in unseren Stunden. Es wird immer klarer, dass die erlebte große, viel zu kurze Liebe schützenswerte Schätze hinterlassen hat, die als echter Liebesbeweis nachgereicht werden wollen. Was würde sich seine Frau von ihm wünschen?

Zunehmend ist nicht mehr das verzweifelte „Warum ich?" im Vordergrund, sondern das herausfordernde „Was soll meine Antwort auf diese Tragödie sein? Wozu fordert sie mich heraus?"

Wie so häufig sind auch in diesem Fall zunächst einmal Schuldige gesucht worden, die „Schuld" am Ausbruch der Krankheit haben sollen. Diese „Schuldnersuche" ist zwar im Schmerz verständlich, aber vermehrt ihn bloß. Niemand wollte, dass seine Frau starb, und alle haben mit bester Absicht und hohem Einsatz um ihre Genesung gekämpft. Am meisten und tapfersten seine Frau selbst, und das bis zum Schluss.

Der Tod der Frau wurde vom Schicksal verfügt, hier sprechen wir vom unausweichlichen, unabänderlichen Leid. Jeder Mensch wird im Laufe seines Lebens damit konfrontiert und hat die Möglichkeit, daran hadernd zu zerbrechen oder an der Herausforderung zu wachsen. Über sein Schicksal hinauswachsen kann der Mensch nur, wenn er ein Motiv vor Augen hat, wofür er sich aufrichten will. Gibt es noch so ein Motiv in seinem Leben? Was brauchen seine Töchter jetzt? Wofür hätte sich seine Frau besonders eingesetzt? Was war ihr Anliegen für die Kinder?

Er berichtet, dass seine Frau die Mädchen sehr verantwortungsvoll und mit großer Herzlichkeit und mit Einfühlungsvermögen erzogen hat. Er sei viel zu introvertiert und habe als Bub auch keine herzliche Beziehung zu seiner Mutter aufgebaut. Genau diese einfühlsame Art seiner Frau, mit den Töchtern umzugehen, habe ihn so fasziniert. Er wisse gar nicht, wie er das anstellen sollte.

Zunehmend kreisen unsere Gespräche um das Wohlbefinden der beiden Mädchen, und dem Vater wird seine einzigartige Stellung und Aufgabe bewusst. Wir arbeiten gemeinsam an der geistigen Herausforderung seiner schweren schicksalhaften Lebensfragen. Ich staune über seine fantasievollen Ideen: Picknicks, Kindergeburtstage, Ausflüge organisieren und viele andere Aktivitäten werden genannt. Die Töchter vertrauen sich ihm zunehmend an. Wir üben Ich-Botschaften, Dialoge und diskutieren Streitsituationen aus, um beim nächsten Mal noch besser damit umgehen zu können. Der Vater spürt einen Zuwachs an Kraft, je mehr er das von ihm „Gesollte“, das im Hier und Jetzt „Sinnvollste“ umsetzt. Er fühlt, dass die Liebe zu seiner Frau dadurch weiterlebt, und ist bestätigt und gestärkt. Die Schlafstörungen gehen zur Gänze weg, das Essen mit den Kindern macht wieder Freude, und das Leben wird trotz bleibender Trauer lebenswert, aus Liebe zu seiner Familie.

Lukas nennt bezüglich des praktischen Vorgehens bei der Einstellungskorrektur bei unabänderlichem Leid vier Anhaltspunkte aus der ärztlichen Seelsorge.

1. **Wert aufzeigen**
   Es ist der einfache Hinweis darauf, dass eine positive und aufrechte Einstellung zu einem negativen Schicksal eine großartige menschliche Leistung ist.

   Im Fallbeispiel ist ersichtlich, dass der trauernde Vater es für wichtig erachtet, eine Beratung aufzusuchen, um seine Situation bewältigen zu können. Dies wahrzunehmen, drückt dem Vater gegenüber nicht nur Anerkennung aus, sondern macht ihm sein Selbstgestaltungspotenzial bewusst.

2. **Sinn aufzeigen**
   Im zweiten Schritt gilt es, den Trauernden durch vorsichtiges Fragen auf Sinnvolles, Gutes und Heilgebliebenes hinzulenken, das im Leid des Betroffenen trotz allem enthalten ist. Ein außenstehender Berater kann dieses “dennoch Gute” eher entdecken als der Betroffene selbst.

   Im obigen Fall erkennt der trauernde Ehemann, dass er das Geschenk einer großen Liebe gemeinsam mit seiner Frau leben und verwirklichen durfte und seine überwältigende Trauer der Preis der Liebe ist, die der überlebende Partner immer zu bezahlen hat.

3. **Rest aufzeigen**
   Es geht um ein Aufzeigen der verbliebenen positiven Lebenschancen, die vom Leid unberührt sind. Es sind Chancen, die durch den aktuellen Schmerz nicht verloren gegangen sind.

   In unserem Fall wird der Blick des Trauernden auf die beiden gesunden Töchter gelenkt und der Sinnappell wird vom Vater verstanden.

4. **Perspektiven aufzeigen**
   Der „Homo patiens“ braucht klare Antworten aus der Anthropologie, durch die er sein Leid besser annehmen kann.
   Tatsache ist, dass die Trauer ein „Echtheitszertifikat“ für gelebte Liebe darstellt. Aus ihr erwächst die Kraft, im Sinne des Geliebten weiterzuleben.

   > Daraus ergeben sich in unserem Fall klare Perspektiven. Die Aufmerksamkeit des trauernden Vaters richtet sich auf die gemeinsamen Kinder und führt zu einer Hinwendung zu den neuen Lebensherausforderungen als alleinerziehender Familienvater.

   Der im Leid gereifte Mensch ist oft „liebesbewusster” als zuvor und dankbarer für die Kostbarkeiten des Lebens, um deren Zeitlichkeit er nunmehr deutlicher weiß.

„Wer diesem Denken zustimmt, der ist vor der krank machenden Trostlosigkeit der Lebensverneinung auch dann noch gefeit, wenn das Leben schwer zu ertragen ist. Es wird sein Ja nicht der zu ertragenden Schwere gehören, aber dem Leben wird sein Ja gehören – trotz aller Schwere.“ (Vgl. Lukas, 1999b, Seite 23)

Raubt der Tod dem Leben Sinn?

Der Tod kann dem Sinn des Lebens nichts anhaben. Erst unter dem Druck der zeitlichen Endlichkeit des menschlichen Daseins hat es Sinn, zu handeln, zu erleben, zu entscheiden, zu lieben und etwas tapfer zu durchleiden.

Daher der Appell an jeden Menschen: „Lebe so, als ob du bereits zum zweiten Mal lebtest und als ob du das erste Mal alles so falsch gemacht hättest, wie du es zu machen – im Begriffe bist.“ (Frankl, 2005a, Seite 120)

Das ist eine Aufforderung zu höchster Bewusstheit, denn menschliche Lebenssituationen sind nicht wiederholbar. Wenn einmal ein Wert verwirklicht und gelebt ist, dann bleibt er das ein für alle Mal. Er ist hineingerettet ins Vergangensein. Möglichkeiten, die in der Zukunft liegen, sind vergänglich, aber durch unsere Verwirklichung verewigen wir sie. In der Vergangenheit ist alles unverlierbar geborgen –

vor jedem Zugriff bewahrt. So ist „die Vergangenheit die sicherste Form des Seins“ (Frankl).

„Der Tod würde vom alltäglichen Menschen missverstanden. Das ist zu wenig gesagt: Die Zeit wird missverstanden. Denn wie steht der durchschnittliche Mensch zur ‚Zeit'? Er sieht nur das Stoppelfeld der Vergänglichkeit – aber er sieht nicht die vollen Scheunen der Vergangenheit. Er will, dass die Zeit stillstehe, auf dass nicht alles vergänglich sei; aber er gleicht darin einem Manne, der da wollte, dass eine Mäh- und Dreschmaschine stillsteht und am Platz arbeitet und nicht im Fahren; denn während die Maschine übers Feld rollt, sieht er – mit Schaudern – immer nur das sich vergrößernde Stoppelfeld, aber nicht die gleichzeitig sich mehrende Menge des Korns im Inneren der Maschine. So ist der Mensch geneigt, an den vergangenen Dingen nur zu sehen, dass sie nicht mehr da sind; aber er sieht nicht, in welche Speicher sie gekommen. Er sagt dann, sie sind vergangen, weil sie vergänglich sind – aber er sollte sagen: vergangen sind sie; denn: ‚einmal‘ gezeitigt, sind sie ‚für immer‘ verewigt.“ (Frankl, 1997a, Seite 56)

Abb. 60: Scheune des Lebens

„Im Vergangensein ist nämlich nichts unwiederbringlich verloren, vielmehr alles unverlierbar geborgen.“ (Frankl, 2005b, Seite 134)

Der „Optimismus der Vergangenheit“

Wir sind gewohnt zu sagen, dass die Zeit von der Vergangenheit in die Zukunft fließt. „Von der Wiege bis zur Bahre.“

Gemäß Frankl fließt die Zeit umgekehrt, von der Zukunft in die Vergangenheit. Diese Sicht auf das Leben nennt er den „Optimismus der Vergangenheit“: Der Mensch ergreift Möglichkeiten aus der Zukunft und verwirklicht sie über die Gegenwart in seine Vergangenheit hinein.

In der Zukunft gibt es unendlich viele Möglichkeiten, die jedoch noch verlierbar, vergänglich, flüchtig und instabil sind, weil sie uns jederzeit genommen werden können.

Die Gegenwart ist der einzige Verfügungszeitraum des Menschen. Nur an der Gegenwartslinie kann er agieren und entscheiden, was von ihm in seine Vergangenheit hinein verwirklicht werden soll.

Ist das Seinkönnende einmal über die Gegenwartslinie in die Scheune des Lebens hineingerettet, dann ist es unverlierbar, ewig, wahr, unveränderbar und stabil in die Vergangenheit geronnen.

In diesem philosophischen Denkmodell ist das ganze Leben, von der Zukunft über die Gegenwart bis hin in die Vergangenheit, eingebettet im Über-Sinn, der alle Werte definiert. Er umfasst damit das Seinsollende.

Was geschieht mit den Möglichkeiten, die nicht verwirklicht werden? Sie können noch eine Zeit lang im Angebot des Lebens bestehen bleiben, aber einmal ist jede Möglichkeit verloren: durch das Alter, durch Krankheit, weil kein Geld mehr vorhanden ist etc. und letztlich nimmt der Tod alle Möglichkeiten.

Das jedoch, was einmal zu Seiendem geworden ist, kann nicht mehr Möglichkeit werden. Keine Macht der Welt kann es wieder aus dem Sein nehmen. Sogar der scheinbar so mächtige Tod hat keinen Zugriff auf die Vergangenheit, auf einmal Verwirklichtes.

Die Kunst des Lebens besteht darin, das Gesollte aus den Möglichkeiten auszuwählen und ins Sein zu verwirklichen. Das ist der Lebensauftrag, und wenn er gelingt, dann ist der Mensch erfüllt, weil er für sich und sein Umfeld sinnvolle Handlungen verwirklicht.

In der heutigen Zeit stehen den Menschen in unserem Kulturkreis so viele Möglichkeiten zur Verfügung wie noch nie zuvor. Umso wichtiger ist es, an der Gegenwartslinie bewusst nach der Sinnfrage zu selektieren. Was soll von mir nach bestem Wissen und Gewissen gelebt werden?

Durch die Vielfalt der potenziellen Möglichkeiten stellen Verzicht und Selektion notwendige Schlüsselkompetenzen dar, die heute Priorität in der Erziehung und im schulischen Alltag haben sollen, um gelingendes Leben zu ermöglichen.

Die folgenden Beispiele sollen die unterschiedlichen Möglichkeiten der Stellungnahme illustrieren und bewusst machen.

Klein, aber oho!

Ein achtjähriges Mädchen lädt zu seinem Geburtstagsfest ein. In der Klasse ist es üblich, dass jeder geladene Gast ein Geschenk für das Geburtstagskind mitbringt. Das Mädchen erklärt seiner Mutter: „Ich hab so viele Spielsachen und Bücher. Ich möchte nur mit den Kindern spielen. Sie sollen mir keine Geschenke mitbringen."

Zum Erstaunen der Eltern und Kinder schreibt sie in die Einladung: „Bitte bring kein Geschenk mit, nur dich selbst gezeichnet auf ein Zeichenblatt."

Während des Festes werden die mitgebrachten Selbstporträts ausgeschnitten, laminiert und an einem roten Seidenband im Zimmer des Geburtstagskindes zur Freude aller Gäste montiert.

Dieses Fallbeispiel zeigt, wie gerade in Zeiten des Konsums Kreativität und Freude an Innovation auch von kleinen Menschen sinnorientiert ausgehen können. In vielen Bereichen könnte solche Selbstbeschränkung wieder intensive Lebensimpulse geben.

Aus dem „Optimismus der Vergangenheit" leitet Frankl den „Aktivismus der Zukunft" ab. Es gilt, Möglichkeiten aus der Zukunft achtsam auszuwählen und zu verwirklichen, die gute Ernte rechtzeitig in die Scheune zu holen, weil die Scheunentore einmal geschlossen werden.

Der höhere Wert

Eine Maturantin kommt erschöpft und aufgelöst zur Beratung. Sie weiß nicht mehr, was sie an Aktivitäten verwirklichen soll: „Alles ist zu viel. Ich weiß nicht mehr, was ich zuerst leben soll." Sie wird aufgefordert, alle Aktivitäten, die sie belasten, auf Steine zu schreiben: Fachbereichsarbeit, 60. Geburtstag der Mutter, Partys mit Freunden, Abschlussprüfungen für das Zeugnis, Fragen für die Matura ausarbeiten, Maturaball und -reise planen, neueste Mode besitzen etc.

In der Ruhe des Gesprächs werden Prioritäten gesetzt, „Steine" geschoben, Argumente gesucht und klare Verzichte ausgesprochen. Einige Steine werden selektiert, andere in die zweite oder dritte Reihe verschoben. Am Ende der Stunde kommt es zu klarer Stellungnahme ohne Überforderung und Ohnmachtsgefühle gegenüber den hereinstürmenden Forderungen des Lebens. Die Maturantin entscheidet sich souverän für den höheren Wert in ihrer konkreten Situation und ist bereit, Verzichte zu leisten.

Die Notwendigkeit, zu selektieren und zu verzichten, gilt sowohl für den einzelnen Menschen als auch für ganze Völker und für die Menschheit. Stellen wir uns zum Beispiel vor: Es droht die Möglichkeit eines ökologischen Kollapses der Welt. Wenn genügend Menschen mit sinnvoller Ausrichtung dagegenhalten, bleibt der Kollaps unverwirklichte Möglichkeit – er wird nicht wahr. Jeder einzelne Mensch kann für ökologische Maßnahmen eintreten und diese wählen und verwirklichen.

Wenn viele Menschen sich für „Not-wendende" Wertmöglichkeiten einsetzen, dann können sich neue Perspektiven in Familie, Schule, Unternehmen, Ländern und Staaten ergeben.

Schlechte Möglichkeiten sollen in der Zukunft verbleiben und irgendwann ins Nichts fallen, aber um gute Möglichkeiten ist es schade, wenn sie nicht verwirklicht werden.

Dabei ist es nicht von Bedeutung, ob die personale sinnvolle Wahl und der Einsatz gesehen werden oder nicht. Damit ist es irrelevant, ob Anerkennung durch andere erfolgt oder nicht. Sie ist emotional angenehm, aber in diesem Denkmodell nicht mehr wesentlich. Sinnvolles Sein ist unabhängig von der Meinung anderer Menschen, unabhängig von ihrem Applaus, ihrem Wohlwollen und ihrer Anerkennung, aber auch unabhängig von ihrer Kritik, Missgunst, von ihrem Neid.

„Jede Tat ist ihr eigenes Denkmal!" (Frankl, 2005b, Seite 135)

Solange die „Scheunentore" offen sind, gestaltet der Mensch den Inhalt seiner Scheune. Erst im Tod schließen sich die Tore und die Lebensernte ist vollendet. So verstehen wir, wenn es heißt, dass sich jeder Mensch seinen eigenen Himmel und seine eigene Hölle schafft.

Frankl verwendet das Gleichnis vom Ölgemälde:

Bei der Geburt liegt eine weiße Leinwand vor. Die Möglichkeiten sind die Farben. Mit jedem Entscheiden malt der Mensch sein Lebensbild. Wenn es keinen Tod gäbe, könnte das Lebensbild immer wieder übermalt werden. Es gäbe nie ein fertiges Werk. Leben ohne Tod ist ein ewiges Übermalen des Lebensbildes. Im Augenblick des Todes ist das Gemälde fertig gemalt. Der Tod steht für den schützenden Firnislack über dem Bild, sodass niemand mehr hineinmalen oder etwas herauswischen kann. Das Leben ist vollendet.

Konsequenzen durch Freiheit für die Pädagogik

Weiß der Mensch nicht um seine humanen Begabungen, fühlt er sich wie das Tier abhängig und ohnmächtig den Zuständen in der Welt ausgeliefert.

Globale Bedrohungen wie Klimaverschiebung, Tsunamis, Wirbelstürme, Überschwemmungen und Dürre, ölverschmutzte Meere, AKW-Unfälle, ethnische Krisenherde, Kriege, Pandemien wie Aids und immer wieder neue Grippeviren, Alkoholproblematik und andere Suchterkrankungen etc. versetzen die Menschheit in Angst und Schrecken. Dazu kommt noch das *personale Ausgesetztsein* durch Leid, Schuld und Tod. Nicht nur junge Menschen verlieren den Lebensmut und damit die „Not-wendende" Lebenskraft zur Gestaltung.

Wird Leben in dieser Weise vorwiegend negativ gesehen und erfährt der junge Mensch keine Antworten, fragt er sich berechtigt: Wozu soll der Mensch gesund bleiben? Wozu soll er sich weiterbilden und einsetzen?

Antworten wir im VIKTOR FRANKL ZENTRUM WIEN auf diese Fragen mit dem Menschenbild und der Erkenntis, dass der Mensch potenziell frei ist und im Gegensatz zum Tier mit geistiger Stellungnahme auch jede Art von Krise bewältigen kann, dann hören wir von den BesucherInnen immer wieder den Satz: „Warum erfahren wir das erst heute?!“

Warum erfahren wir das erst heute?

Fasziniert hören sie von den logopädagogischen BeraterInnen, dass es jedem Menschen möglich ist

- Leid in Leistung,
- Schuld in Wiedergutmachung zu verwandeln
- und den Tod als Ansporn zu einem verantwortlichen Leben zu sehen.

Kein Mensch kommt um dieses Stück Philosophie, um die Frage der tragischen Trias herum, weil es existenzielle menschliche Fragestellungen sind. Auch junge Menschen sind davon betroffen und warten auf ehrliche Antworten.

Die Pädagogik ist gefordert, diese Fragen nicht zu umgehen, dem Leistungsdrill zu opfern oder zu ignorieren. Geschieht das nicht, müssen sich junge Menschen wehren, weil sie sich in ihrer Existenz und ihren Fragen um den Sinn dieser Existenz nicht ernst genommen fühlen. Andernfalls ist die Motivation, sich trotz Krise einzusetzen, untergraben.

Es muss Anliegen der Pädagogik sein, diese Tatsache schon präventiv zur Sprache zu bringen, um die geistigen Möglichkeiten gerade in Krisenzeiten einsetzen zu können.

Der geistbegabte Mensch ist mit Handlungspotenzial ausgerüstet. Dieses kann in personalen Leidsituationen durch emotionale Aufwallung oder durch Betroffenheit über Missstände in der Welt teilblockiert sein. Umso wichtiger ist es, ein Umfeld zu haben, das gerade in solchen Zeiten an den Menschen und seine geistigen Fähigkeiten, an seinen heilen Personenkern und an den immer vorhandenen Freiraum zur Mitgestaltung glaubt.

In solchen Fällen sitzen nicht mehr LehrerIn und SchülerIn, nicht mehr ChefIn und Angestellte(r) etc. beisammen, dieses Verhältnis ist dann aufgehoben. Es handelt sich um eine Begegnung von Menschen, die auf gleicher Stufe stehen. Gemeinsam werden Sinnspuren gesucht, aufgezeigt und durchgetragen.

Die sinnzentriert arbeitende Lehrkraft bzw. der/die BeraterIn bleibt dem Leben in Haltung und Handlung des tragischen Optimismus zugewandt, trotz großer Herausforderungen.

Das ermutigt zum „Ärmel Aufkrempeln" und Sichengagieren, auch unter schwierigsten Lebensbedingungen, in unseren Schulen und Arbeitsstätten.

Es ist der pädagogische Auftrag aller Erziehenden, der Jugend dieses Potenzial des Menschen nahezubringen und vorzuleben. Die Kinder sollen von klein auf den tragischen Optimismus als Strategie für gelingendes Leben kennenlernen. – Und das nicht nur bei personalem Leid, sondern auch bei globalen Herausforderungen unserer Zeit.

„Nein, die Welt ist kein Manuskript, das wir zu entziffern haben (und nicht entziffern können) – die Welt ist vielmehr ein Protokoll, das wir zu diktieren haben." (Frankl, 1997a, Seite 52)

Beispiele aus der pädagogischen Praxis:

- Nach dieser Erkenntnis hat eine junge, logopädagogisch geschulte Professorin spontan in ihrem Gymnasium unbezahlte Sinngespräche für ihre SchülerInnen angeboten. Diese wurden zum Erstaunen der Direktorin von einem hohen Prozentsatz der SchülerInnen mit großem Interesse genützt. Es geht darin ausschließlich um existenzielle Fragen und Antworten im Dialog mit jungen Menschen. Dieses Angebot wird von den SchülerInnen zusätzlich zum Stundenplan freiwillig angenommen und im Anschluss, oft erst in einer neunten oder zehnten Stunde, gehalten. Es spricht sich unter den Gymnasiasten herum und es kommen auch SchülerInnen aus benachbarten Schulen unterschiedlicher Schultypen.

- Eine Lateinprofessorin baut Frankls Philosophie über das Menschseinkönnen in den Lateinunterricht ein, indem sie die Lehrplanforderung mit diesen Inhalten verbindet. Das Interesse am Lateinunterricht steigt, weil plötzlich aktuelle Lebensfragen vor dem Hintergrund der Geschichte diskutiert werden.
- Auch in den Volksschulen melden uns KollegInnen, dass Elternabende in Verbindung mit dem Menschenbild auf großes Interesse stoßen, weil Erziehungsfragen, losgekoppelt von psychischen Befindlichkeiten und hingeordnet auf sinnorientierte Ausrichtung, eine andere Qualität erfahren.
- KollegInnen werden gebeten, bei Schulkonferenzen über dieses Menschenbild zu referieren, um dort Hoffnung zu wecken, wo sich Resignation breitmachen will.
- Die SchülerInnenworkshops im Viktor Frankl Zentrum Wien bestätigen dieses Phänomen ebenfalls eindrucksvoll und werden als Impulse für Philosophie, Psychologie, Deutsch, Geschichte, Pädagogik, Ethik und Religion in Anspruch genommen.
- Im Viktor Frankl Zentrum Wien werden seit dem Jahr 2006 Lehrgänge in Logopädagogik gehalten. Die Klausurarbeiten bestätigen unübersehbar den Qualitätswechsel in Klassen, Konferenzzimmern und Schulen.

Nicht nur im pädagogischen Bereich greifen diese Inhalte. Immer dort, wo Menschen mit Menschen arbeiten, geht es letztlich um existenzielle Fragen und ihre oft so schwer zu formulierenden Antworten, weil uns die Worte fehlen.

Die neunte logopädagogische These

Logopädagogik schärft die Wahrnehmung für den persönlichen Freiraum in allen Lebenslagen, zeigt Wahlmöglichkeiten auf und leitet zu sinnvoller Entscheidung an.

Trotz schweren Schicksals auf dem Rücken in Freiheit die Wahlmöglichkeiten erblicken

Abb. 61: Neunte logopädagogische These

Jede Person steht auf dem Boden ihres Schicksals und trägt ihren „Rucksack" an persönlichen Erfahrungen mit sich, der Teil ihrer Persönlichkeit ist.

Die Freiheit des Menschen ist nicht sehr groß, doch sie wird in der uns bekannten Schöpfung allein ihm zugemutet. Er kann zumindest in potenzieller Freiheit zu seinem Schicksal Stellung nehmen, sofern das Bewusstsein nicht durch Krankheit getrübt ist. Durch diese mögliche Stellungnahme gestaltet die Person ihr Leben und auch jedes unabänderliche Leid.

DER MENSCH IST SPIRITUELL

Frankls zehnte These über die Person lautet: „Die Person begreift sich selbst nicht anders, denn von der Transzendenz her." (Frankl, 1997a, Seite 117)

Betrachten wir genau Frankls Wortwahl:

Die *Person*, der Mensch, wie er im Vollbild gemeint ist, ist durchdrungen, durchtönt (personare) von der geistigen Dimension (Nous) und diese strebt nach Verbindung mit dem Sinn (Logos).

Begreift sich selbst besagt, dass Selbsterkenntnis nur über Sinnerkenntnis erreicht werden kann.

Transzendenz meint „das jenseits der Erfahrung, der Kognition Liegende". Es ist das Überschreiten einer Grenze der Erfahrung des Diesseits, des Bewusstseins. Gemeint ist das Unbegreifliche, das unser Verstehen übersteigt. Frankl spricht vom Über-Sinn.

In religiöser Sprache ist Gott als höchster Wert gemeint und Transzendenz ist die alles übergreifende göttliche Dimension.

Konsumismus versucht, Menschen auf nützliche, manipulierbare Massenwesen zu reduzieren, die für Machthaber einfach zu führen sind. Der Mensch ist jedoch das in der Liebe versteckte Wesen (Max Scheler, Philosoph und Soziologe), rückgebunden in seiner Spiritualität an die Ur-Liebe.

In diesem Kapitel geht es um Wissen, das jenseits dessen liegt, was die Psychologie, Soziologie und Neurobiologie vom Menschen wissen kann. Es geht um das innerste Wesen der geistigen Person, das nicht allein durch den Intellekt bestimmbar ist, sondern zunächst nur durch die Liebe – an die sie rückgebunden ist (re-ligio), wie der Sonnenstrahl an die Sonne.

Frankl will seine Lehre in keiner Weise konfessionell ausrichten oder binden. Als Arzt ist es ihm sehr wichtig, dass keine weltanschaulichen oder religiösen Standpunkte aufgezwungen werden, sodass jeder Mensch seine persönlichen Denkweisen entfalten kann. So liegt es auch in der Freiheit des Menschen, diese uns prinzipiell unzugängliche Welt zu bejahen oder zu verneinen, an einen Über-

Sinn zu glauben oder nicht. Logopädagogische BeraterInnen sollen jedoch die existenziellen Fragen der Rat suchenden Menschen in weltanschaulicher und in religiöser Hinsicht ernst nehmen und in der Suche nach Antworten begleiten können.

Transzendenz ist das, was den Menschen „personiert", durchtönt, durchdringt. Er ist durchtönt von der Transzendenz, von seiner geistigen Heimat her. Aus der Beziehung des Menschen zur Transzendenz erwächst seine Liebessehnsucht und sie liegt in diesem „Durchtöntsein" begründet.

Das bedeutet, dass jeder Mensch mit einer Sehnsucht nach dem „Guten, Wahren, Schönen", nach dem Vollkommenen, nach der Liebe zur Welt kommt. Ein ganzes Leben bleibt der Mensch in dieser ersehnten Ausrichtung auf den Logos. Er ist frei, sich auch dagegen zu entscheiden. Das ist das Thema, das die Welt bewegt und motiviert in Kunst, Kultur und Religion.

Schuld und Wiedergutmachung

Da der geistbegabte Mensch frei ist, zu wählen, zu entscheiden, und verantwortlich zeichnet für die getroffene Wahl, erwächst daraus seine Schuldmöglichkeit. Jedoch gibt es Möglichkeiten, über die Schuld hinauszuwachsen. Diesen wollen wir nachspüren.

Der Ratsuchende, der mit einer Schuldproblematik in die Beratung kommt, wird im ersten Schritt durch eine präzise Differenzierung seiner Schuldgefühle von echter Schuld aufgeklärt und kann erkennen, ob er in seiner Problematik einer „aufgewühlten" Psyche zum Opfer gefallen ist oder ob es sich um echte Schuld handelt. Wichtig ist dabei die Differenzierung von Schuldgefühl, pathologischer Schuld und realer Schuld.

Schuldgefühle: Menschen, die sich immer schuldig fühlen, haben oft ein schwaches Selbstwertgefühl und orientieren sich häufig an der Stimme des Über-Ichs, aus der psychischen Dimension. Diese Stimme kommt nicht aus dem persönlichen Gewissen, aus der geistigen Dimension. (Siehe Frankls vierte These, S. 129 ff.) Der Halt am Geistigen fehlt und kann durch folgende Fragen wieder ins Blickfeld gehoben werden:

- Hatten Sie in der betreffenden Situation Sinnerkenntnis?
- Konnten Sie sich damals frei entscheiden und hatten Sie andere Wahlmöglichkeiten?
- Hatten Sie eine böse Absicht und wollten Sie vorsätzlich Schaden zufügen?

Sind alle drei Kriterien nicht zutreffend, besteht keine reale Schuld. Es handelt sich vielmehr um ein Schuldgefühl, das aus einer „aufgewühlten Psyche" resultiert.

Pathologisches, irrationales Schuldgefühl: Es beruht auf einer „Hyperakusis" (krankhaft gesteigertes Hörempfinden) des Gewissens aufgrund einer Krankheit, z. B. einer Psychose oder körperlich bedingter Depression. Oder es kann auf einem philosophischen Irrtum beruhen, z. B. einem strafenden Gottesbild aus überzogener Angst oder einer starken Über-Ich-Abhängigkeit.

Dieses Schuldgefühl entstammt der zweiten Dimension und es besteht keine reale Schuld.

Reale Schuld ist nur gegeben, wenn zwei Voraussetzungen erfüllt sind: **freie Wahl und Sinnerkenntnis**. Dabei handelt es sich um eine Entscheidung wider den erkannten Sinn, gegen das persönliche Gewissen. Es entstammt der geistigen Dimension. Freiheit, also Wahlmöglichkeit und Sinnerkenntnis, sind notwendig, um überhaupt schuldig werden zu können.

Ein Beispiel:
Eine Person beschließt, bei ihrem nächsten Einkauf ein teures Parfum nicht zu bezahlen, um sich das Geld zu sparen. Sie führt in Freiheit und im Wissen um das Unrecht ihres Handelns die Tat aus und wird dadurch schuldig, unabhängig davon, ob sie dabei erwischt wird oder nicht.

Fehlt einer der beiden Aspekte realer Schuld, z. B. **die freie Wahl**, kann, wie im folgenden Beispiel ersichtlich, keine Schuld zugesprochen werden.

Ein Beispiel:
Der Lenker eines Sattelschleppers überfuhr mit dem hinteren Zwillingsrad einen siebenjährigen Buben auf dem Zebrastreifen, weil dieser unvermutet auf die Straße lief, noch bevor das lange Fahrzeug die Kreuzung verlassen hatte. Der tief erschütterte Lenker wurde im Gerichtsverfahren von jeder Schuld freigesprochen, da er keine freie Wahl hatte, den Unfall zu verhindern.

In diesem Fall gibt es keine Schuld. Es ist durch den Unfall Leid genug in die Welt gekommen und daran werden alle Beteiligten zu tragen haben. Aber es gibt keine Schuld des Autofahrers und er braucht nicht zusätzlich zum Leid, an Schuldgefühlen zu leiden. Diese wären irrational, da er keine freie Wahl hatte.

Es kann immer ein nicht verhinderbares Unglück geschehen. Das unvorhersehbare Schicksal kann zuschlagen, das kann auch Kindern zugemutet werden!

Fehlt die Sinnerkenntnis, ist auch nicht von realer Schuld zu sprechen: Wenn der Sinn einer Situation nicht zu erkennen und nicht abzuschätzen ist, wenn die Sinnhaftigkeit einer Handlung nicht intellektuell begriffen werden kann oder nicht in seiner ganzen Tragweite erfasst werden kann, dann liegt keine Schuld vor. Alles, was nicht vorhersehbar ist, dafür kann der Mensch nicht zur Verantwortung gezogen werden.

Ein Beispiel:
Eltern müssen für ihr schwerhöriges Kind eine Operation befürworten oder ablehnen. Sie haben nicht die Möglichkeit, alle Konsequenzen der Entscheidung zu erfassen. Entscheiden sie sich nach bestem Wissen und Gewissen für die Operation und sie geht schief, dann haben sie keine Schuld, weil sie den Ausgang des Eingriffes nicht vorhersehen konnten, weil keine Sinnerkenntnis gegeben war.

Ein weiteres Beispiel:
Eine Mutter soll nach der Volksschulzeit für ihr Kind den richtigen Schultyp wählen. Sie entscheidet sich aufgrund der gegebenen Tatsachen, des Zeugnisses und der Aussagen der LehrerInnen für das Gymnasium. Trotz aller guten Vorzeichen scheitert das Kind an den hohen Anforderungen und erreicht den Abschluss nicht. Wieder war ein vollständiges Überschauen der Sinnhaftigkeit der Entscheidungssituation nicht möglich. Es liegt keine Schuld vor.

Zur Differenzierung zwischen realer Schuld und Schuldgefühlen ist es in der Praxis notwendig, genau hinzuhören:

Ein Beispiel:
„Frau Professor, es tut mir leid, ich habe für die heutige Prüfung nichts lernen können, weil ich mit meinen Eltern das ganze Wochenende unterwegs war. Ich hatte keine Möglichkeit dazu."

Die Logopädagogin ist aufgefordert, genau hinzuhören und fragend zu differenzieren:

- Haben deine Eltern gewusst, dass du für diese Prüfung zu lernen hast?
- Haben sie dich trotzdem auf den Ausflug mitgenommen?
- Haben sie dich dazu gezwungen, obwohl du lernen wolltest?
- Hattest du wirklich keine andere Wahl?

Es geht darum zu erfahren, was die geistige Person des Schülers / der Schülerin dazu sagt, nicht darum, was die Lehrkraft oder sonst jemand für richtig oder moralisch hält. Dem Schüler ist die Verantwortung für sein Verhalten zuzumuten und die Konsequenzen dafür vor Augen zu führen. Dadurch fühlt er sich – und wird auch – ernst genommen.

Auch wenn der Schüler nur eine eingeschränkte Wahlmöglichkeit hatte, so hatte er doch die Sinnerkenntnis vor Augen, nämlich lernen zu müssen. Dann muss die Schuld stehen gelassen werden und darf nicht „übersehen" werden, indem der Pädagoge nach so einer Aussage zur Tagesordnung übergeht.

Die Klärung ist notwendig, damit der Schüler aus seinem Fehler lernen kann und dadurch in seiner „Menschwerdung" unterstützt wird. Er ist in der Lage, seinen „Schuldirrtum" einzusehen. Waren wirklich die Eltern schuld oder er selbst?

Es ist unwürdig, einem Menschen echte Schuld ausreden zu wollen oder mitzuhelfen, diese Schuld auf andere abzuschieben. Denn die höchste Instanz der Person – ihr Gewissen – weiß, ob echte Schuld gegeben ist. Diese darf weder ausgeredet, eingeredet noch „neutralisiert" werden. Damit bringt man den Menschen in einen Gewissenskonflikt, anstatt ihm zu helfen.

Als PädagogIn, BeraterIn empfiehlt es sich, die Person zu unterstützen, existenzielle Schuld erkennen zu können, diese anzusprechen und bewusst zu machen. Schuld ist als solche stehen zu lassen, um mit dem Ratsuchenden sinnvolle Stellungnahmen erarbeiten zu können. Es soll aufgezeigt werden, was neben oder gerade durch die Schuld trotzdem Gutes erwachsen kann.

„Wenn man dem Menschen die Schuld abspricht, dann spricht man ihm die Würde ab." (Vgl. Frankl, 1999a, Seite 56)

Was hat die Logotherapie / Logopädagogik bei existenzieller Schuld anzubieten?

In der Logotherapie setzen wir uns mit den Möglichkeiten auseinander, die dem spirituell begabten Menschen anthropologisch zur Verfügung stehen: Schuld kann in **Lernzuwachs** verwandelt werden, sodass sie nicht zerstört und eigenes und fremdes Leben nicht beeinträchtigt. Sie wird konstruktiv in das Leben integriert und kann sich letztlich positiv für den Schuldiggewordenen und sein Umfeld auswirken. Wir bleiben also auf der menschlichen Ebene, in der geistigen Dimension, und da geht es um Wiedergutmachung vor seinem persönlichen Gewissen.

Cool!

Eine Logopädagogin berichtet:

Ein besorgter Vater kommt mit seiner 14-jährigen Tochter Marie zu mir in die Beratung. Marie ist verzweifelt, ihre Situation in der Klasse ist sehr belastend. Sie will nicht mehr in die Schule gehen. Sie fühlt sich schlecht, kann nicht mehr essen.

Den Vater schicke ich auf einen Spaziergang, und Marie beginnt von ihrer allerbesten Freundin aus dem Kindergarten zu erzählen, die sie mit Beginn der ersten Klasse Hauptschule gegen drei „schrille" Mädchen „eintauschte". Die ehemalige Freundin blieb drei Jahre lang Außenseiterin in der Klasse, während sich Marie mit den anderen anfreundete.

Seit Beginn der vierten Klasse Hauptschule jedoch merkt sie, dass diese Mädchen sie ausnützen, hinter ihrem Rücken schlecht über sie reden und sich über sie lustig machen. Sie fällt aus allen Wolken und empfindet großen Schmerz gegenüber ihrer ehemaligen Freundin, die diese Einsamkeit nun schon so lange ihretwegen aushalten muss. Sie bricht plötzlich in Tränen aus. Auf meine Anfrage, ob sie versucht habe, wieder mit der Freundin Kontakt aufzunehmen, schluchzt sie noch heftiger. „Ich fühle mich so schlecht, gerade weil meine alte Freundin so einen tollen Charakter hat. Sie hat mich genauso gern wie immer." – „Ist es Schuld, die du empfindest?" – „Ja, wie soll ich das ertragen! Drei ganze Jahre lang war ich so ekelhaft zu ihr."

„Schuld und Wiedergutmachung sind ein Pärchen, was wäre denn möglich?", versuche ich auf den verbleibenden infrage kommenden Freiraum aufmerksam zu machen. „Das ist es ja, ich kann drei Jahre nicht mit dem größten Geschenk gutmachen. Es ist durch mich soviel kaputtgegangen. Ich habe so viel zerstört." Das alles stimmt. Maries Verhalten kann nicht ungeschehen gemacht werden, es ist unverlierbar in ihre Lebensscheune eingebracht. Genau das fühlt Marie jetzt so schmerzhaft vor ihrer höchsten Instanz, ihrem Gewissen.

Wo ist der Freiraum? Gibt es ihn? Wir erörtern, dass alles, was ab jetzt von Marie gewählt, entschieden und gelebt werden soll, in ihrem Freiraum enthalten ist. Eine ganze Menge tut sich auf: Sie kann verbittern, klagen, die Schule verweigern, nichts mehr essen, im Fehler erstarren, in Selbstmitleid vergehen, Schuldige suchen etc. Sie kann aber auch Versöhnung und Reue einleiten, durch diese Leiderfahrung wachsen und sensibel sein für ähnliche Situationen oder zukünftig AußenseiterInnen im Leben anders begegnen.

Das beeindruckt mein Visavis spontan: „Cool, das ist ja cool!" Sie erfasst sofort, was zu tun ist. Sie ist wie von einem Albdruck befreit. Der Sinn, der Logos, das Gute zieht und bewirkt das Bestmögliche. Plötzlich erzählt sie lebhaft, dass sie eine bestimmte, ebenfalls ausgegrenzte Person kenne, und sie wisse nun genau, was zu tun sei.

Im weiteren Gespräch klären wir noch, wie sie sich den schrillen Mädchen gegenüber verhalten will, denn auch das ist in ihrem Freiraum. Sie ist nur fremdbestimmt, wenn sie sich fremdbestimmen lässt. „Cool, cool ist das!" Sie bestimmt, was von ihr ausgeht, nicht die Freundinnen. Marie erkennt spontan ihre Chance, die begangene Schuld wiedergutmachen zu können.

„Durch Sinn im Blick" hat sie ihr Selbst wieder im Griff und springt leichtfüßig, mit sich und ihrem Gewissen im Einklang, ihrem Vater entgegen.

LogopädagogInnen berühren den Menschen in seiner spezifisch humanen Sehnsucht nach Sinn, damit Wiedergutmachung erfolgen kann. Sie erarbeiten mit Ratsuchenden deren freie Stellungnahme zu ihren Lebensaufgaben und Lebensfragen, zu den Herausforderungen des Lebens, auch zur Schuld.

Marie in unserem Beispiel sehnt sich nach einer entsprechenden Form der Wiedergutmachung. Diese Sehnsucht, das Gute zu wollen, ist geistigen Ursprungs und spricht über ihr Menschsein. Sie hätte sich nicht mit Blumen, Schoko, Pullover oder Ähnlichem für ihre alte Freundin „abspeisen" lassen. Sie spürt selbst das Ungleichgewicht. Sie will echte Wiedergutmachung, nicht eine Alibihandlung. Die Freundschaft mit ihrer alten Schulfreundin kann gekittet werden, weil diese ihr ehrliches Bemühen erkennt.

Der Schuldige erkennt und bereut: Durch mich ist Leid, Dunkelheit in die Welt gekommen. Ich habe ein „Subjekt", einen Menschen, verletzt, beleidigt, gekränkt, gestört oder ein Objekt, eine Sache, beschädigt, zerstört etc. Wie kann ich die „Wahl wider den Sinn" wiedergutmachen? Wie kann es in mir und um mich wieder Licht werden? Das Gewissen ist mein Maßstab, meine innerste Stimme, mein bester Freund. Was rät es mir?

Drei Wege der Wiedergutmachung

(Nach Lukas)

1. Wiedergutmachung am selben Subjekt, Objekt
2. Wiedergutmachung an einem anderen Subjekt, Objekt
3. Moralische Wiedergutmachung durch innere Wandlung

1. Wiedergutmachung am selben Subjekt, Objekt

Erste Priorität hat die Wiedergutmachung an demselben Subjekt oder Objekt, an dem man schuldig geworden ist.

Es geht um eine Entschuldigung bei demjenigen, den man gekränkt, verletzt hat. Das ist die einfachste Form der Wiedergutmachung, jedoch für den Menschen schon sehr schwierig, da er vor sich selbst bekennen muss, etwas Unrechtes getan, jemanden verletzt zu haben. Dieses Eingeständnis ist unabhängig von dem zu erbringen, was der unrechten Handlung vorausgegangen ist. Das ist tätige Reue. Die eigene Schuld kann nicht als Folge der Untat eines anderen „entschuldigt" werden.

Ich bin nicht für das verantwortlich, was der andere getan hat, nur für das, was ich tue. Das ist eine große pädagogische Herausforderung und Aufgabe: Es geht nicht um Strafe, sondern darum, Grenzen zu setzen, um Lernzuwachs zu ermöglichen.

Ein Beispiel:

Ein Kind stiehlt einen Ball im Kaufhaus. Die Eltern reagieren:

- „Bist eh nicht erwischt worden, dann spiel halt mit dem Ball." Das ist eigentlich ein Lob dafür, dass das Kind so geschickt war und sich nicht erwischen ließ.
- Das Kind bekommt eine Ohrfeige oder eine Strafarbeit zu schreiben: Das sind Strafen auf dem Weg der Rache und sie haben keinen inhaltlichen Zusammenhang mit der Tat. Das ist die häufigste Reaktion, auch in der Schule.
- Die Eltern gehen mit dem Kind zurück in das Kaufhaus und es muss den Ball zurückgeben und sich für das falsche Tun entschuldigen. Danach sollte man das Geschehen dem Kind auch nicht mehr vorwerfen. Es hat seinen Fehler wiedergutgemacht. Hier bringt das Kind seine Schuld in einer inhaltlich passenden Form in Ordnung und hat hoffentlich daraus gelernt.

Ein weiteres Beispiel:

Ein Fenster des Nachbarhauses geht durch einen Ball zu Bruch:

- Der Vater sagt: „Die Versicherung zahlt ohnehin."
- Das Kind bekommt Hausarrest.

- Der Nachbar muss Zeit und Geld aufwenden, um den Schaden zu beheben. Das Kind wird seinem Alter entsprechend angehalten, nach seiner Entschuldigung dem Nachbarn einen Dienst anzubieten: einen Weg abnehmen, sein Auto waschen, im Garten helfen, Blumen gießen, wenn der Nachbar verreist etc.

Verzweiflung – Hoffnung

(Schechner; Zürner 2005, Seite 37)

Ein paar Tage nach dem Amoklauf eines Schülers, 2002 in Erfurt, schreibt ein 15-Jähriger einer anderen Schule Folgendes an die Tafel in seiner Klasse: NN, ich bringe Sie um!

Der betroffene Professor fühlt sich real bedroht, erstattet beim Direktor Meldung und bittet um Einschaltung der Kripo, um den Täter zu überführen. Eingeschüchtert durch massive Drohungen des Direktors meldet sich der „Täter". Schulausschluss, Aufenthalt in einer heilpädagogischen Abteilung werden angedroht.

Die Folge:

Verzweiflung beim betroffenen Professor, beim Täter und seiner Familie und in der ganzen Schule. Der Jugendliche galt bisher als unauffälliger, guter und ruhiger Schüler.

Wir werden als Logotherapeutinnen dem Fall zugezogen und raten zu folgendem Vorgehen, das auch so durchgeführt wird: Der pädagogische Schlüssel zur Wiedergutmachung ist immer das Einfühlen in den, der durch Schuld verletzt wurde.

Unter Beisein des Professors wird der Schüler gebeten, sich in dessen Lage einzufühlen, um dadurch erkennen zu können, dass durch seine freie Wahl, diesen Satz, ohne viel zu überlegen, an die Tafel zu schreiben, viel Leid in die Welt gekommen ist, nicht nur für den Professor, sondern auch für ihn selbst, seine Eltern, MitschülerInnen (durch Verdächtigungen), Klassen- und Schulgemeinschaft (Ruf der Schule) etc. Er solle sich nun überlegen und Angebote machen, wie er dieses Leid, diesen Schaden, den er angerichtet hat, wiedergutmachen könne.

Jetzt ist der Jugendliche gefragt, wir können nur begleiten. Er allein spürt vor seinem Gewissen, was „Not-wendet".

Der Jugendliche bietet verschiedene Möglichkeiten an:

- Durch die Drohung ist der Professor so verunsichert, dass einige private Vorhaben, vor allem Gartenarbeiten, liegen geblieben sind. Der Schüler erklärt sich bereit, in seiner Freizeit bei der Gartenarbeit zu helfen.
- Weiters bietet er an, dem Kunstprofessor ein Ölbild zu gestalten, in dem er das Geschehene zum Ausdruck bringt. Nach einer Woche überreicht er das Bild mit folgender Aussage: „Dieser Zweig, der auf der einen Seite dürr und tot ist, erklärt das, was in mir und durch mich geschehen ist. Die Blüten und das knospende Grün auf der anderen Seite des Zweiges drücken das Neue aus, ... das wachsen kann durch die Chance, die mir gegeben wurde und die ich nützen will."

Durch die sinnzentrierte Aufarbeitung und Wiedergutmachung der Aggressionssituation kann dieses traumatische Geschehen ohne negative Sanktionen gewendet werden und alle Beteiligten können reifer und weiser daraus hervorgehen.

Leid, Angst und Schrecken werden verwandelt, gewendet durch sinnvolle Haltung und Handlung, durch „ver-antwortetes" Tun, weil es von der emotionalen auf die geistige Ebene gehoben wird.

„Alles, was sich verwirklicht, verewigt sich!" (Vgl. Frankl, 1997a, Seite 52)

Es verewigt sich die Schuld genauso wie die Wiedergutmachung. Wiedergutmachung ist die Konsequenz dessen, was man durch eine Grenzüberschreitung zerstört hat. Etwas verbal zu bereuen, ist zu wenig. Es gilt, auch etwas zu leisten: „Ich habe dir ein großes Leid zugefügt und möchte mich dafür entschuldigen und dir dafür etwas anbieten." Es soll für den „Täter" ein Opfer sein, ihm etwas abverlangen.

Der Akt der Wiedergutmachung muss in Gang gesetzt werden – auch dann, wenn vom anderen, vom Opfer, keine oder keine positive Rückantwort zu erwarten ist. Die Intention ist wichtig, auch wenn sie einseitig bleibt. Positive Resonanz tut gut, aber sie ist nicht notwendig und darf nicht als Voraussetzung für das eigene Handeln gesehen werden. Die Bitte um Entschuldigung liegt in der Hand des Schuldigen, der Akt der Verzeihung obliegt dem Geschädigten und darf nicht erwartet werden. Die Haltung, „Nur wenn der andere – dann auch ich", ist eine verkürzte Sicht. Sie ist des Menschen nicht würdig, weil sie ihn abhängig macht und Eigeninitiative verhindert.

Wichtig in der Pädagogik im Umgang mit Wiedergutmachung ist

- das Eingeständnis der Schuld: Das ist nicht einfach, vor allem weil keine mildernden Umstände angeführt werden sollen. Es geht um das Bekenntnis: „Ich habe es falsch gemacht und bitte um Entschuldigung."
- die Entschuldigung: Nur der Geschädigte kann die Umstände mildern und ent-schuldigen, nicht aber der Schuldige selbst. Der Schuldige sollte zu seiner Schuld stehen.
- die Verzeihung: Sie kann nur durch den Geschädigten erfolgen und ist Geschenk, Gnade und deshalb unabhängig von der Entschuldigung und Wiedergutmachung.

2. Wiedergutmachung an einem anderen Subjekt/Objekt: Kommt nur dann in Betracht, wenn eine Entschuldigung am selben Subjekt oder Objekt nicht mehr möglich ist. Diese hat deshalb immer zweite Priorität. Ich bereue, in dieser Welt etwas schwerer, trauriger, dunkler etc. gemacht zu haben, und möchte dafür in die Welt Gutes bringen. In der Justiz wird diesem Prinzip im Täter-Opfer-Ausgleich schon Rechnung getragen.

Erwischt!

Vor einigen Jahren stand von einem Zahnarzt in der Zeitung zu lesen, der in seiner österreichischen Praxis krankgeschrieben war und Krankengeld kassiert hatte, ca. 7500 Euro. In dieser Zeit arbeitete er jedoch in seiner Praxis in Deutschland. Der Betrug wurde aufgedeckt und der Arzt zu 100 Stunden unentgeltlicher Leistung in sozialen Bereichen verurteilt: In Asylantenheimen, Männer- und Frauenhäusern hatte er den Insassen die Zähne zu sanieren.

Durch diese Wiedergutmachung konnte vielen Menschen geholfen werden.

Mobbing und positive Konsequenzen

Ein ausländisches Kind wird von einer Klasse so lange gemobbt, bis es die Schule wechseln muss und in eine andere Stadt zieht. An diesem Kind ist durch seine ehemaligen Klassenkameraden eine Wiedergutmachung nicht mehr möglich. Gibt es trotzdem Möglichkeiten im Freiraum, aus dem Vorfall eine Wiedergutmachung einzuleiten?

Als logopädagogische Intervention wird ein Projekt gestartet, um die Kultur und das Leben im Land dieses Kindes verstehen zu lernen und sich in dessen Lebensraum einfühlen zu können. Während eines Elternsprechtages bauen die Kinder einen Basar mit Handarbeiten und Spezialitäten aus dem Ausland auf. Der Erlös kann in ein Hilfsprojekt investiert werden.

Der Gedanke dahinter ist das Sensibelwerden für Ausgrenzung und das Bewusstmachen, dass jeder einzelne Schüler etwas dagegen tun kann. Mit solchen Aktionen kann sogar Mobbing nachträglich mit Sinn erfüllt werden und zu mehr Achtsamkeit im Umgang mit Menschen aus anderen Kulturen beitragen.

Durch Wiedergutmachung auch an anderen Personen oder Objekten kann im schuldig gewordenen Menschen selbst und in der Welt wieder viel heil werden.

3. Moralische Wiedergutmachung durch innere Wandlung

Innere Wandlung ist dann gefordert, wenn Wiedergutmachung weder am selben noch an anderen Subjekten / Objekten möglich ist.

Diese dritte Möglichkeit der Wiedergutmachung tritt erst dann in Kraft, wenn für die erste und zweite Möglichkeit keine Zeit oder keine Kraft mehr vorhanden ist. Frankl spricht in diesem Zusammenhang von innerer Wandlung durch aufrechte Reue.

Ein schuldig gewordener Mensch liegt z. B. schon auf dem Sterbebett, sitzt im Gefängnis, es sind die letzten Tage, Wochen des Lebens. Da kann es nur noch um eine innere Wiedergutmachung gehen, um eine „moralische Wiedergeburt der Person selbst“ (Frankl). Der Mensch kann seine Schuld nur noch innerlich bereuen. Er durchleidet seine Schuld „in letzter Ehrlichkeit und Einsamkeit“ (Frankl) und durch dieses Leiden wird er ein anderer, ein besserer. Er wird zu einem Menschen, der dieselbe Schuld nicht ein zweites Mal begehen würde, weil er seine Schuld zutiefst erkannt hat. Er polt sich um zu einem besseren Menschen und dadurch wird die Schuld durch Wiedergutmachung gewandelt:

- Alles, aus dem Gutes entspringt, ist nicht mehr ausschließlich böse. Wenn ein Weg noch so viele Umwege und Irrwege hat, ist der ganze Weg nicht falsch gewesen, wenn ein gutes Ziel erreicht wird.
- Aus Widersinn kann Sinn herausgerungen werden – das ist sogar noch am Sterbebett möglich.

Reue erfordert Einsicht: In der Scheune des Lebens bleibt das Unkraut der Schuld drinnen und das gute Korn wird darübergelegt. Dann ist das Unkraut nicht mehr sichtbar, nicht mehr wirksam, es „sticht" nicht mehr. Beides bleibt aber in der Vergangenheit verwirklicht und verewigt und ein für alle Mal wahr.

Trauer und Reue, Leid und Schuld wären sinnlos, wenn wir nur ihre Nützlichkeit betrachten würden; denn etwas zu betrauern, was unwiederbringlich vorbei ist, und sich über eine begangene Schuld zu kränken, hat keinen Nützlichkeitswert.

„Aber in der inneren Geschichte eines Menschen haben Trauer und Reue ihren Sinn. *Die Trauer um einen geliebten Menschen, den wir geliebt und verloren haben, lässt ihn irgendwie weiterleben, und die Reue des Schuldigen lässt diesen, von Schuld befreit, irgendwie auferstehen.*" (Frankl, 2005a, Seite 159)

Die Erbschuld

Die Erbschuld ist ein Begriff, der missverstanden werden kann: Schon das Ungeborene ist geistige Person und damit potenziell frei, verantwortlich und schuldfähig. Da sich die geistige Dimension durch das Psychophysikum des Ungeborenen noch nicht auszudrücken vermag, schlummert auch noch dessen Schuld- und Verdienstmöglichkeit.

Man könnte daher besser von einer Erbverantwortung (Frankl) sprechen, die mit zunehmendem Alter relevant wird und die sich durch die Gestaltungsfähigkeit des Menschen ergibt. Die Erbsünde ist vor diesem Hintergrund eine Würdigung des humanen Potenzials.

Die Kollektivschuld

Frankl war zutiefst davon überzeugt, dass es Kollektivschuld nicht gibt.

Von seinem Menschenbild ausgehend gibt es nur personale Schuld: Eine Person in einer bestimmten Situation verschuldet bewusst Widersinniges. Wie könnte jemand schuldig sein für das, was seine Vorfahren verbrochen, zerstört haben? Wenn der Vater eines Kleinkindes ein Mörder war, dann hat der Sohn darauf keinen Einfluss, keine Entscheidungsfreiheit, keine Wahl und auch keine Sinnerkenntnis und damit auch keine Schuld.

Darum ist es eine Verkürzung der Sicht auf den Menschen, wenn folgende düstere Prognose gestellt wird: „Was soll aus diesem Kind werden? Der Vater sitzt im Gefängnis, die Mutter geht auf den Strich und trinkt." In diesen Fällen werden die Einmaligkeit und Einzigartigkeit jeder einzelnen Person als ein absolutes Novum und die Möglichkeit ihrer Selbstgestaltung übersehen. Die Ausgangssituation ist zwar schwierig, sie bedeutet aber nicht zwangsläufig, einem „schlechten" Schicksal ausgeliefert zu sein.

Was Schuld und Kollektivschuld anbelangt, ist präventiv aufzuzeigen:

- Der Einzelne ist trotz Gruppendrucks frei, aus seinen persönlichen Möglichkeiten verantwortungsvoll zu wählen und sein Leben „an den Logos zu binden" oder nicht. Allerdings darf nicht über andere geurteilt werden, die diesem Anspruch nicht gerecht werden, wie Frankl in folgendem Zitat ausführt: „Wer aber einem solchen Menschen zum Vorwurf machen will, dass er ein Feigling war, der müsste zuvor für seine eigene Person unter Beweis gestellt haben, dass er selber in der gleichen Situation ein Held gewesen." (Frankl, 1998, Seite 218)
- Er entscheidet, was er aus seinen an sich wertneutralen Anlagen entwickelt – Positives oder Negatives.
- Damit wählt er auch, ob er mit seinen Entscheidungen das Lebensfördernde oder Lebenshemmende in seinem Umfeld unterstützt und verstärkt. Von solchen existenziellen Entscheidungen spricht auch der Zukunftsforscher Matthias Horx (Horx, 2008):

Er spricht von zwei Lagern, den Alarmisten und den Solutionisten: „Die Alarmisten läuten ständig die Angstglocke und versuchen, damit Wirkung zu erzeugen. Solutionisten suchen nach Lösungen. Das ist eine generelle Lebensentscheidung, die man irgendwann einmal treffen muss: Zu welchem Lager gehört man? Will man Verantwortung tragen oder Reaktion erzeugen? Wenn man ein Kind bekommt, Politik machen will, ein Unternehmen aufbaut oder etwas über die Zukunft aussagen will, steht man ganz besonders vor dieser Wahl."

Spiritualität

Eine solche Entscheidung pro oder kontra Leben ist mitbestimmend für die Entscheidung pro oder kontra Logos, Liebe, Gott. Der Mensch ist ein spirituelles Wesen und steht in Verbindung zum Logos durch die Sehnsucht nach dem „Guten, Wahren und Schönen", und doch kann er diese Verbindung frei wählen oder ablehnen.

Denn auch die Glaubenshaltung braucht eine existenzielle Grundentscheidung der Person. Erst durch diese Entscheidung wird Glaube an einen Über-Sinn / letzten Sinn von Relevanz für das Leben der Person und das ihrer Umwelt.

Das Tier kann die Welt des Menschen nicht begreifen und genauso wenig kann der Mensch die Über-Welt erfassen. Er kann sich ihr aber aufgrund seines spirituellen Vermögens glaubend nähern.

„Überlegen wir uns, was Spiritualität ist. Das Wort kommt aus dem Lateinischen und heißt: der Atem. Spirituell ist, wer voll im Lebensatem ist. Eine spirituelle Erfahrung ist eine Erfahrung des vollen Lebens. In solchen Erfahrungen, die Psychologen Gipfelerfahrungen genannt haben, fühlt man sich mit der Welt verbunden. Man kann solche Erfahrungen in der Natur haben, beim Bergsteigen, beim Skifahren oder in der Kultur beim Hören einer Symphonie oder in vielen anderen Situationen. In solchen Momenten fühlt man sich mit der Natur verbunden. Die Grenze Ich – Natur verschwindet." (Capra, 2010)

Ein besonders plastisches Bild zur Unmöglichkeit des Verstandes, die Über-Welt zu erfassen, hat Georg Stoff skizziert:

„Es geschah, dass in einem Schoß Zwillingsbrüder empfangen wurden. Während sie ihre Welt entdeckten, fanden sie auch die Schnur, die sie mit ihrer Mutter verband. Sie freuten sich darüber, dass ihre Mutter ihr eigenes Leben mit ihnen teilte. Als aber die Wochen und Monate vergingen, merkten sie, wie sehr sie sich verändert hatten.

Der eine: Was soll das heißen?

Der andere: Das heißt, dass unser Aufenthalt hier bald zu Ende geht.

Der eine: Aber ich will nicht gehen, ich möchte immer hier bleiben.

Der andere: Wir haben keine Wahl. Vielleicht gibt es ein Leben nach der Geburt.

Der eine: Wie könnte das sein? Wir werden unsere Lebensschnur verlieren, und wie sollen wir ohne sie leben können? Außerdem haben schon andere diesen Schoß verlassen, und niemand von ihnen ist zurückgekehrt. Nein, dies ist das Ende.

So fiel der eine von ihnen in tiefen Kummer.

Der eine: Wenn die Empfängnis mit der Geburt endet, welchen Sinn hat dann das Leben im Schoß? Es ist sinnlos. Womöglich gibt es nicht einmal eine Mutter.

Der andere: Aber sie muss doch existieren, wie sollten wir sonst hierhergekommen sein? Und wie könnten wir am Leben bleiben?

Der eine: Womöglich lebt sie nur in unserer Vorstellung. Wir haben sie uns erdacht, damit wir unser Leben besser verstehen.

So waren die letzten Tage im Schoß der Mutter gefüllt mit vielen Fragen. Schließlich kam der Moment der Geburt. Als die Zwillinge ihre Welt verlassen hatten, öffneten sie ihre Augen. Sie schrien. Was sie sahen, übertraf ihre kühnsten Träume.“ (Stoff, 1992)

Mit anderen Worten meint Viktor E. Frankl dazu: „Aber müssen wir nicht annehmen, daß die menschliche Welt selber und ihrerseits überhöht wird von einer nun wieder dem Menschen nicht zugänglichen Welt, deren Sinn, deren ‚Über-Sinn' allein seinem Leiden erst den Sinn zu geben imstande wäre? [...] Die Person begreift sich selbst nicht anders denn von der Transzendenz her. Mehr als dies: Der Mensch ist auch nur Mensch in dem Maße, als er sich von der Transzendenz her versteht – er ist auch nur Person in dem Maße, als er von ihr her personiert wird: durchtönt und durchklungen vom Anruf der Transzendenz. Diesen Anruf der Transzendenz hört er ab im Gewissen.“ (Frankl, 1997a, Seite 117)

„Das menschliche Sein ist immer schon ein Sein auf Sinn, auf den Über-Sinn hin, auch wenn er diesen Sinn des Ganzen noch so wenig kennen und erkennen kann. Der Mensch hat so etwas wie ein Vorwissen, ein prä-moralisches Seinsverständnis, um den Sinn intuitiv zu erfassen. Er steht in Verbindung mit dem Über-Sinn, ist rückgebunden an den letzten Sinn durch seine Sehnsucht nach Sinn.“ (Vgl. Frankl, 1999b, Seite 23)

Das Wort Religion kommt aus dem lateinischen „religare“ und heißt anbinden, rückbinden. Religiosität heißt Rückbindung. Der Mensch ist rückgebunden an das Lebensprinzip Liebe, an den Logos, an den Sinn, an Gott.

Ein Bild zum besseren Verständnis:

Eine Spinne wohnt auf einer wunderschönen Wiese. Immer wenn in ihrem Lebensbereich eine Gefahr droht, sie nicht mehr ein noch aus weiß, dann klettert sie über ihren dünnen Spinnenfaden hinauf auf den Ast eines Baumes, mit dem sie rettend in Verbindung ist.

Doch mit der Zeit wird die Spinne auf ihrer Wiese hochmütig. Sie will nicht mehr rückgebunden leben. Sie will frei sein, sich frei entscheiden können, wohin sie gehen will, wie sie leben will. Und kurzerhand beißt sie den Faden durch. Sie lebt nun frei und ist sehr glücklich.

Doch eines Tages geht in ihrem Leben, auf ihrer Wiese wieder einmal alles durcheinander und große Gefahr droht. In diesem Augenblick will sich die Spinne wieder ... – Doch leider, der Faden ist gekappt. Es gibt keine rettende Verbindung mehr nach oben.

Wir können den Spinnenfaden mit einem Sonnenstrahl vergleichen. Dieser ist rückgebunden an die Sonne und wirft durch die „Jalousie“

einen hellen Sonnenfleck auf den Boden. Die ganze Sonne ist unfassbar, aber etwas von ihr ist in unserem Raum. So wie der Sonnenfleck im Zimmer rückgebunden ist an die Sonne, so ist der Mensch rückgebunden an den Über-Sinn, den Logos, an das Lebensprinzip Liebe, an Gott und die Verbindung führt über das Gewissen. (Lukas)

Vor allem in Situationen wie Leid, Schuld und Tod kommt der Mensch an seine Grenze. Es scheint ihm, als schließe sich, um im Bild zu bleiben, die „Jalousie" noch ein Stück mehr. Hier kann er nicht mehr „mitdenken", nicht mehr „durch-schauen" oder erkennen. „Hier muss sich der Mensch letztlich vor dem Geheimnis beugen." (Frankl)

Es ist dem Menschen nicht gegeben, den Schöpfungsentwurf als Ganzes zu erkennen, zu erfassen, dem Bild entsprechend die ganze Sonne zu erschauen. Er wird nicht entschlüsseln können, was der letzte Sinn des Lebens, des Leides und der Welt ist. Dieser liegt im Geheimnis des Über-Sinns. Vielleicht wird ihm das momentan Unbegreifliche einmal offenbar. Aber jetzt muss er das Unfassbare als Geheimnis annehmen und, wenn notwendig, dem undurchschaubaren Schicksal im Hier und Jetzt sein Trotzdem-ja-zum-Leben abringen. Er ist aufgefordert, sich seinem Schicksal zu stellen, sich darauf einzustellen, vertrauend, dass der verbliebene „Sonnenfleck im Zimmer" tatsächlich rückgebunden ist an die Sonne.

Es gibt Menschen, LehrerInnen, Freunde, Eltern, Priester, die diese Grenze zum Über-Sinn ein klein wenig durchsichtiger werden lassen.

Ein Beispiel:
Eine junge Mutter verlor bei einem tragischen Autounfall ihren Ehemann und zwei Kleinkinder. Die unglaublich tapfere und einzigartige Haltung von Barbara Pachl-Eberhart ist für Menschen in ähnlichen Situationen vorbildlich.

Abb. 62: Mit Hilfe mehr sehen

Zwei Jahre nach dem tragischen Ereignis ist in einem Interview Folgendes zu lesen:

„Es stand in meiner einsamen Verantwortung, wofür ich mich entscheiden würde: Mache ich aus alldem eine große Tragödie oder etwas anderes? Eine Kraft, die mit Urvertrauen zu tun hat. Ich war nie eine Zweiflerin. Ich habe mich immer geborgen gefühlt in Gott, im Universum, wie auch immer man es nennen will. Unser Leben ist kein Zufall." (Pachl-Eberhart, 2010)

In solchen tragischen Lebenssituationen ist der Mensch geneigt, die Warum-Frage zu stellen oder sich eine Welt ohne Leid und Tod zu wünschen. Warum gibt es in dieser Welt das Böse, das Unheil, den Tod?

Wie so oft handelt es sich dabei um falsch gestellte Fragen, die dringend kopernikanisch gewendet werden müssen, um nicht daran zu verzweifeln. Die Frage nach dem Warum steht dem Menschen nicht zu. Sie liegt außerhalb seiner Dimension, im alles übergreifenden Über-Sinn und ist vom Menschen nicht erfassbar.

„Je umfassender der Sinn ist, umso weniger fasslich ist er. Der unendliche Sinn ist für ein endliches Wesen überhaupt nicht fasslich. Hier gibt die Wissenschaft auf, und die Weisheit hat das Wort." (Frankl, 1997, Seite 75)

Wenn Schwierigkeiten im Leben unüberwindbar erscheinen, wenn etwas Tragisches, Böses, Unfassbares geschieht, dann ist jeder einzelne Mensch in seiner Sehnsucht nach Liebe und Heil aufgerufen, seine ihm bestmögliche Antwort in der je persönlichen Situation zu wählen und zu leben.

Eine heile Familie

Eine Logotherapeutin berichtet:

Eine 42-jährige Frau, von Beruf Krankenschwester, glücklich verheiratet und Mutter von drei Töchtern im Alter von 11, 13 und 15 Jahren, erkrankt plötzlich schwer an einem Nervenleiden. Trotz modernster medizinischer Versorgung und Betreuung ist die Patientin an den Rollstuhl gebunden. Auch das Sprachzentrum ist davon in Mitleidenschaft gezogen, sodass sie große Mühe hat, sich zu artikulieren.

Über Nacht ist in der Familie kein Stein mehr auf dem anderen geblieben. Das Leben stellt eine beinharte Frage an alle und im Besonderen an die Erkrankte. In der Begleitung der Patientin über einen langen Zeitraum bin ich Zeugin von einer beispiellosen Umwandlung von Leid in Leistung geworden.

Die Patientin ist körperlich durch die Krankheit gezeichnet und verständlicherweise phasenweise verzweifelt. Es ist nur zu gut zu verstehen, dass sie besonders in den ersten Monaten schwer ringen muss, um ihr „TROTZDEM JA" zu ihrem veränderten Leben zu geben. Aber sie schafft es. Zur großen Freude und Dankbarkeit ihrer Familie überwindet sie alle Widernisse und Erschwernisse heldenhaft. Sie steckt mit ihrer Entschiedenheit und ihrer geistigen Vitalität ihr gesamtes Umfeld an.
Ein kleines Beispiel dazu:

Ihre älteste Tochter hat viel in der Schule zu lernen und erzählt voll Hochachtung folgende Szene: „Eines Morgens komme ich früher als gewohnt zu Mama ins Zimmer und finde sie völlig verschwitzt und erschöpft vor. Ich erfahre erstmals, dass sie täglich freiwillig schmerzhafte Therapie-Übungen macht und dafür ihre ganze Kraft einsetzt. Wenn ich das sehe, bin ich motiviert, meine Aufgaben in der Schule bestmöglich zu erfüllen."
Die Mutter wird durch ihre konstruktive Haltung zum Vorbild für ihr Umfeld. Sie ist weltoffen, interessiert an allen Fragen des Lebens und nimmt regen Anteil an privaten, öffentlichen und globalen Fragestellungen. Sie besucht Vorträge und ist bei Entscheidungen in ihrer Familie gefragt. Sie stellt ein glaubwürdiges Korrektiv dar und relativiert dadurch die Wertehierarchie aller Personen, die mit ihr in Kontakt treten.

Ich darf ihr Inhalte der Lehre Viktor E. Frankls vorstellen und eindrucksvoll miterleben, wie die Patientin durch ihre tapfere Haltung diese bestätigt. In unzähligen Schülerworkshops und Vorträgen ist ihre beispielhafte Haltung zu ihren Lebensfragen ein zentrales Thema, das immer wieder Mut macht, sich zu engagieren und tapfer dem eigenen Leben zuzuwenden.

Eine ihrer Töchter beklagt sich über die oberflächlichen, belanglosen Streitereien ihrer KlassenkameradInnen und den respektlosen Umgang mit deren Eltern, Familien und Lehrkräften. „Das geht mir unglaublich auf die Nerven, worüber sich die aufregen. Wissen Sie, dagegen habe ich eine heile Familie!"

Die Tochter gibt mir die Erlaubnis, diese Aussage ihrer Mutter mitzuteilen und ich kann ihr voll Freude zu ihrer heilen Familie gratulieren. Eine Familie, in der Rücksichtnahme, Verzicht, Aufeinanderschauen und Sich-einfühlen-Können an oberster Stelle stehen, und die deshalb im wahrsten Sinne des Wortes heil ist.

Der unabdingbare Glaube an den Sinn des Lebens unter allen Zu- und Umständen setzt die notwendigen Energien frei, um solche leidvollen Einbrüche im Leben zu bewältigen.

Dafür schafft sich der Mensch Bilder und Gleichnisse, die den Über-Sinn bewusst machen und die Rückbindung präsent halten.

„Und als solches Gleichnis bietet sich uns das **Gleichnis vom Goldenen Schnitt** an. Ihm zufolge verhält sich bekanntlich der kleinere Teil zum größeren so wie der größere zum Ganzen. Nun, ist es nicht analog mit dem Verhältnis des Tieres zum Menschen und des Menschen zu Gott? Bekanntlich eignet dem Tier bloße Umwelt, während der Mensch „Welt hat“ (Max Scheler); aber die menschliche Welt verhält sich zu einer Überwelt nicht anders als die tierische Umwelt zur menschlichen Welt. Und das heißt so viel wie: Ebenso wenig wie das Tier imstande wäre, aus seiner Umwelt heraus den Menschen und dessen Welt zu verstehen, ebenso wenig ist es möglich, dass der Mensch Einblick hat in die Überwelt, dass er Gott verstünde oder gar dessen Motive nachzuvollziehen vermöchte. […] Den Sinn des „Ganzen“ – um beim Goldenen Schnitt zu bleiben – können wir Menschen selbstverständlich nicht erfassen; zumindest können wir ihn nicht denken, sondern nur *glauben.*“ (Frankl, 1994, Seite 139)

Glauben ist ein existenzieller Akt, das heißt, jede Person entscheidet in Freiheit, ob seine Existenz in einem Über-Sinn geborgen ist oder ob er „durch einen Zufall ins Sein geworfen“ wurde.

Frankl verwendet dafür auch das Bild von der Waage, mit Waagschalen, die in Balance sind. Die Waagschalen stehen für beide Annahmen, die möglich sind: Entweder ist alles im Über-Sinn geborgen – oder alles ist Widersinn. Entweder es gibt den Über-Sinn oder es gibt ihn nicht. Gründe und Gegengründe halten einander die Waage. Weder hinsichtlich der einen noch der anderen Annahme ist ein klarer naturwissenschaftlicher Beweis möglich.

Der Mensch ist aufgefordert, eine existenzielle personale Entscheidung zu treffen. Mit dem Gewicht seiner Entscheidung für die Über-Sinn-Waagschale bewirkt der sinngläubige Mensch eine Gewichtung seines Lebens „pro Über-Sinn".

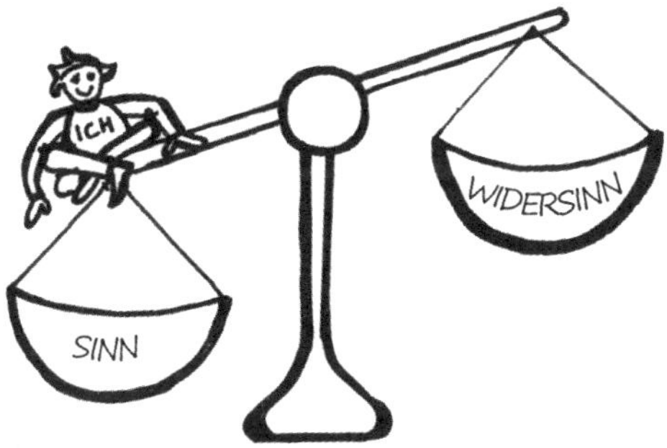

Abb. 63: Die Waage

Die getroffene Wahl für eine der beiden Waagschalen wird für sein Leben und das seiner Mitmenschen relevant, sie wird es mitgestalten und prägen.

Zur Differenzierung zwischen Zufall und Schicksal zitiert Rudolf Taschner in seinem Buch „Zahl Zeit Zufall. Alles Erfindung?" Blaise Pascal:

„‚Warum dauert mein Dasein nur annähernd hundert und nicht vielmehr tausend Jahre? Welchen Grund hat die Natur gehabt, mir ein solches Leben zu geben und diesen Lebenskreis eher als einen anderen in der Unendlichkeit auszuwählen, wo es doch für die Wahl des einen oder des anderen keinen zwingenden Grund gegeben hat, da keiner von beiden größere Anziehungskraft besaß?', fragt Blaise Pascal. Wer ihm antworten wollte, dies sei eben Zufall, dem kann Pascal mit Recht vehement erwidern: ‚Aber es handelt sich nicht um irgendein beiläufiges, sondern um mein einziges und einmaliges Leben.'

In der Tat. Es ist nicht Zufall, es ist Schicksal, dass wir gerade *so* leben und sterben werden, *wie* wir leben und sterben werden. Für Gläubige ein Schicksal in Gottes Hand, für Zweifler zumindest die Erfahrung des Einmaligen, existenziell Einzigartigen, das nichts mit dem Zufall zu schaffen hat. Zufall ist eine Erfindung, aber Schicksal ist es sicher nicht.“ (Taschner, 2007, Seite 132)

Und in anderen Worten meint dazu Viktor Frankl:

„Was macht es aus, dass Gott unsichtbar, ein unsichtbarer Zeuge und Zuschauer ist? Der Schauspieler, der auf der Bühne steht, sieht ebenso wenig, vor wem er da spielt: Er ist durch das Licht von Soffitten und Rampen geblendet, und der Zuschauerraum liegt im Dunkel. Dennoch weiß der Schauspieler darum, dass dort drunten im verdunkelten Raum Zuschauer sitzen – dass er vor *jemandem* agiert. Nicht anders verhält es sich mit dem Menschen: Auf der Bühne des Lebens agierend, aber durch die vordergründige Alltäglichkeit geblendet, ahnt er trotzdem und immer schon – aus der Weisheit seines Herzens heraus – die Zeugenschaft des großen, wenn auch unsichtbaren Zuschauers, vor dem er verantwortlich ist für die ihm abverlangte Erfüllung eines konkreten und persönlichen Lebenssinns.“ (Frankl, 1994, Seite 113)

Logopädagogik entscheidet sich dafür, dass alles in einem letzten Sinn geborgen ist, auch wenn wir ihn nicht erkennen können. Durch diese Entscheidung für einen Über-Sinn erhält das Leben für den Einzelnen und für alle Beteiligten eine andere Qualität und bewirkt eine positive Weltanschauung. Ist alles an einen Über-Sinn rückgebunden, dann darf der Mensch vertrauen, dass jede Lebenssituation, unabhängig von ihrer Anforderung, darin geborgen ist. Der Mensch ist aufgefordert, seine Antworten gestaltend zu leben.

Dieses Wissen ist nicht neu, schon im alten Rom wusste Seneca: „So wollen wir leben. Das Schicksal soll uns vorbereitet und unermüdlich antreffen. Dies ist ein großer Geist, der sich ihm hingibt, aber jener hingegen ist winzig und unwürdig, der sich sträubt, schlecht über die Ordnung der Welt denkt und lieber die Götter als sich selbst verbessern will.“ (Seneca)

Der Mensch ist ein Wesen, das immer nach Sinn strebt, nach dem Logos. Wird er auf dieser Sinnsuche fündig, dann wird er glücklich – und nur durch dieses Glück, welches sich als Zugabe zur

Sinnerfüllung ergeben kann, wird er leidensfähig und frustrationstolerant.

Er wird bereit sein, Opfer zu bringen, um einer Sache, um eines Menschen, um Gottes willen. Er wird bereit sein, notwendige Verzichte zu leisten für eine Sache, die rückgebunden ist an den Logos, an die Liebe, an das Leben. In dieser Haltung kann er reiche Ernte in seine Scheune einbringen. Peilt der Mensch direkt das Glück an, macht er sich von dessen Erfüllung abhängig, versäumt den Sinn und verfehlt seine Ernte. Die ständig steigenden Statistikzahlen, den Suizid von Jugendlichen und Drogentote betreffend, lassen aufhorchen. Gibt es da Zusammenhänge?

Nehmen wir noch einmal das Bild von der Jalousie. Wird Glück direkt intendiert, dann können wir es vergleichen mit einem selbst gemalten gelben Fleck, der nach Gutdünken neben den Sonnenstrahl gemalt wird.

Er entspricht dem Gewollten und nicht dem Gesollten vor dem Gewissen. Dieser gelbe Fleck ist willkürlich gemalt, nach subjektiven Gesichtspunkten, nicht aber rückgebunden an die Sonne, an den Sinn.

Menschwerdung ist ein lebenslanger Prozess, in dem der Mensch seine Rückbindung an den Logos entscheidet und das Gesollte verwirklicht – für sich und sein Umfeld. Diese geistige Ausrichtung auf das Seinsollende stellt eine Garantie für gelingendes Leben dar. Berater, die auf dieser Basis begleiten, können beitragen, „gute Ernte einzuholen“.

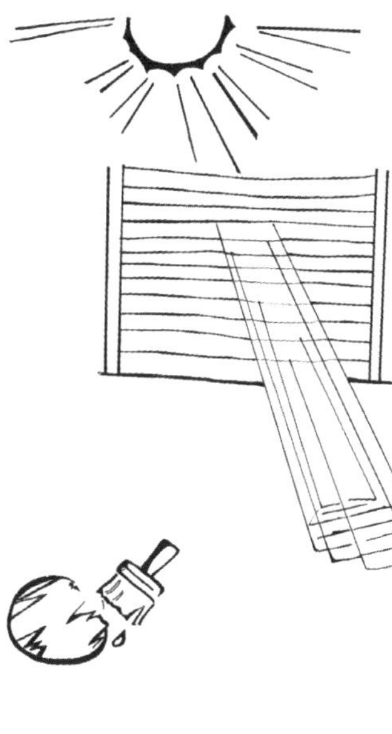

Abb. 64: Gewollt oder gesollt?

Konsequenzen durch Spiritualität für die Pädagogik

Die Unterscheidung von subjektiv Gewolltem, dem selbst gemalten Fleck im „Zimmer des Lebens“, und dem objektiv Gesollten vor dem eigenen Gewissen ist eine wichtige Aufgabe für PädagogInnen, um Menschen mit ihrem persönlich Gesollten in Verbindung zu bringen. Sie können dafür dem Ratsuchenden die Jalousie zur Transzendenz eine Spur anheben.

In vielen Gesprächen, gerade in Schwellensituationen des Lebens, werden Glaubens- und Lebensfragen von Erwachsenen, von SchülerInnen zur Sprache gebracht. Spiritualität gibt es nach wie vor, weil sie eine Ursehnsucht des Menschen ist.

Oft werden überholte Formen von Religiosität von den Ratsuchenden, vor allem von jungen Menschen, nicht angenommen. Sie verstehen die religiöse Sprache nicht oder finden keinen Zugang zu den Symbolen und sind auf der Suche nach Lebensweisheiten, um ihre Fragen zu beantworten. Sie suchen Antworten auf Internetplattformen, in der Esoterik, in den Sternen, in Jugendgruppierungen, Freundeskreisen, in der Mystik, bei Wahrsagern, in fremden Kulturen, im Schamanismus etc.

Existenzielle Fragen sind Dreh- und Angelpunkt jeder Pädagogik, die den Menschen ernst nimmt. Auf solche Dialoge sollen sich Personen, die andere Menschen begleiten, erziehen und führen, einlassen. Es gilt, darauf zu achten, fragend verstehen zu wollen, um personale Antworten finden zu können, wenn es um Fragen geht wie zum Beispiel:

- Ist es die Welt wert, dass ich …?
- Vor wem trage ich Verantwortung?
- Es muss mehr als „all das“ geben!
- Wo führt Leben hin?
- Was ist der Sinn des Lebens, der Welt?
- Wofür Leiden aushalten?

Wichtig dabei ist, viele Antwortmöglichkeiten zuzulassen und Grundhaltungen in neugieriger Offenheit kennenzulernen. Verschiedene Konzepte sind anzudenken, um den Ratsuchenden zu begleiten. Gerade in einer multikulturellen Umgebung ist aufrichtiges Interesse an anderen Religionen und Philosophien eine wichtige Basis für friedliches Zusammenleben.

Alle Arten von Fremdbestimmung, von Ent- und Abwertung lebensphilosophischer oder theologischer Einstellungen sind zu vermeiden.

Die Religiosität, die Spiritualität ist im Menschen angelegt, gehört zum Menschsein dazu, macht seine Würde aus, und im Ringen um Antworten erweist sich der Mensch als geistbegabt, unabhängig von seiner Abstammung und Weltinterpretation.

Eine gelungene Rückbindung

Eine Logotherapeutin erzählt: Der 18-jährige Andreas mit diagnostiziertem Aspergersyndrom sitzt diesmal, obwohl kurz vor der herausfordernden Matura, ganz anders als sonst in der Therapiestunde. Er wirkt aufrechter. Seine meist weit in die Stirn fallenden Haare sind zur Seite gestrichen und er schaut mich fest und strahlend an. Ich spüre eine neue Qualität zwischen uns und spreche ihn darauf an: „Du wirkst heute so fröhlich. Sehe ich das richtig, Andreas?" – „Ja, wir hatten heute einen Klassengottesdienst."

Ich wundere mich ob seiner „Verzauberung", weiß ich doch, dass Andreas bekennender Agnostiker ist und mit Religion noch nie etwas anfangen konnte.

„Willst du mir erzählen, was du erlebt hast?" Andreas fängt richtig an zu schwärmen, schildert, wie schön in dieser Stunde Gemeinschaft und so etwas wie Halt und Geborgenheit spürbar waren und die vorher so hinderliche Anspannung gelöst ist. „Wissen Sie, unsere Professorin hat uns genau das gegeben, was wir in dieser Situation vor der Matura brauchen. Ich fühle mich jetzt ruhig und stark."

Der Pädagoge, die Begleiterin, die Eltern dürfen für SchülerInnen, Ratsuchende die Jalousie zur Transzendenz einen Spaltbreit hochheben, damit sie die heilsame Rückbindung an den Logos erkennen und Wertobjekte wahrnehmen können, die stets mit den persönlichen Ressourcen korrelieren.

Die zehnte logopädagogische These

Logopädagogik weiß um das Personsein des Menschen, ermöglicht Rückbindung an den Logos und konfrontiert mit Visionen und Werten.

In jedes Leben leuchtet hell der Sinn, willkürlich kriegst du ihn nicht hin

Abb. 65: Zehnte logopädagogische These

Wählen und entscheiden muss jede Person selbst – existenziell, in Freiheit und Verantwortung – ob sie sich am Logos orientieren will oder am willkürlich gemalten gelben Fleck.

Das Rückgebundensein wird durch das Vorbild am nachhaltigsten aufgezeigt, sodass die uns anvertrauten Menschen die Verbindung zum rettenden Lebensprinzip Liebe über ein DU entdecken können.

Die Person definiert sich von der Transzendenz her, kann mit ihr über das Gewissen und die Spiritualität in Beziehung treten und leitet daraus bis zum letzten Atemzug ihre Würde ab.

Als Naturwesen bleibt der Mensch an den Körper gebunden, als Geistwesen aber hat er Flügel.

Platon

Die Entfaltung der Flügel praxisnah aufzuzeigen, speziell in der Pädagogik, ist die Intention dieses Buches. Es soll ermutigen, den jeweils persönlichen Gestaltungsspielraum wahrzunehmen und bei Bedarf auch die Abhebungskraft des Geistes bewusst zu machen, um hoffnungsvermehrend für sich selbst und alle Beteiligten wirken zu können.

Bibliografie

Bauer, Joachim: Prinzip Menschlichkeit. Warum wir von Natur aus kooperieren, Hamburg: Hoffmann und Campe, 3. Aufl. 2007

Bauer, Joachim: Warum ich fühle, was du fühlst. Intuitive Kommunikation und das Geheimnis der Spiegelneurone, München: Heyne Verlag, 14. Aufl. 2006

Blanchard, Kenneth; William Oncken Jr.; Hal Burrows: Der Minutenmanager und der Klammeraffe. Wie man lernt, sich nicht zu viel aufzuhalsen, Reinbek: Rowohlt, 8. Aufl. 2010

Capra, Fritjof: Klimawandel. Die Jungen sind die große Hoffnung, Interview mit Martin Stricker in: Salzburger Nachrichten 12. Juli 2010

Covey, Stephen R.: Die 7 Wege zur Effektivität. Prinzipien für persönlichen und beruflichen Erfolg, Offenbach: Gabal, 2005

Crescenzo, Luciano: Die Zeit und das Glück, München: btb, 1. Aufl. 2002

Csikszentmihalyi, Mihaly: Die außergewöhnliche Erfahrung im Alltag. Die Psychologie des flow-Erlebnisses, Stuttgart: Klett-Cotta, 1991

Ein behindertes Kind als Schadensfall? Ein Höchsturteil löst eine Debatte über Recht und Ethik aus (Titelblatt), Kleine Zeitung 6. März 2008

Frankl, Viktor E.: ... trotzdem Ja zum Leben sagen: Ein Psychologe erlebt das Konzentrationslager, München: dtv, 20. Aufl. 2000a

Frankl, Viktor E.: Ärztliche Seelsorge: Grundlagen der Logotherapie und Existenzanalyse, Wien: Deuticke, 11. Aufl. 2005a

Frankl, Viktor E.: Das Leiden am sinnlosen Leben: Psychotherapie für heute, Freiburg: Herder spektrum, 2000b

Frankl, Viktor E.: Dem Leben Sinn geben, Müllheim-Baden: Auditorium Netzwerk, 2003 (DVD)

Frankl, Viktor E.: Der leidende Mensch. Anthropologische Grundlagen der Psychotherapie, Bern: Hans Huber, 3. Aufl. 2005b

Frankl, Viktor E.: Der Mensch vor der Frage nach dem Sinn. Eine Auswahl aus dem Gesamtwerk, München: Piper Verlag, 11. Aufl. 1999a

Frankl, Viktor E.: Der unbewußte Gott. Psychotherapie und Religion, München: Kösel-Verlag, 5. Aufl. 1999b

Frankl, Viktor E.: Der Wille zum Sinn, München: Piper Verlag, 4. Aufl. 1997a

Frankl, Viktor E.: Die Psychotherapie in der Praxis, München: Piper Verlag GmbH, 4. Aufl., 1997b

Frankl, Viktor E.: Die Sinnfrage in der Psychotherapie, Zürich: Piper, 1997c

Frankl, Viktor E.: Hier bin ich Mensch... Müllheim-Baden: Auditorium Netzwerk, 2004 (DVD)

Frankl, Viktor E.: Im Anfang war der Sinn. Von der Psychoanalyse zur Logotherapie, München: Piper Verlag, 1997d

Frankl, Viktor E.: Logotherapie und Existenzanalyse. Texte aus sechs Jahrzehnten, Berlin: Quintessenz, 1994

Frankl, Viktor E.: Psychotherapie für den Alltag. Rundfunkvorträge über Seelenheilkunde, Freiburg: Herder, 7. Aufl. 1992

Frankl, Viktor E.: Sinnfrage und Psychotherapie, Müllheim-Baden: Auditorium Netzwerk, 2003 (DVD)

Frankl, Viktor E.: Was nicht in meinen Büchern steht. Lebenserinnerungen, Weinheim: Beltz Verlag, 2002

Glasl, Friedrich: Selbsthilfe in Konflikten. Konzepte, Übungen, praktische Methoden, Stuttgart: Freies Geistesleben, 5. Aufl. 2008

Hadinger, Boglarka: Mut zum Leben machen, Tübingen / Wien: Verlag Lebenskunst, 2003

Hölderlin, Friedrich: Patmos. Dem Landgrafen von Homburg überreichte Handschrift (1803), Tübingen: Mohr, 1949

Hüther, Gerald: Bedienungsanleitung für ein menschliches Gehirn, Göttingen: Vandenhoeck & Ruprecht, 7. Aufl. 2007

Hüther, Gerald: Suche nach dem verlorenen Glück, der Einheit von Denken, Fühlen und Handeln, Vortrag in Puchberg / Wels, 2009

Lukas, Elisabeth: Den ersten Schritt tun. Konflikte lösen – Frieden schaffen, München: Kösel-Verlag, 2008

Lukas, Elisabeth: Der Seele Heimat ist der Sinn. Logotherapie in Gleichnissen von Viktor E. Frankl. Zusammengestellt und kommentiert von Elisabeth Lukas, München: Kösel-Verlag, 2005

Lukas, Elisabeth: Für dich. Heilende Geschichten der Liebe, München: Kösel-Verlag, 2003a

Lukas, Elisabeth: In der Trauer lebt die Liebe weiter, München: Kösel-Verlag, 1999a

Lukas, Elisabeth: Lehrbuch der Logotherapie, Menschenbild und Methoden, München / Wien: Profil, 3. Aufl. 2006

Lukas, Elisabeth: Psychologische Vorsorge, Krisenprävention und Innenweltschutz aus logotherapeutischer Sicht, Freiburg: Herder, 1989

Lukas, Elisabeth: Psychotherapie in Würde. Sinnorientierte Lebenshilfe nach Viktor E. Frankl, Berlin: Quintessenz, 1994

Lukas, Elisabeth: Rendezvous mit dem Leben. Ermutigungen für die Zukunft, München: Kösel Verlag, 2000

Lukas, Elisabeth: Sehnsucht nach Sinn. Logotherapeutische Antworten auf existenzielle Fragen, München, Profil Verlag, 1999b

Lukas, Elisabeth: Sinn in der Familie. Logotherapeutische Hilfen für das Zusammenleben, Freiburg: Herder, 1995

Lukas, Elisabeth: Spannendes Leben. In der Spannung zwischen Sein und Sollen. Ein Logotherapiebuch, München: Profil Verlag, 2003b

Lukas, Elisabeth: Vorlesungsmitschrift. Fürstenfeldbruck: Süddeutsches Institut für Logotherapie, 1998–2002

Pachl-Eberhart, Barbara: Schön, das bin ja alles ich, Interview mit Daniela Bachal in: Kleine Zeitung 11. Juli 2010

Pattakos, Alex: Gefangene unserer Gedanken. Viktor Frankls 7 Prinzipien, die Leben und Arbeit Sinn geben, Wien: Linde International, 2005

Saint-Exupéry, Antoine: Der kleine Prinz, Düsseldorf: Karl Rauch, 1956

Schechner, Johanna; **Zürner**, Heidemarie: Lebe(n) voll Sinn, Ausstellungskatalog, Wien: VIKTOR FRANKL ZENTRUM WIEN, 2005

Spaemann, Robert zitiert in Herwig Büchele: SehnSucht nach der Schönen neuen Welt, Wien u.a.: Kulturverlag, 2. Aufl., 1993

Spießmayr, Ewald; Markus Fesel: Ausbildungsunterlagen Arge Nexus

Spitzer, Manfred: Lernen. Die Entdeckung des Selbstverständlichen, Hamburg: Archiv der Zukunft, DVD

Spitzer, Manfred: Musik im Kopf. Hören, Musizieren, Verstehen und Erleben im neuronalen Netzwerk, Stuttgart: Schattauer, 2007

Stoff, Georg: Kraft auf dem Weg, Graz: Verlag Styria, 1992

Taschner, Rudolf: Zahl, Zeit, Zufall. Geheimnisse der Wissenschaft, Salzburg: Ecowin Verlag, 2007

Wiesmeyr, Otmar (Leiter der Logotherapeutenausbildung im ABILE) in Wels anlässlich eines Vortrages

Wögerbauer, Georg; Wögerbauer, Hans: Einfach gut leben. Ganzheitsmedizinische Gedanken und Impulse zur bewussten Lebensgestaltung, Baden: LIFE Institut für Gesundheitsentwicklung, 2001

Dank

Unser Dank gilt Frau Dr. habil. Elisabeth Lukas, die uns erlaubt hat, aus unseren Vorlesungsmitschriften nach ihrem hervorragenden Curriculum und ihren unzähligen Veröffentlichungen zu zitieren. Als Mentorin unterstützt sie unsere Tätigkeit im VIKTOR FRANKL ZENTRUM WIEN und die Lehre der Logopädagogik. Ihr Vertrauen in uns ist uns Ermutigung in unseren logotherapeutischen und logopädagogischen Aktivitäten.

Frau Mag. Elisabeth Gruber, Anna Maria Kislinger und MMag. Susa Schintler-Zürner begleiteten uns unermüdlich beim Korrekturlesen des Konzepts. Auch ihnen gebührt aufrichtiger Dank für ihre Geduld und Ausdauer.

Autorinnen

Johanna Schechner, MSc, geboren 1951 in Wien, Diplomierte Gesundheits- und Krankenschwester (DGKS) und approbierte Psychotherapeutin für Logotherapie und Existenzanalyse in freier Praxis; Initiatorin, Gründerin und Vorstand des VIKTOR FRANKL ZENTRUM WIEN und VIKTOR FRANKL MUSEUM WIEN; weitere Entwicklung des Curriculums von E. Lukas für den berufsbegleitenden Lehrgang in „Logopädagogik und der SchülerInnenworkshops nach VIKTOR FRANKL ZENTRUM WIEN" sowie Referentin, Supervisorin, Coach, Lehrgangs- und Seminarleiterin.

Prof. Heidemarie Zürner, BEd, LSB, Dipl.Päd, geboren 1949 in Wien, Diplompädagogin; Initiatorin, Gründerin und Vorstand des VIKTOR FRANKL ZENTRUM WIEN und VIKTOR FRANKL MUSEUM WIEN; Logotherapeutische Fachkraft, autorisiert zur Dozentin für die gesamte Lehre Viktor E. Frankls durch Dr. habil. Elisabeth Lukas; weitere Entwicklung des Curriculums von E. Lukas für den berufsbegleitenden Lehrgang in „Logopädagogik nach VIKTOR FRANKL ZENTRUM WIEN"; Referentin, Seminarleiterin.

Sinn erleben in der Mariannengasse 1:

Gegründet wurde das VIKTOR FRANKL ZENTRUM WIEN im Jahr 2004. Es hat seinen Sitz in der Mariannengasse 1 im 9. Wiener Gemeindebezirk, direkt neben jener Wohnung, in der Viktor E. Frankl über 50 Jahre lebte und arbeitete.

VIKTOR FRANKL ZENTRUM WIEN
Infos und Anmeldung: +43 699 1096 1068;
office@franklzentrum.org, www.franklzentrum.org
VIKTOR FRANKL MUSEUM WIEN
Öffnungszeiten: freitags, samstags & montags jeweils 13:00 – 18:00 Uhr